Herglotz   Von C zu C++

Von C zu C++

Handbuch für
objektorientiertes Programmieren

Von Walter Herglotz

Publicis MCD Verlag

Die Deutsche Bibliothek – CIP-Einheitsaufnahme

Herglotz, Walter:
Von C zu C++ : Handbuch für objektorientiertes Programmieren /
von Walter Herglotz. [Hrsg.: Siemens-Aktiengesellschaft]. –
Erlangen ; München : Publicis-MCD-Verl., 1996
    ISBN 3-89578-031-6

**Beispieldateien finden Sie im Internet unter
http://verlag.publicis-mcd.de/herglotz/**

ISBN 3-89578-031-6

Herausgeber: Siemens Aktiengesellschaft
Verlag: Publicis MCD Verlag, Erlangen
© 1996 by Publicis MCD Werbeagentur GmbH, Verlag, München
Das Werk einschließlich aller seiner Teile ist urheberrechtlich geschützt.
Jede Verwendung außerhalb der engen Grenzen des Urheberrechtsgesetzes
ist ohne Zustimmung des Verlags unzulässig und strafbar. Das gilt
insbesondere für Vervielfältigungen, Übersetzungen, Mikroverfilmungen,
Bearbeitungen sonstiger Art sowie für die Einspeicherung und Verarbeitung
in elektronischen Systemen. Dies gilt auch für die Entnahme von einzelnen
Abbildungen und bei auszugsweiser Verwertung von Texten.
Printed in the Federal Republic of Germany

Geleitwort

Objektorientierte Programmierung (OOP) hat seit der Mitte der 90er Jahre im deutschsprachigen Raum den "Durchbruch" erreicht und ist inzwischen sehr verbreitet, sowohl in der Industrie, in der Wissenschaft und in der Lehre. Unter den objektorientierten Programmiersprachen ist C++ besonders in den technischen und wissenschaftlichen Bereichen deutlich weiter verbreitet als jede andere Programmiersprache. Das liegt zum Großteil daran, daß die Migration von C zu C++ einen sanften Einstieg in die objektorientierte Programmierung erlaubt. Die erfolgreiche Umsetzung dieser Migration erfordert aber eine neue Denkweise, deren Schwierigkeit oft unterschätzt wird.

Das vorliegende Buch gibt eine praxisgerechte und mit Beispielen gefüllte Führung von C zu C++. Dank seiner langjährigen Erfahrung aus seinen Seminaren zu diesem Thema gelingt es dem Autor, mit einleuchtenden Beispielen aus dem Alltag das Thema dem Leser nahezubringen. Als Chefredakteurin der Zeitschrift OBJEKTspektrum, der deutschen Fachzeitschrift für Objekttechnologie, kann ich es Ihnen nur empfehlen.

Dr. Frances Paulisch
Chefredakteurin OBJEKTspektrum

Vorwort

Die Ideen der Objektorientierten Programmierung haben heute eine schnell steigende Akzeptanz in der Industrie und der bei den Programmierern gefunden.

Die grundlegenden Regeln sind seit der Entwicklung von Simula67 bekannt. In aller Munde gelangte die Objektorientierung aber erst mit der Sprache, die C nachfolgt, mit C++.

Der Weg von C nach C++ ist mit vielen Details gepflastert, die erst in ihrer Gesamtheit ein effizientes Programmieren in der gegenüber C geänderten Denkart erlauben. Dieses Buch möchte Ihr Begleiter auf diesem Weg sein. Es will Sie mit vielen ablauffähigen Beispielen zum Experimentieren und Ausprobieren einladen.

Am Ende des gemeinsamen Weges von C zu C++ soll dann nicht nur ein eingehendes Verständnis für die Sprache C++ stehen, sondern auch die Kenntnis der Grundideen der Objektorientierten Programmierung.

Mein Dank gilt insbesondere meinen Seminarteilnehmern der letzten Jahre, die durch ihr Engagement, ihre Begeisterung und ihre Fragen viel zum Entstehen des Buches beigetragen haben.

Für viele Anregungen möchte ich mich herzlich bei Herrn Oliver Voltz, Siemens Nixdorf AG, bedanken.

München, im April 1996

Walter Herglotz

Inhalt

1 Objekte und ihr Umfeld 11
   1.1 Verschiebung der Prioritäten *11*
   1.2 OOP und Organisation *13*
   1.3 Zum Aufbau des Buches *14*

2 Datentypen in C 17
   2.1 C und Basisdatentypen *17*
   2.2 Der Begriff des Datentyps *18*
   2.3 Aufgliederung in ein Rollenverhalten *22*
   2.4 An die Grenzen von C *27*

3 Die Klasse 29
   3.1 Definition der Klassen- und Objektbegriffe *29*
   3.2 Realisierung des Datentyps *32*
   3.3 Die Klasse als Gültigkeitsbereich *34*
   3.4 Das Anwendungsprogramm *36*
   3.5 Definition der Methoden als Makros *37*
   3.6 Klassen und Strukturen *39*
   3.7 Deklaration von Klassen *43*
   3.8 Auf- und Abbau von Objekten *43*
   3.9 Überlagerung von Konstruktoren *49*
   3.10 Destruktor *52*

4 Parameterübergaben 59
   4.1 Allgemeines zu Parameterübergaben *59*
   4.2 Wertübergaben für Basisdatentypen *60*
   4.3 Referenzübergabe *67*
   4.4 Wertübergabe und Objekte *71*
   4.5 Parameter und Kopierkonstruktor - das Beispiel ... *76*

5 Dynamische Speicherverwaltung in C++ 79
   5.1 Probleme der dynamischen Speicherverwaltung *79*
   5.2 Speicherverwaltung in C *80*

Inhalt

- 5.2 Speicherverwaltung in C++ 82
- 5.4 Anwendungen der Speicherverwaltung 87
- 5.5 Fehlerbehandlungen bei new 90

6 Überlagerung von Methoden und Symbolen 95
- 6.1 Grundlagen der Operator-Überlagerung 95
- 6.2 Überlagerung von Operator-Symbolen 97
- 6.3 Überlagerung der Zuweisung 100
- 6.4 Die fünf Funktionalitäten 104
- 6.5 Überlagerung und Typkonvertierung 106
- 6.6 Klassen und Freunde 108
- 6.7 Grenzen und besondere Überlagerungen 112
- 6.8 Spezielle Probleme bei überlagerten Operatoren 112
- 6.9 Globale Überlagerung der Speicherverwaltung 120

7 Arbeiten mit Konstanten 123
- 7.1 Das cv-Attribut 123
- 7.2 Parameterübergaben 124
- 7.3 Konstante Objekte 127
- 7.4 Entfernen der Konstantheit (Typkonvertierung) 131

8 Der Klassen-Gültigkeitsbereich 133
- 8.1 Definition von Klassen-Eigenschaften und Methoden 133
- 8.2 Definition von Konstanten in einer Klasse 137
- 8.3 Definition von Klassen in einer Klasse 139
- 8.4 Überlagerung der Speicherverwaltung für die Klasse 139
- 8.5 Makros in der Klasse 143

9 Serielle Ein- und Ausgabe in C und C++ 145
- 9.1 Die Standard-Ein- und Ausgabe-Bibliothek 145
- 9.2 Grenzen der C-Bibliothek 147
- 9.3 Die IO-Klassenbibliothek 148
- 9.4 Unformatierte Ein- und Ausgabe 159
- 9.5 Manipulatoren 161
- 9.6 Integration von Klassen 166
- 9.7 Ersteller eigener Manipulatoren 168
- 9.8 Arbeiten mit Dateien 174

9.9 Persistenz der Objekte *177*
9.10 Fehlerbehandlung für Ein- und Ausgabe *180*

10 Statische Klassenbeziehungen 183

10.1 Statische Beziehungsarten *183*
10.2 Benutzungsbeziehungen *184*
10.3 Vererbungsbeziehung *189*
10.4 Automatische Typwandlungen *202*
10.5 Zugriffssteuerung mit protected *205*
10.6 Halbtransparenter Zugriff auf Basisklassenelemente *209*
10.7 Vererbungsmechanismen *213*

11 Polymorphie 215

11.1 Varianten der Polymorphie *215*
11.2 Allgemeine Zeiger in C *216*
11.3 Arbeiten mit Zeigern in C++ *219*
11.4 Objekte mit Typinformation *225*
11.5 Grafik-Simulation *228*
11.6 Dienste rund um die Polymorphie *236*

12 Typkonvertierung 239

12.1 Typkonvertierungen in C *239*
12.2 Funktionale Schreibweise *241*
12.3 Klassen-Konvertierungsoperatoren *244*
12.4 Neue Konvertierungsoperatoren in C++ *247*
12.5 Tendenzen in der Typkonvertierung *253*

13 Templates/Codeschablonen 255

13.1 Überlagerte Funktionen *255*
13.2 Funktions-Templates *258*
13.3 Template-Makros *263*
13.4 Klassen-Templates *263*
13.5 Templates und Bibliotheken *271*
13.6 Problem der Fehlerbehandlung *271*

14 Fehlerbehandlung mit C++ 273

14.1 Fehlerbehandlungen in C und C++ *273*
14.2 Konventionelle Fehlerbehandlung in C++ *279*

- 14.3 Strukturierte Fehlerbehandlung in C++ 283
- 14.4 Behandlung von Fehlergruppen 293
- 15 Dynamische Typinformation 295
  - 15.1 Implizite Typverwendung 295
  - 15.2 Dynamische Ermittlung des Typs 296
  - 15.3 Dynamische Typkonvertierung 298
- 16 C++, andere Sprachen und Bibliotheken 303
  - 16.1 Die Verbindung zu C 303
  - 16.2 Die Einbindung von Assembler 305
  - 16.3 Verbindung zu anderen Sprachen 307
  - 16.4 Namensräume und Bibliotheken 307
  - 16.5 C++ und Klassenbibliotheken 315
- 17 Dynamische Objektbeziehungen 319
  - 17.1 Unidirektionale Beziehungen 319
  - 17.2 Bidirektionale Beziehungen 328
  - 17.3 1:n-Beziehungen 330
- 18 Bemerkungen zur Analyse und zum Design 331
  - 18.1 Bemerkungen zur Historie 331
  - 18.2 Bemerkungen zur Analyse 333
  - 18.3 Bemerkungen zum Design 334
  - 18.4 Bemerkungen zur Implementierung 337
  - 18.5 Bemerkungen zur Validierung 339
  - 18.6 Der Mythos der Planmäßigkeit 342
  - 18.7 Auf dem Weg zur graphischen Programmierung 344
- 19 Glossar 345
  - 19.1 Liste der Schlüsselworte 345
  - 19.2 Allgemeine Begriffe 347
- 20 Literaturverzeichnis 349
  - 20.1 Literatur zur Sprache und ihrer Anwendungen 349
  - 20.2 Bücher zum Thema OOA & OOD (Analyse und Design) . . 350
  - 20.3 Zeitschriften mit OOP-Artikeln 350
- 21 Stichwortverzeichnis 351

1 Objekte und ihr Umfeld

Viele der Ideen, die man heute unter dem Begriff der OOP - der Objektorientierten Programmierung - zusammenfaßt, haben eine lange eigene Geschichte hinter sich. Und doch ist erst in den letzten Jahren der große Durchbruch in der Anwendung gelungen.

Grund genug, einmal einen Blick auf das Umfeld zu werfen, in dem Software geschrieben wird, und uns die Bedeutung vor Augen zu führen, der heute Software zukommt.

1.1 Verschiebung der Prioritäten

Die Softwareentwicklung gewinnt seit vielen Jahren eine immer entscheidendere Bedeutung. Die Hardware tritt zurück - die Software in den Vordergrund. Die Anlagen, die heute in einen Wandschrank passen, brauchten vor 10 Jahren einen großen klimatisierten Raum und werden in 5 Jahren in einem Schuhkarton Platz finden. Doch die in den Rechnern, den Steuerungen oder den Computerspielen enthaltene Software wächst umgekehrt proportional zur Hardware.

Wer Zweifel an den rasanten Entwicklungen hat, möge nur ein wenig zurückblicken. Der Autor war ein stolzer Besitzer eines selbstgebauten Kleinrechners, auf dem mit viel Mühe das Betriebssystem CP/M (control program for microcomputers / 8 Bit-8080-System) zum Laufen gebracht wurde. Das BIOS, die Schnittstelle zur eigenen Hardware, mußte mit Hilfe eines EPROM-Programmierers Byte für Byte manuell in einem 2-kB-EPROM abgelegt werden, da eine passende Entwicklungsumgebung nicht zur Verfügung stand. Der Hauptspeicher umfaßte stolze 16 kB. Die Massenspeicher waren Diskettenlaufwerke, die immerhin 800 kB pro 5 1/4" Diskette speichern konnten.

Heute sitzt der gleiche Autor vor einer viel kleineren Windows NT-Maschine mit 20 MB Hauptspeicher und 2,5 Gigabyte Plattenplatz, die nicht mehr gekostet hat als die erwähnte CP/M-Maschine.

1 Objekte und ihr Umfeld

Wichtig für uns ist hier nicht die gerade erzählte kleine Geschichte. Wichtig ist der Entwicklungssprung innerhalb von 1980 bis 1995, den Eckpunkten der geschilderten Entwicklung. Und wichtig ist die gedankliche Einstellung auf die nächsten Jahre.

Bei standardisierter und preisgünstiger Hardware verschiebt sich die Bedeutung innerhalb einer Problemlösung von der Maschine zur Software und insbesondere zur Organisationslösung, die mit einem Software-Produkt abgedeckt wird.

Wo früher der Hardware-Reparatur-Service ein ausschlaggebendes Argument für den Kauf einer Anlage war, sind heute das Grundkonzept und der Informations- und Updateservice für die Software die zentralen Argumente bei der Beschaffung einer informationstechnischen Lösung.

Dazu kommt der wachsende Anteil der Software an der industriellen Produktion. Als Beispiel kann ein digitales Telefon für das ISDN-Netz dienen. Neben wenigen Standardbauteilen sitzt ein Speicherbaustein mit etwa 256 kByte Programm.

Bei allen vorhandenen Produktions-, Pflege- und Handhabungsproblemen muß man davon ausgehen, daß kaum ein planmäßiger Lösungsversuch gestartet wurde. Wo Planungskomitees Lösungsszenarien entwarfen, ging es zumeist um einen Ausschnitt: eine neue Sprache, eine neuformulierte Schnittstelle. Die bekannten Ergebnisse sind z.B. Ada oder POSIX. (Ada ist eine Sprache, die für das US-amerikanische Verteidigungsministerium entwickelt wurde, POSIX ist die Abkürzung für: portable operating system based on UNIX / eine Betriebssystem-Schnittstelle, die auf UNIX basiert.)

Es war wie so oft die Arbeit, das Können und das persönliche Engagement einzelner, die entscheidende Beiträge zur Softwareentwicklung geleistet haben. Kirsten Nygards Simula67, Adele Goldbergs Smalltalk oder das C++ von Bjarne Stroustrup sind Meilensteine der OOP. Das 67 in Simula67 weist übrigens auf das Jahr 1967 hin, in dem bereits viele Ideen der Objektorientierung bekannt waren.

Stroustrup schildert in seinem Buch "Design and Development of C++" viele Details, die die Entwicklung erst möglich machten. Er stand vor der Aufgabe, eine Netzsimulation zu erstellen. Leider fehlte ein effektives sprachliches Werkzeug. Die vorhandenen Implementierungen von Simula67 waren wegen der Speicherverwaltung zu langsam. Seine Entscheidung, für seine Simulationsaufgabe zuerst ein sprachliches Werkzeug zu entwickeln, um die Bearbeitung lösbar zu machen, zeugt sowohl von persönlicher Qualifikation als auch von einem großen Freiraum, in dem die Arbeit geleistet wurde.

Letztlich mußten zur Bearbeitung der Simulationsaufgabe geeignete Abstraktionsverfahren gefunden werden, die es erlaubten, das Problem aus der Sicht und in der Sprache des Problems zu formulieren. Und die Lösung sollte so schnell und effektiv wie ein C-Programm sein.

Aus diesen Gründen und auch weil es weltweit eine enorme Anzahl von C-Programmen gibt, wählte er C als Basis der neuen Sprache C++. Sie integrierte zusätzlich wichtige Konzepte anderer Sprachen, von denen das Klassenkonzept von Simula67 das Wesentlichste ist.

So entwickelte sich von den ersten Anfängen 1979 mit "C mit Klassen" die Sprache weiter, bis sie hoffentlich 1997 als C++ in einem Standard festgeschrieben werden wird.

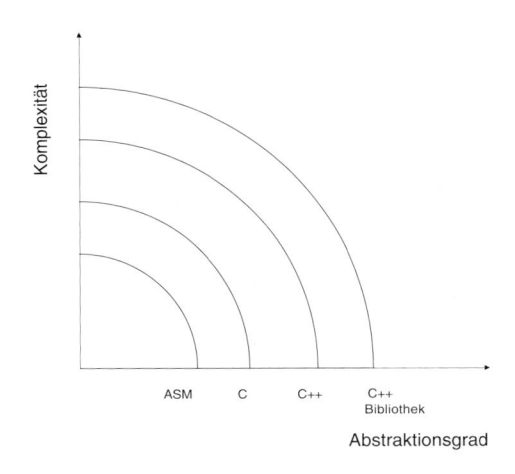

Bild 1.1 Wachsende Abstraktion und Komplexität

1.2 OOP und Organisation

Dem Wunsch, die Produktivität in der Softwareentwicklung zu steigern, kommt die Sichtweise der OOP entgegen. Sie erlaubt einen höheren Abstraktionsgrad und damit eine Formulierung näher am Problem.

Produktivität in der Softwareerstellung setzt sich zusammen aus:

- dem persönlichen Wissen des Entwicklers
- dem erarbeiteten Können

1 Objekte und ihr Umfeld

- dem möglichen Engagement
- sowie dem Umfeld in technischer und menschlicher Hinsicht.

Der große Unterschied zu C liegt im Denken oder dem Objektorientierten Paradigma (Sichtweise, Denkstruktur). Dem monolithischen Modell eines zentralen Aufbaus, ausgehend von main(), setzt die OOP das Denken in einzelnen eigenständigen Intelligenzinseln, den einzelnen Modellen oder Klassen gegenüber.

Betrachtet man die Einführung der OOP in einem Projekt, einer Firma und einer Abteilung nur als Einführung einer neuen Sprache, dann springt man viel zu kurz. OOP bedeutet einen ganzheitlichen Umstieg von den heute konventionellen Methoden hin zu einer weit größeren Strukturierung, zu besserem Design und zu einer organisatorischen Anpassung der internen Struktur.

1.3 Zum Aufbau des Buches

Das Buch soll ein Begleiter beim Umstieg von C nach C++ sein. Am Anfang werden wir so weit wie möglich in der Sprachwelt der prozeduralen Programmierung arbeiten und Schritt für Schritt umsteigen.

Dazu gehen wir an die Grenzen von C und sehen uns Probleme und fehlende Hilfsmittel an. Die Beschränkungen der Sprache C werden wir dann Schritt für Schritt durch die Fähigkeiten von C++ auflösen.

```
01 // Ein- / Ausgabe- Demo / C-Variante
02 // Datei: Start1.cpp
03
04 #include <stdio.h>
05
06 int main()                   // hier ohne Parameter
07 {
08 int i;                       // lokale Variable
09 printf ("\nBitte kleine ganze Zahl eingeben: ");
10 scanf ("%d",&i);             // Hole Wert nach i
11 printf ("\nEingegeben: %d\n");
12 return 0;                    // Statusrückgabe
13 }
14
```

Bild 1.2 Ein- und Ausgabe in C

Zum Aufbau des Buches

Auf dem Weg durch C++ lernen wir auch die Grundlagen der Objektorientierten Programmierung kennen.

Viele Beispiele und Aufgaben helfen beim Umstieg. In einigen der Beispiele wird das neue Ein- und Ausgabeverfahren von C++ verwendet. Ein Beispiel wird den einfachen Umstieg verdeutlichen.

In den Bildern 1.2 und 1.3 sehen Sie einfache Ein- und Ausgaben in C und C++. Entfallen werden die bisherige Header-Datei und die Funktionen printf() und scanf(), sowie die zugehörigen Funktionen. Stattdessen wird die Header-Datei iostream.h verwendet und die Ausgabe mit Hilfe von *cin* und *cout* zusammen mit den neuen Schiebeoperatoren durchgeführt. Den Begriff des vorangestellten Steuerstrings gibt es nicht mehr. Jede einzelne Ein- oder Ausgabe wird in der gewünschten Reihenfolge mit Hilfe der Schiebeoperatoren angegeben. Die Operatoren haben natürlich hier eine neue Bedeutung.

Aber davon mehr in einem eigenen Kapitel über die neue Behandlung der seriellen Ein- und Ausgabe.

```
01 // Ein- / Ausgabe- Demo / Vergleich C - C++
02 // Datei: Start2.cpp
03
04 //#include <stdio.h>                                    // C
05 #include <iostream.h>                                   // C++
06
07 int main()
08 {
09   int i;
10   //printf ("\nBitte kleine ganze Zahl eingeben: ");    // C
11   cout << "\nBitte kleine ganze Zahl eingeben: ";       // C++
12   //scanf ("%d",&i);                                    // C
13   cin >> i;        // von cin nach i einlesen           // C++
14   //printf ("\nEingegeben: %d\n");                      // C
15   cout << "\nEingegeben: " << i << "\n";                // C++
16   return 0;
17 }
18
```

Bild 1.3 Umstieg auf Ein- und Ausgabe in C++

Mit dieser Grundkenntnis ausgerüstet, können wir nun die vielen Details diskutieren. Insbesondere soll die praktische Anwendung zusammen mit einer sinnvollen Erklärung der einzelnen Syntaxelemente im Vordergrund stehen.

Schritt für Schritt kommen wir dann zu einer Gesamtsicht der OOP.

Bis auf wenige Ausnahmen gegen Ende des Buches, die jeweils begründet werden, wurden alle Programmbeispiele übersetzt und sind somit lauffähig. Bitte beachten Sie jedoch, daß sich die Sprache und die Compiler in den letzten Jahren stark entwickelt haben. Bis zum Erscheinen des Standards ist außerdem noch mit Änderungen zu rechnen.

Welche Beispiele bei Ihnen nachvollziehbar sind, hängt vom verwendeten Compiler ab. Die meisten Beispiele des Buches wurden mit dem Borland 4.5 Compiler übersetzt.

Ihnen, lieber Leser, wünsche ich nun viel Erfolg und Freude beim Studium des Buches und beim Experimentieren mit den Programmen.

2 Datentypen in C

C ist eine kleine und exzellente Sprache für viele Anwendungen. Um aber den Nutzen von C++ leicht zu sehen, wollen wir zuerst einmal einige wesentliche Grenzen von C betrachten.

Die Entwickler der Hochsprachen wie C oder Pascal sahen es als eine ihrer wichtigsten Aufgaben an, Sprachen zu schaffen, die maschinenunabhängig sind. Mit der Unabhängigkeit von der verwendeten Zielmaschine, also der CPU, konnten Programme nun portabel geschrieben werden. Ein Programm konnte im Quellcode von einer Maschine zur anderen gebracht werden und dort, falls der notwendige Compiler vorhanden war, durch einfaches Neuübersetzen ablauffähig gemacht werden.

Gegenüber dem damals vorherrschenden Assembler war dies ein ungeheurer Vorteil.

2.1 C und Basisdatentypen

Aber C bot noch viele weitere Vorteile. Die Sprache entstand unter zwei speziellen Gesichtspunkten. Sie sollte es zum ersten Mal erlauben, ein Betriebssystem in einer Hochsprache zu formulieren. Daher mußte die Sprache sehr effizient sein, um keine Laufzeitprobleme zu schaffen. Als Sprache zur Formulierung eines Betriebssystems sollte sie daher auch kein Laufzeitsystem benötigen. Die Konsequenz daraus ist unter anderem, daß Feldgrenzen nicht während der Laufzeit geprüft werden können.

Der zweite Aspekt der Sprache ist, daß sie für ein Multitasking-System benutzt wurde. Programme für ein solches System müssen die sogenannte Wiedereintrittsbedingung erfüllen. Dies bedeutet, daß jeder Programmstart und jeder Unterprogramm-Aufruf einen eigenen Datenbereich erhält.

Trotz des geringen Sprachumfangs enthält C alle Möglichkeiten, die eine saubere und strukturierte Programmierung erfordert. Von Haus aus ist sie auf die Entwicklung im Team ausgelegt. Einzelne Programmteile lassen sich getrennt übersetzen und mit einem Linker zu einem Gesamtprogramm zusammenfügen. Kurz: C ist eine Sprache der Praxis.

Ein möglicher Vergleich mit Pascal, einer Sprache, die etwa gleichzeitig im universitären Rahmen entstand, fällt eindeutig zugunsten von C aus. Das Original-Pascal kennt keine getrennte Übersetzung von Modulen und somit auch keinen Linker. Die Fallunterscheidung in Pascal enthält keine default-Abfrage und macht somit Programme unnötig fehleranfällig.

Der Schlüsselbegiff aller Hochsprachen ist der Datentyp. Er wird in einem Programm in zwei Varianten vorkommen: den Datentypen, die in der Syntax der verwendeten Sprache enthalten sind, sowie denjenigen, die der Programmierer selbst definiert.

Die Datentypen, die Teil der Sprachsyntax sind, wollen wir Basisdatentypen nennen, die selbst definierten sind die privaten Datentypen.

Die Begriffe "Modell" oder "Abstraktion" können synomym zum Begriff "Datentyp" benutzt werden.

2.2 Der Begriff des Datentyps

Die Einführung von Datentypen ist eine der entscheidenden Grundlagen zur Strukturierung von Programmen. Die Bedeutung des Datentyp-Begriffs läßt sich anhand einer Gegenüberstellung mit einem Assembler zeigen. Ein Assembler wird immer mit Speicherplätzen umgehen. Er wird Bytes, Worte und Doppelworte oder Vielfache davon reservieren können. Aber er wird nicht wissen, was der Programmierer mit dem reservierten Speicherplatz machen will.

Jede Verwendung des Speicherplatzes für Variable kann nur vom Programmierer verstanden und kontrolliert werden.

Der Umgang mit den Registern und allen anderen Elementen der Prozessorarchitektur führt dazu, daß eine Formulierung in einer Assemblersprache immer maschinenabhängig bleiben muß.

Erst die Verwendung von Datentypen, von kleinen Datenmodellen, ermöglicht es einer Hochsprache, ein Problem weitestgehend unabhängig von der Zielmaschine zu beschreiben. In unserer Ausgangssprache C gibt es nur wenige vordefinierte Datentypen. Es sind *int, char, float, double* und die durch Attribute davon abgeleiteten Typen sowie die Zeiger auf Variable der genannten Datentypen.

Auch wenn die Sprache die Datentypen vorgibt, bleiben in einer bestimmten Implementierung Freiräume. So paßt man meist *int* der Größe der Register an.

2.2.1 Basisdatentypen

Was unterscheidet nun eine Variable vom Datentyp *int* in C von einer möglicherweise sogar gleich großen Wortvariablen eines Assemblers? Den Unterschied sehen wir, wenn wir uns überlegen, wie die Variable benutzt wird. Bei der Wortvariablen weiß nur der Programmierer, was er mit diesem Speicherplatz machen will, bei einem *int* weiß der Programmierer, daß er nur einige wenige, typischerweise mathematische Operationen der Sprache durchführen kann, die auch der Compiler kennt.

```
01 // Arbeiten mit Datentypen - Fehlererkennung
02 // Datei: typen1.c
03
04 #include <stdio.h>
05
06 int main ()
07 {
08   double operand1 = 3.0;
09   double operand2 = 4.0;
10   double ergebnis = 0.0;
11
12   ergebnis = operand1 % operand2;       // Fehlermeldung
13   return 0;
14 }
15
```

Bild 2.1 Typfehler beim Übersetzen

Mit dieser Kenntnis kann der Compiler prüfen, ob in einem Ausdruck mit einer Variablen eine zulässige Operation ausgeführt wird. Wegen der vielfältigen Typkonvertierung ist es gar nicht so einfach, ein Beispiel zu finden, das diese Prüfung darstellt. Im Bild 2.1 ist ein Programm gezeigt, bei dessen Übersetzung der Compiler einen Fehler melden wird.

Im Beispiel wird übrigens ein Kommentarzeichen benutzt, das nicht Teil des ANSI C Standards ist: "//". Es ist C++ entnommen. Dieses Zeichen leitet einen Kommentar bis zum Ende der Zeile ein. Viele Compiler akzeptieren inzwischen auch in C-Quellen diesen Kommentar.

Zum Begriff des Datentyps gehören daher zwei wichtige Bereiche:
- der Wertebereich und damit der benötigte Speicherplatz
- die Menge an zugelassenen Operationen.

Im Beispiel werden drei Variablen des Typs *double* definiert. In einer mathematisch fragwürdigen Anweisung wird danach versucht, den modulo-Operator auf die *double*-Variablen anzuwenden. Natürlich ist die modulo-Operation, die Gewinnung des Restes einer ganzzahligen Division, nicht für die *double*-Variablen möglich. Der Compiler wird feststellen, daß Operanden und Operation nicht zusammenpassen, und eine Fehlermeldung ausgeben.

2.2.2 Private Datentypen

Der Autor eines Programms wird nicht nur mit den vordefinierten Datentypen umgehen wollen. Seine primäre Aufgabe ist es, mit Begriffen aus dem Anwendungsbereich wie Kunde, Motor, Datenpaket, Meßwert oder auch Datei, Liste, Stack oder ähnlichen zu arbeiten, um die gewünschte Lösung zu formulieren.

Seine Aufgabe ist es, private Datentypen zu definieren, die Modelle der Dinge sein sollen, aus denen das Problem zusammengesetzt ist. Die Modelle der Informatik (Stack, Liste,...) sind dabei ebenfalls als private Datentypen zu formulieren.

Die Modelle aus dem Anwendungsbereich sind sehr vielfältig. Letztlich muß jede Sprache, die für allgemeine Anwendung geeignet sein soll, eine unendliche Menge von privaten Datentypen erlauben und unterstützen.

Leider ist der Begriff des privaten Datentyps in den verschiedenen Programmiersprachen sehr unterschiedlich realisiert und oft nur teilweise unterstützt.

So bleibt auch in C die Unterstützung mangelhaft. Wo es in der Sprache an Ausdrucksmöglichkeiten fehlt, wird gerne versucht, diese Lücke durch die Erfindung von Programmierrichtlinien zu schließen. Solche Richtlinien sind jedoch schwer zu kontrollieren. Alle Anstrengung, durch Code-Durchsichten mögliche Fehler und Abweichungen zu finden, wird zwar hilfreich, aber letztlich nicht befriedigend sein.

Die Grundlage der privaten Datentypen in C bildet die Möglichkeit, vorhandene Datentypen in einer Struktur zusammenzusetzen. Die Struktur stellt dann einen ersten Schritt zu einem privaten Datentyp dar. Leider sind in C in einer Struktur ausschließlich Datenelemente erlaubt, so daß stets nur der Datenteil des Typbegriffs in der Sprache selbst abgebildet werden kann.

Die organisatorische Lösung beruht auf dem Konzept der Headerdateien. Ein *header* ist ein Vorspann, der vor dem eigentlichen Programmtext mit Hilfe einer Präprozessoranweisung mit eingelesen wird. Es wäre durchaus wünschenswert, einen Namen für diese Dateien zu wählen, der den Sinn näher beschreibt. Ich möchte hier den Begriff der Informationsdatei vorschlagen und im folgenden verwenden.

Innerhalb einer solchen Datei werden nur Anweisungen und Vereinbarungen aufgenommen, die keinen Code erzeugen oder Daten anlegen. Von seltenen Ausnahmen wollen wir hier absehen.

Im gezeigten Auszug (Bild 2.2) aus der stdio.h-Datei kann man die Verwendung leicht sehen. Die Einführung eines privaten Datentyps (hier: FILE) mit Hilfe einer Informationsdatei besteht aus drei Schritten.

```
01  // Private Datentypen in C
02  // Auszug aus einer stdio.h
03
04  #include <types.h>
05  struct   FILE                   /* This is the FILE object      */
06  {
07  int            f_level;         /* fill/empty level of buffer   */
08  unsigned       f_flags;         /* File status flags            */
09  char           f_fd;            /* File descriptor              */
10  unsigned char  f_hold;          /* Ungetc char if no buffer     */
11  int            f_bsize;         /* Buffer size                  */
12  unsigned char  *f_buffer;       /* Data transfer buffer         */
13  unsigned char  *f_curp;         /* Current active pointer       */
14  unsigned       f_istemp;        /* Temporary file indicator     */
15  short          f_token;         /* Used for validity checking   */
16  };
17
18  typedef struct FILE FILE;
19
20  int      fclose(FILE *__stream);
21  int      fflush(FILE *__stream);
22  int      fgetc(FILE *__stream);
23  char *   fgets(char *__s, int __n, FILE *__stream);
24  FILE *   fopen(const char *__path, const char *__mode);
25  int      fprintf(FILE *__stream, const char *__format, ...);
26  int      fputc(int __c, FILE *__stream);
27  int      fputs(const char *__s, FILE *__stream);
28  ... usw. usf. ...
29
```

Bild 2.2 Auszug aus einer stdio.h: Typ FILE

Der erste Schritt ist die Definition einer Struktur. Als Definition betrachten wir die Stelle, an der ein Name seine Bedeutung erhält (Zeile 5).

Als zweiter Schritt folgt die Definition eines Datentyps mit *typedef* (Zeile 18). Dies ist notwendig, da Strukturnamen und Typnamen in unterschiedlichen Namensbereichen existieren. Strukturen sind a priori keine Typen, sondern müssen erst einen Typnamen erhalten. Da in C die Namensbereiche getrennt sind, kann man in beiden Bereichen den gleichen Namen benutzen, wie dies auch im Beispiel geschieht.

Der dritte Schritt ist dann die Angabe, welche Funktionen die Aufgabe der nicht vorhandenen Operatorsymbole für private Datentypen wahrnehmen sollen (Zeilen 20 bis 28). Diese Funktionen wollen wir Operatorfunktionen nennen. Ihr besonderes Merkmal ist es, daß in ihrer Schnittstelle, sei es als Parameter oder als Rückgabewert, ein Zeiger auf die gerade bearbeitete Strukturvariable vorkommt.

Mit Hilfe eines Zeigers auf eine Variable der Struktur *FILE* wird so z.B. *write()* mitgeteilt, zu welcher Datei die auszugebenden Daten zu transportieren sind. Der Zeiger verweist auf eine Strukturvariable des Typs FILE, die alle Informationen über den momentanen Zustand der Verbindung zu einer Datei enthält.

Diese Zuordnung geschieht in C üblicherweise mit einem Zeiger. Damit kann die gerufene Funktion die Originalvariable modifizieren, sofern der Parameter nicht als Zeiger auf eine konstante Variable definiert wurde.

2.3 Aufgliederung in ein Rollenverhalten

In der bisherigen Diskussion war der Programmierer als Ersteller einer Informationsdatei tätig. Diese Datei und die zugehörige Implementierung der deklarierten Funktionen ist eine Aufgabe für eine Rolle, die wir als Spezialistenrolle beschreiben wollen.

Entscheidend für die Rolle des Spezialisten ist es, daß er Kenntnis vom detaillierten Aufbau einer Strukturvariablen besitzt und die einzelnen Elemente der Struktur innerhalb der Operatorfunktionen verändern kann.

Das Gegenstück zum Spezialisten ist der Anwender. (Natürlich können Spezialisten- und Anwenderrolle von ein und derselben menschlichen Person wahrgenommen werden.)

Ein Anwender wird jedoch einen anderen Blickwinkel beim Umgang mit strukturierten Variablen haben. Sein Augenmerk gilt ausschließlich ganzen Strukturvariablen oder Zeigern darauf. Er wird im allgemeinen nicht auf die Elemente zugreifen, sondern die Bearbeitung den Operatorfunktionen des Spezialisten überlassen.

Das älteste C-Programm mit der Begrüßung der Welt mag dazu als Beispiel dienen.

```
01 // Arbeiten als Anwender - Verwendung des Typs FILE
02 // Datei: Fileanw1.c
03
04 #include <stdio.h>      // Informationsdatei des Spezialisten
05
06 // stdout ist die Adresse einer FILE-Variablen
07 int main ()
08 {
09 fprintf (stdout, "\nHello World\n");     // Anwendung
10 return 0;
11 }
12
```

Bild 2.3 Anwendung des privaten Datentyps

In der Ausgabe von "Hello World" holt sich ein Programmierer in der Rolle des Anwenders die Informationsdatei des Spezialisten, der als Teil der Compilerproduktion die E/A-Funktionen bearbeitet hat.

In dieser Informationsdatei befinden sich neben den bekannten Elementen, wie Struktur- und Typdefinition sowie der Deklaration der Operatorfunktionen, auch einige Konstanten, die wir oft verwenden.

In der Umgebung eines C-Programms, das unter einem Betriebssystem abläuft, gibt es für jede mögliche Dateiverbindung eine Strukturvariable des Typs *FILE*. Die Variablen sind in einem Feld zusammengefaßt.

Die ersten drei Feldvariablen verwalten immer die Standardverbindungen des Programms: Standard-Eingabe, Standard-Ausgabe und Standard-Fehlerkanal.

Die drei Konstanten für die Anfangsadressen dieser Variable sind dann: *stdin*, *stdout* und *stderr*.

In unserem Fall benutzen wir die Konstante *stdout*, die die Adresse der zweiten Variablen eines Feldes vom Typ *File* darstellt und uns damit den benutzten Ausgabekanal angibt.

Entscheidend in diesem wie in allen anderen Beispielen ist es, daß der Anwender nur **ganze** Strukturvariable kennt und handhabt. Alle Bearbeitungen überläßt er den Operatorfunktionen wie fprintf(). Ein Anwender sollte daher nie mit Hilfe eines der beiden Zugriffsoperatoren "." oder "->" in die Strukturvariable hineingreifen.

2.3.1 Ein Beispiel

Schauen wir uns ein einfaches Beispiel an, das den Umgang mit den privaten Datentypen in C veranschaulicht. Das gleiche Beispiel wird uns im nächsten Kapitel den Umstieg in die Welt der Objekte erleichtern.

In vielen Fällen eignen sich mathematische Beispiele am besten. Sie sind allgemein bekannt und lassen sich gut in einem Programm nachbilden. Unser Beispiel soll das Arbeiten mit Brüchen behandeln.

2.3.2 Aufbau der Informationsdatei

In der Informationsdatei werden die drei grundlegenden Abschnitte angegeben:

- die Strukturdefinition
- die Typdefinition und
- die Deklaration der Operatorfunktionen.

```
01 /* Deklarationsdatei zu ratio in C */
02 /* Datei: ratio.h */
03
04 /* Strukturdefinition */
05 struct ratio
06 {
07 int zaehler;
08 int nenner;
09 };
10
11 /* Typdefinition */
12 typedef struct ratio ratio;
13
14 /* Deklaration der Operatorfunktionen */
15 void init (ratio *op, int z, int n);
16 ratio addiere (ratio *op1, ratio *op2);
17 ratio subtrahiere (ratio *op1, ratio *op2);
18 void zeige (ratio *op);
19 /* usw. usf. */
20
```

Bild 2.4 Informationsdatei zu ratio

2.3.3 Rückgaben der Operatorfunktionen

In unserem Beispiel stehen wir vor einem speziellen Problem. Innerhalb der Funktion addiere() oder subtrahiere() muß für das hier entstehende Ergebnis eine Variable des Typs *ratio* bereitgestellt werden. Die beiden Operanden sollen, wie in der Mathematik üblich, nur gelesen und nicht verändert werden. Sie können somit das Ergebnis nicht aufnehmen. Das innerhalb des Unterprogramms entstehende Ergebnis muß nun aber dem Anwender zur Verfügung gestellt werden.

Für die Rückgabe von Strukturen aus einem Unterprogramm stehen zwei Möglichkeiten zur Verfügung.

```
01 /* Spezialistendatei zu ratio in C */
02 /* Datei: ratio.c */
03
04 #include <stdio.h>
05 #include "ratio.h"
06
07 void init (ratio *op, int z, int n)    // Operatorfunktion
08 {
09 op->zaehler = z;
10 op->nenner = n;
11 }
12 ratio addiere (ratio *op1, ratio *op2) // mit Zeiger
13 {
14 ratio hilfe;
15 hilfe.nenner = op1->nenner * op2->nenner;
16 hilfe.zaehler = op1->zaehler*op2->nenner +
17                 op2->zaehler * op1->nenner;
18 return hilfe;
19 }
20 ratio subtrahiere (ratio *op1, ratio *op2)
21 {
22 ratio hilfe;
23 hilfe.nenner = op1->nenner * op2->nenner;
24 hilfe.zaehler = op1->zaehler*op2->nenner -
25                 op2->zaehler * op1->nenner;
26 return hilfe;
27 }
28 void zeige (ratio *op)
29 {
30 printf ("%i/%i",op->zaehler,op->nenner);
31 }
```

Bild 2.5 Implementierung der Operatorfunktionen

Im ersten Fall legt der Aufrufer eine Ergebnisvariable an und übergibt dem Unterprogramm die Adresse, die das Unterprogramm zum Ablegen des Ergebnisses benutzen soll. Dieses Verfahren ist schnell und wird deshalb in Aufrufen von Betriebssystemfunktionen verwendet. In unserem Fall erhalten init() und zeige() einen Zeiger und können somit die Variable des Anwenders entweder verändern wie init() oder nur lesen wie zeige().

Der zweite Fall erwartet die Rückgabe eines Funktionsergebnisses. Dies gilt in der Regel bei mathematischen Operationen. Allerdings erfordert dies die Fähigkeit der Sprache, Strukturen als Ergebnistyp zuzulassen. Mit dem ANSI-C Standard ist dies möglich; unter K&R-C war dies nicht möglich. Addiere() und subtrahiere() verwenden diese Rückgabe.

2.3.4 Implementierung der Operatorfunktionen

In der Implementierungsdatei der Operatorfunktionen wird nun die eigentliche Bearbeitung vorgenommen. Eine logische Operation, die im Namen der Funktion zum Ausdruck kommt, (z.B. addiere), wird intern abgebildet auf eine Veränderung oder anderweitige Bearbeitung der Elemente einer oder mehrerer Strukturvariablen.

Bei den Dateibearbeitungsfunktionen, wie write() oder read(), kam immer nur ein Zeiger auf eine Strukturvariable des Typs FILE vor. Hier bei *ratio* müssen wir mit bis zu drei Strukturvariablen arbeiten: zwei Operanden und einem Ergebnis (Bild 2.5).

Innerhalb der Operatorfunktionen greifen wir mit beiden Strukturoperatoren zu, entweder mit "->", wenn wir einen Zeiger auf eine Strukturvariable benutzen, oder mit dem ".", wenn der Name der Strukturvariablen bekannt ist.

Entscheidend in unserem Arbeitsmodell ist es, daß in dieser Datei nur der Spezialist auf die Elemente der Struktur zugreift. Die Schnittstelle der Funktionen bildet die Schnittstelle des Anwenders. Hier kommen nur ganze Strukturvariablen vor.

2.3.5 Die Anwendersicht

Bleibt nun noch die Datei des Anwenders (Bild 2.6).

Die Aufgabe im Programmteil des Anwenders besteht nun darin, sowohl Strukturvariable zu definieren und damit Speicherplatz anzulegen, als auch die Bearbeitung der Strukturvariablen ausschließlich mit Hilfe der vom Spezialisten definierten Operatorfunktionen vorzunehmen.

```
01 /* Anwenderprogramm zu ratio in C */
02 /* Datei: mratio.c */
03
04 #include "ratio.h"
05
06 /* Definition von Variablen */
07 ratio A,B,C;
08
09 int main ()
10 {
11 /* Aufruf der Operatorfunktionen */
12 init (&A,1,2);
13 init (&B,1,4);
14 C = addiere (&A,&B);
15 printf ("\nErgebnis = ");
16 zeige (&C);
17 printf ("\n");
18 return 0;
19 }
20
```

Bild 2.6 Die Anwenderdatei

Allerdings ist die Trennung zwischen Spezialist und Anwender sowie die Arbeit mit drei Dateien eine Regel aus dem Handbuch für Programmierer und nicht eine Regel der Sprache. Eine Verletzung der Spielregel führt nicht zu einer Fehlermeldung des Compilers.

2.4 An die Grenzen von C

Die Fähigkeiten von C enden dort, wo private Datentypen ins Spiel kommen. Zwar gibt es, wie wir gesehen haben, Kunstgriffe und Regeln, die einen privaten Datentyp nachbilden, eines fehlt aber in C: die Möglichkeit des Compilers, fehlerhafte Operationen mit einem privaten Datentyp zu erkennen und als Fehler zu melden.

In vielen Fällen wird ein Zugriff des Anwenders auf die Elemente einer Strukturvariablen "nur" zu Problemen bei der Wartung von Programmen führen, da dann die Zugriffe nicht nur in der Implementierungsdatei erfolgen. In vielen Fällen wird aber das Ergebnis verheerend sein.

Als schlechtes Beispiel soll ein Zugriff auf die Elemente einer FILE-Struktur dienen. Hier greifen wir als Anwender auf eine Systemstruktur zu und verändern den momentanen Zustand (Bild 2.7 / Zeile 10). Es ist hier für den

2 Datentypen in C

Anwender gar nicht abzuschätzen, in welchem Zustand sich eine Dateiverbindung befindet und was die Auswirkungen einer Veränderung eines der Elemente bedeuten.

```
01 /* Schwerer Fehler durch fehlerhaften Zugriff */
02 /* Datei: tfehler.c */
03
04 #include <stdio.h>
05
06 int main ()
07 {
08 FILE *fp;
09 fp = fopen ("tfehler.c", "rb");
10 fp->flags = 99;        /* Wird nicht erkannt */
11 fclose(fp);
12 return 1;
13 }
14
```

Bild 2.7 Schwerer Zugriffsfehler

Schließlich liegen dem Anwender keine Quellen vor, und selbst wenn er sie hätte, müßte er die Gedankengänge des Spezialisten nachvollziehen, was sicher nicht der Sinn der Anwenderrolle ist.

2.4.1 Was wir bräuchten

Mit dem letzten Beispiel sind wir an die Grenzen von C gestoßen. Wollen wir tatsächlich in einer Sprache einen privaten Datentyp realisieren, dann müßte die Sprache zwei grundlegende Eigenschaften bieten.

Sie müßte einen richtigen privaten Datentyp mit Daten- und Operationsteil spezifizieren können und sie müßte eine Möglichkeit bieten, die Trennung zwischen Spezialist und Anwender zu erzwingen. Nur dann kann der Compiler den Fehler im letzten Beispiel beim Zugriff auf die Interna einer FILE-Struktur melden.

Aber dazu haben wir C++.

3 Die Klasse

Ziel dieses Kapitels ist es, einen vollständigen privaten Datentyp einzuführen. Dies war im vergangenen Kapitel mit den Strukturen von C nicht möglich.

Im vorangegangenen Kapitel über die privaten Datentypen haben wir letzlich zwei große Probleme im Umgang mit Strukturen erkannt: Der Anwender konnte auf die internen Elemente zugreifen und damit seine Rolle verletzen, und es gab keine Möglichkeit, den privaten Datentyp mit Angabe von Daten und Operationen als prüfbaren Teil der Sprache zu definieren.

Hierzu brauchen wir eine völlig neue Sichtweise und ein neues Sprachelement: die Klasse. Mit ihrer Hilfe können wir in C++ beide Probleme in den Griff bekommen.

Ein ganz anderes Problem werden wir hier allerdings nicht ganz lösen können. Das ist die Vielfalt der in der OOP bekannten Begriffe. In der folgenden Diskussion soll versucht werden, die wesentlichen Begriffe zumindest zu erwähnen. In der Folge werden wir uns auf einige wenige, allgemein gebräuchliche Begriffe beschränken. Um den Umstieg zu erleichtern, wird z.B. momentan nach wie vor im C-Stil von Funktionsaufrufen die Rede sein.

Der Begriff der Funktion wird dabei als Oberbegriff verstanden, der auch die Spezialisierungen wie Prozeduren mit einschließt.

3.1 Definition der Klassen- und Objektbegriffe

Beginnen wir die Diskussion der Klasse mit der Definition der beiden wichtigsten Begriffe: der Klasse selbst und der Variablen, die man mit Klassen anlegen kann.

Die Klasse ist eine Erweiterung der bisherigen Strukturdefinition. Eine Klasse in C++ hat folgende grundlegende Aufgaben:

- Sie stellt einen echten, privaten (und prüfbaren) Datentyp dar,
- sie beinhaltet ein Schutzkonzept,
- sie bietet dem Programmierer Dienstleistungen an und

3 Die Klasse

- sie besitzt einen eigenen Gültigkeitsbereich.

Zusammenfassend gilt:

- Die Klasse ist ein vollständiger, geschützter, privater Datentyp mit einem eigenen Gültigkeitsbereich.

Mit Hilfe von Klassen lassen sich nun Variable definieren, die gemäß der Klassendefinition einen geschützten internen Bereich und eine offen zugängliche Schnittstelle besitzen. Sie heißen Objekte.

- Ein Objekt ist eine Variable, deren Datentyp eine Klasse ist.

3.1.1 Die Klasse am Beispiel

Wie so oft eignen sich am Beginn einer Diskussion einfache mathematische Modelle. Sie sind in ihrem Aufbau und in ihrem Verhalten bekannt. So ein Modell konnten wir im vorausgegangenen Kapitel mit Hilfe der Brüche aufbauen. Ein Bruch besaß einen ganzzahligen Zähler und Nenner und das übliche Verhalten. Man soll damit die vier Grundrechenarten, eine Zuweisung sowie die Ausgabe am Bildschirm durchführen können. (Bisher haben wir nur die Addition und die Subtraktion eingeführt.)

Im ersten Klassenbeispiel wollen wir noch so nahe wie möglich an der Strukturwelt verbleiben und erst nach und nach die weiteren Elemente der Klassendefinition mit aufnehmen. Bis zur Definition einer vollständigen Klasse werden wir noch einige Kenntnisse sammeln müssen.

Beginnen wir mit der bekannten Dreiteilung der Dateien. In der Informationsdatei wird die Klasse definiert. Da in der Klasse nun auch die Funktionsdeklarationen enthalten sind, kann die Klassendefinition im Anwenderprogramm benutzt werden, um Aufrufe zu überprüfen.

Eine Klasse ist ein Datentyp. Daher wird in der Informationsdatei keine *typedef*-Anweisung mehr benötigt.

Die zweite Datei beinhaltet die Implementierung der Funktionen. Wie die Informationsdatei auch, wird sie vom Spezialisten erstellt.

Die dritte Datei schließlich wird die Rolle des Anwendungsprogrammes übernehmen.

3.1.2 Die Informationsdatei / header file

Die beiden Probleme, auf die wir in unserer bisherigen Diskussion gestoßen sind, wird nun die Klasse lösen. Den Begriff des vollständigen, privaten Datentyps können wir mit der Klasse dadurch lösen, daß jetzt sowohl Daten-

Definition der Klassen- und Objektbegriffe

```
01 // Grundlagen des Klassenbegriffs - Definition
02 // Datei: ratio1.h
03
04 #ifndef _RATIO1_H
05 #define _RATIO1_H
06
07 // Definition der Klasse
08 class ratio1
09 {
10 public:                             // Anwenderbereich
11 ratio1 addiere (ratio1 op2);        // Methoden,
12 ratio1 subtrahiere (ratio1 op2);//  function member,
13 ratio1 dividiere (ratio1 op2);      // auch: Botschaft
14 ratio1 multipliziere (ratio1 op2);
15 void weise_zu (int z, int n);
16 void drucke ();
17 private:                            // Spezialistenbereich
18 int zaehler;                        //Eigenschaft/data member
19 int nenner;                         // auch: Attribut
20 };
21
22 #endif
23
```

Bild 3.1 Grundlegende Definition einer Klasse

als auch Funktionselemente Teil der Klassendefinition sind. Wie es sich für einen Datentyp gehört, sind nun sowohl Daten als auch die dazugehörenden Operationen innerhalb der Klasse bekannt. In der Klassendefinition (Bild 3.1) haben wir die schließende, geschweifte Klammer unterhalb der Funktionsdeklarationen gesetzt.

Das zweite Problem war die Trennung zwischen Anwender und Spezialist. Dieses Problem lösen wir in der Klasse durch die Einführung von Schutzbereichen. Der Spezialist wird auf alle Elemente zugreifen können, der Anwender nur auf eine Schnittstelle.

Als drittes bleibt noch zu erwähnen, daß die Dienstleistungen der Sprache zu einer geänderten Funktionsdeklaration führen, wie wir gleich sehen werden.

In der Informationsdatei (header file) wird die Klasse definiert, die Elemente der Klasse werden jedoch nur deklariert. Daher kann in den Deklarationen der Elemente bereits der neue Datentyp benutzt werden, was vor allem bei den Methoden verwendet wird (Bild 3.1).

3.2 Realisierung des Datentyps

Die Klassendefinition geschieht mit dem Schlüsselwort *class*.

Eine Klasse ist ein Datentyp. Die in C notwendige Verwendung von *typedef* entfällt daher. Wie wir wissen, umfaßt der Begriff des Datentyps die Beschreibung der Daten sowie die Kenntnis, welche Operationen mit diesen Daten möglich sind.

In der Klasse finden wir eine exakte Kopie der Daten aus der bisherigen C-Struktur. Ein Bruch besteht wie in C aus den beiden Elementen Zähler und Nenner.

Im Gegensatz zu C sind nun auch die Deklarationen der Funktionen Teil der Klasse und damit des Datentyps. Die Deklaration hat eine wichtige Rolle im Zusammenspiel mit dem anschließend zu besprechenden Zugriffsschutz.

Die Deklaration einer Funktion innerhalb einer Klassendefinition ist gleichbedeutend mit einer Zugriffslizenz auf alle internen Informationen im *private*-Teil der Klasse. Nur wer eine solche Zugriffslizenz besitzt, wer also in der Klasse deklariert wurde, darf auf alle Elemente ohne Beschränkung zugreifen.

3.2.1 Realisierung des Zugriffsschutzes

Die Klasse wird in Bereiche eingeteilt. Es gibt einen öffentlich zugänglichen Bereich, der mit *public* eingeleitet wird, und einen internen Bereich, der mit *private* beginnt. Einen dritten Bereich (*protected*) werden wir später im Rahmen der Vererbung kennenlernen.

Durch die Einführung von Schutzbereichen realisieren wir die Trennung von Spezialist und Anwender. Der Spezialist ist derjenige, der die Funktionen schreibt, die in der Klasse deklariert werden. Diese Funktionen haben allein Zugriff auf alle Elemente der Klasse.

Der Anwender wird nur die Funktionen oder Datenelemente benutzen dürfen, die im öffentlichen Bereich stehen.

Damit haben wir einen privaten, internen Bereich und eine öffentliche Schnittstelle geschaffen.

Die Standardvorgabe einer Klasse ist *private*. Damit kann am Beginn der Klasse die Angabe von *private* auch fehlen. Die meisten Programmierer haben früher den internen Teil an den Anfang gesetzt und den zugänglichen Teil folgen lassen.

Inzwischen hat es sich eingebürgert, mit dem öffentlich zugänglichen Teil zu beginnen, um dem Anwender der Klasse seine Schnittstelle als erstes zu zeigen.

Was innerhalb eines Bereiches deklariert wird, bleibt dem Spezialisten überlassen. In vielen Fällen wird man die Datenmitglieder (data members) in den internen Bereich legen, die Funktionsmitglieder (function members) in den öffentlichen.

In der Objektorientierten Programmierung sind weitere Begriffe eingeführt. Anstelle von Datenmitgliedern spricht man oft von Eigenschaften oder Attributen und statt Funktionsmitglied wird häufiger der Begriff der Methode oder der Botschaft verwendet.

Wir wollen die Daten einer Klasse als Eigenschaften bezeichnen und die Funktionen als Methoden. Weiter beschreiben die momentanen Werte aller Eigenschaften den Zustand eines Objektes, und alle Funktionen zusammen bestimmen das mögliche Verhalten des Objektes.

3.2.2 Deklaration und Implementierung

In der Beispiel-Klasse (Bild 3.1) wurden mehr Methoden deklariert als in der Implementierungsdatei tatsächlich definiert werden (Bild 3.2). Dies ist jederzeit möglich und sinnvoll. Die Definition einer Klasse kann so vom Spezialisten von Anfang an vollständig erstellt werden. Die Implementierung muß nur die Methoden bereitstellen, die tatsächlich im Anwendungsprogramm benutzt werden.

Besonders in der Testphase einer Klasse ist dies hilfreich.

3.2.3 Dienstleistungen für Methoden

Die Schnittstelle der Methoden unterscheidet sich von der bekannten C-Schnittstelle durch den Wegfall des Zeigerparameters, der auf die zu bearbeitende Strukturvariable gezeigt hat. Im Extremfall benötigt eine Methode überhaupt keinen Parameter. Die Methode *drucke()* ist ein Beispiel dafür.

Die bisherige Übergabe eines Zeigers, der die zu bearbeitende Variable der Funktion bekanntgab, wird in C++ automatisiert und als Dienstleistung der Sprache zur Verfügung gestellt.

Man sagt auch, daß Methoden automatisch an das zu bearbeitende Objekt gebunden werden. Die Bindung erfolgt beim Aufruf der Methode im Anwenderprogramm. (Binden hat hier nichts mit Linken zu tun.)

3.3 Die Klasse als Gültigkeitsbereich

Eine Klasse stellt einen neuen Gültigkeitsbereich dar. Namen, die innerhalb einer Klasse deklariert werden, gelten nur innerhalb des Klassenkontextes. Die Folge ist, daß wir Methodennamen frei verwenden können. Jede Klasse kann somit eine *drucke()*-Methode besitzen, ohne mit den *drucke()*-Methoden anderer Klassen zu kollidieren.

In C dagegen waren alle Funktionsnamen stets im globalen Gültigkeitsbereich. Daher konnte ein Funktionsname immer nur einmal innerhalb eines Programmes definiert werden.

Bei der Definition der Methoden in C++ werden wir daher dem Compiler mitteilen müssen, zu welcher Klasse die gerade definierte Methode gehört.

In C konnten wir innerhalb eines lokalen Gültigkeitsbereiches eines Blockes Variablen definieren. Diese Variablen haben eventuell vorhandene globale Variablen gleichen Namens während der Abarbeitung des Blockes verdeckt. Oder anders ausgedrückt, wird innerhalb eines Funktionsblockes oder darin enthaltener Blöcke ein Variablenname benutzt, wird der Name immer zuerst im momentanen Block und erst danach in äußeren Blöcken gesucht.

Eine ähnliche Regelung gilt nun in C++ für alle Elemente einer Klasse. Befinden wir uns innerhalb einer Methode, die in der Klasse deklariert wurde, dann kann man automatisch auf alle Elemente der Klasse zugreifen, da Namen zuerst im Gültigkeitsbereich der Klasse gesucht werden. Explizite Zeigerzugriffe entfallen dabei.

Ein anderer Ausdruck für Gültigkeitsbereich ist Kontext.

3.3.1 Bedingte Übersetzung

Eine weitere Neuerung dürfte besonders C-Programmierern aufgefallen sein. Die Definition der Klasse wurde mit Hilfe des Präprozessors in eine bedingte Übersetzung eingeschlossen (Bild 3.1 / Zeilen 4, 5 und 22). Dies wird immer dann notwendig, wenn die Möglichkeit besteht, daß eine Informationsdatei während eines Übersetzungsvorganges mehrfach eingelesen wird. Dies ist bei verschachtelten Informationsdateien denkbar.

Der Grund für die bedingte Übersetzung ist, daß im Gegensatz zu C eine Definition innerhalb einer Übersetzungeinheit nur einmal erfolgen darf. Die zweite Redefinition würde auch bei völliger Gleichheit als Fehler angemahnt werden.

3.3.2 Die Implementierungsdatei

Die in einer Klasse deklarierten Methoden werden vom Spezialisten in der Implementierungsdatei bereitgestellt. Eine Methode entspricht weitgehend einer Operatorfunktion. Es gibt jedoch Besonderheiten. Dem Namen der Methode wird der Klassenname als Gültigkeitsbereich mit einem neuen Operatorsymbol vorangestellt (Bild 3.2). Der Operator ist der Bereichsoperator '::' (engl. scope resolution operator).

```
01 // Grundlagen des Klassenbegriffs - Implementierung
02 // Datei: ratio1.cpp
03
04 #ifndef __STDIO_H     // Bedingtes Einlesen von <stdio.h>
05 #include <stdio.h>
06 #endif
07 #include "ratio1.h"
08
09 // Teil-Implementierung der Methoden / function members
10 ratio1 ratio1::addiere (ratio1 op2)
11 {
12 op2.zaehler = op2.zaehler*nenner+zaehler*op2.nenner;
13 op2.nenner = op2.nenner * nenner;
14 return op2;
15 }
16 ratio1 ratio1::subtrahiere (ratio1 op2)
17 {
18 ratio1 hilfe;
19 hilfe.zaehler = op2.zaehler*nenner-zaehler*op2.nenner;
20 hilfe.nenner = op2.nenner * nenner;
21 return hilfe;
22 }
23 void ratio1::weise_zu (int z, int n)
24 {
25 this->zaehler = z; // this ist möglich
26 this->nenner = n;  // aber nicht notwendig
27 }
28 void ratio1::drucke ()
29 {
30 printf ("%d/%d",zaehler, nenner);
31 }
32
```

Bild 3.2 Einfache Implementierung von Methoden

Mit der Angabe des Gültigkeitsbereiches kann der Compiler zwischen gleichnamigen Methoden verschiedener Klassen unterscheiden.

3 Die Klasse

Ein angenehmer Nebeneffekt des Gültigkeitsbereichs der Klasse ist es, daß der Programmierer ohne weitere Angaben direkt die Namen der Elemente des Objektes verwenden kann, für das die Methode gerade arbeitet. Man muß nicht, wie in den Operatorfunktionen bei C, mühsam mit dem übergebenen Zeiger arbeiten.

Der automatische Zugriff wird während der Ausführung einer Methode durch die Bindung an ein Objekt ermöglicht. In der technischen Realisierung wird die Bindung durch einen verdeckt übergebenen Zeiger mit dem Namen *this* realisiert. Wird nun ein Name benutzt, dann sucht der Compiler zuerst im momentanen Gültigkeitsbereich. Ist der gewünschte Name ein Element der Klasse, dann wird der Compiler den Zugriff auf das Element durch ein automatisches Voranstellen des *this*-Zeigers durchführen.

This ist ein Schlüsselwort, das nur innerhalb von Methoden erlaubt und sinnvoll ist.

3.4 Das Anwendungsprogramm

Mit Hilfe der Informationsdatei kann der Autor eines Anwendungsprogrammes Kenntnis über den Klassen-Datentyp erhalten. Die Informationsdatei wird wie üblich mit *#include* eingelesen (Bild 3.3).

```
01 // Grundlagen des Klassenbegriffs - Anwendung
02 // Datei: mratio1.cpp
03
04 #include "ratio1.h"    // Aus dem Anwenderbereich
05
06 // Testrahmen
07 int main ()
08 {
09 ratio1 RObj1, RObj2, RObj3;
10
11 RObj1.weise_zu (1,2);
12 RObj2.weise_zu (1,4);
13 RObj3 = RObj1.addiere (RObj2);
14 RObj3.drucke();
15 return 0;
16 }
17
```

Bild 3.3 Das erste Anwendungsprogramm

Die Klasse wird dann zur Definition von Objekten verwendet. Die Definition von Objekten kann analog den C-Spielregeln für Variable geschehen. Im Beispiel wurden drei lokale Objekte definiert.

Neu ist die Art und Weise der Methodenaufrufe. Bei C gehen wir von der Funktion aus, die die gewünschte Funktionalität bereitstellt. Welche Daten bearbeitet werden sollen, teilen wir der Funktion mit Hilfe der Parameter mit. In C++ wählt man den umgekehrten Weg. Zuerst sucht man das zu bearbeitende Objekt aus. Diesem Objekt schickt man dann eine Botschaft (die Methode), aus der die Art der Tätigkeit hervorgeht. Eventuelle weitere Informationen werden wie üblich als Parameter übergeben.

In der C++ Sprechweise wird an das Objekt "RObj1" die Botschaft "weise_zu()" mit den Parametern "1" und "2" geschickt. Botschaften werden also durch Methoden realisiert.

Der Punktoperator wählt die gewünschte Methode aus und bindet die Methode an das angegebene Objekt. Technisch wird dabei die Adresse des Objektes an den verdeckten Zeiger *this* weitergegeben.

Der Punktoperator wird wie gewohnt verwendet, wenn der Name des Objektes bekannt ist. Hat man im Programm einen Zeiger auf ein Objekt, dann kann die Bindung mit Hilfe des Verweisoperators "->"geschehen.

Der Abschluß des Anwendungsprogramms entspricht den üblichen C-Spielregeln. Ein Statuswert wird am Ende zurückgegeben. Der Wert 0 steht für eine fehlerfreie Ausführung. Sinn der Statusrückgabe ist eine Meldung an die Ablaufumgebung. Wird das Programm innerhalb einer Stapeldatei (Batch- oder Script-Datei) verwendet, kann der Statuswert benutzt werden, um eine Entscheidung über die weitere Abarbeitung zu fällen.

3.5 Definition der Methoden als Makros

Wie wir gesehen haben, sind die Methoden die einzige Möglichkeit, ein Objekt zu verändern. Dies bedeutet aber auch, daß für jede beliebig kleine Änderung eine eigene Methode zu schreiben ist.

Der Methodenaufruf kostet stets auch Laufzeit, die man in vielen Fällen möglichst sparen sollte.

Einen Ausweg bieten in C++ Makros. Im Gegensatz zu ihrer Kollegen in C werden sie nicht mit dem Präprozessor definiert und expandiert, sondern als neuer Teil der Sprache direkt vom Compiler bearbeitet und dabei genauso wie Funktionen typgeprüft.

3 Die Klasse

Makros für Methoden können sehr einfach innerhalb einer Klassendefinition geschrieben werden. Dazu genügt es, anstelle einer Methodendeklaration eine Methodendefinition zu schreiben.

Allerdings wird dadurch die Klassendefinition sehr groß und schwer lesbar. Diesen Weg sollte man daher möglichst nicht gehen.

Das zweite, bessere Verfahren ist die Definition der Makros außerhalb der Klassendefinition, aber innerhalb der Definitionsdatei. Hier muß der ansonsten normalen Methodendefinition das Schlüsselwort *inline* vorangestellt werden (Bild 3.4).

```
01 // Grundlagen des Klassenbegriffs - inline-Makros
02 // Datei: ratio1m.h
03
04 #ifndef _RATIO1_H
05 #define _RATIO1_H
06
07 // Definition der Klasse
08 class ratio1
09 {
10 public:                       // Anwenderbereich
11 ratio1 addiere (ratio1 op2);  // Methoden,
12 ratio1 subtrahiere (ratio1 op2);// function member,
13 ratio1 dividiere (ratio1 op2);  // auch: Botschaft
14 ratio1 multipliziere (ratio1 op2);
15 // Makrodefinition 1
16 void weise_zu (int z, int n) {zaehler=z; nenner=n;}
17 void drucke ();
18 private:                      // Spezialistenbereich
19 int zaehler;                  //Eigenschaft/data member
20 int nenner;                   // auch: Attribut
21 };
22
23 inline void ratio1::drucke ()   // Makrodefinition 2
24 {
25 printf ("%d/%d",zaehler, nenner);
26 }
27
28 #endif
29
```

Bild 3.4 inline-Makros

Insbesondere für sehr kleine Methoden wird gerne die Makroschreibweise verwendet. Allerdings gilt hier, wie bei jeder Arbeit mit Makros, daß der Code bei jeder Benutzung erneut um die jeweilige Methode vergrößert wird. Die Befehle des Makros werden jedesmal wieder einkopiert. Man sagt, daß das Makro expandiert wird.

Methoden werden nur einmal definiert; entweder als Makro oder als Methode. In unserem Beispiel müßten nach der Definition der beiden Makros die gleichnamigen Methoden aus der Implementierungsdatei entfernt werden.

3.6 Klassen und Strukturen

Die gemeinsame Deklaration für Daten und Funktionen gilt auch für die bisherige Definition einer Struktur. Sie wird um die Möglichkeit erweitert, Funktionsdeklarationen mit aufzunehmen.

Das Schlüsselwort *struct* leitet nun ebenfalls eine Datentypdefinition ein. In C++ könnte daher auch für Strukturen eine eigene Typdefinition entfallen.

Die Struktur und die Klasse sind in C++ praktisch identisch zu benutzen. Es gibt nur den Unterschied, daß die Struktur standardmäßig mit einem dem Anwender zugänglichen Bereich beginnt, die Klasse mit einem geschützten Bereich.

Um den Unterschied zwischen C und C++ deutlicher zu machen, soll auf Strukturen generell verzichtet werden.

3.6.1 Grenzen des Schutzkonzeptes

Das in der Klasse realisierte Schutzkonzept soll dem Programmierer eine Hilfestellung geben. Es ist nicht dazu gedacht, Angriffen mit Zeigern zu widerstehen.

Man kann sich die Wirkung des Schutzmechanismus mit Hilfe der bisher eingeführten Rollen einfach klarmachen. Alle Eigenschaften oder Methoden, die im offen zugänglichen Bereich deklariert worden sind, stehen dem Anwender zur Nutzung zur Verfügung. Sie stellen die Bearbeitungsschnittstelle dar. Alle Eigenschaften und Methoden des privaten Bereichs können nur von Funktionen erreicht werden, die eine Zugriffslizenz besitzen. Die Zugriffslizenz wird durch eine Deklaration innerhalb der Klasse erteilt.

Somit haben alle Methoden freien Zugang zu allen privaten Elementen ihrer Klasse.

Beachten Sie bitte, daß die Zugriffssteuerung an die Klasse, also an den Datentyp gebunden ist. Eine Methode kann daher auf alle privaten Bereiche aller ihr zur Verfügung stehenden Objekte zugreifen.

3.6.2 Realisierung der Bindung

Die Bindung einer Methode an ein Objekt wird technisch über einen Zeiger auf das zu bearbeitende Objekt realisiert. Dieser Zeiger wird automatisch verdeckt übergeben und bei jedem Zugriff auf ein Element des gebundenen Objektes benutzt. Der Zeiger steht automatisch zur Verfügung. Sein Name ist stets *this*.

Der Programmierer kann dann *this* benutzen, wenn er das gesamte Objekt ansprechen will, das er gerade bearbeitet.

In den Referenzimplementierungen von AT&T, in deren Laboratorien der Entwickler von C++ arbeitet, wurden *this*-Zeiger stets als erster Parameter übergeben. In der Literatur finden sich daher immer wieder Beispiele, die dies voraussetzen, um spezielle Manipulationen durchzuführen. Da damit aber die Hochsprache umgangen wird, sollte man keine Programme schreiben, die Annahmen über die Übergabe von *this* machen.

Der Zeiger *this* ist als konstanter Zeiger auf ein Objekt der eigenen Klasse definiert. Er kann somit nicht verändert werden. (Hinweis: Ältere Implementierungen konnten in seltenen Fällen *this* im Rahmen einer eigenen Speicherverwaltung verändern. Dies ist heute vollständig veraltet.)

3.6.3 Interne Namensgebung

Verwenden wir in einem Programm mehrere Klassen, die gleichnamige Methodennamen besitzen, muß der Compiler ein Unterscheidungsmerkmal bereitstellen, um eine eindeutige Verwaltung zu ermöglichen.

Das Mittel dazu sind interne Namen. Dazu wird der Methodenname um weitere Namensbestandteile ergänzt. Neben dem eigentlichen Methodennamen wird der Name der Klasse hinzugefügt und zusätzlich noch eine Kodierung der verwendeten Parameterschnittstelle, des Rückgabetyps sowie in manchen Fällen des Stackbedarfs. Den so gebildeten internen Namen nennt man auch die Signatur der Methode.

Ein anderer Begriff für die interne Namensgebung ist das typsichere Binden (type safe linkage), wobei hier der Vorgang gemeint ist, den der Linker vornimmt.

Klassen und Strukturen

```
01 @ratio1@weise_zu$qii        proc     near
02              push           bp
03              mov            bp,sp
04              push           si
05              mov            si,word ptr [bp+4]
06      ;
07      ;       {
08      ;       zaehler = z;
09      ;
10              mov            ax,word ptr [bp+6]
11              mov            word ptr [si],ax
12      ;
13      ;       nenner = n;
14      ;
15              mov            ax,word ptr [bp+8]
16              mov            word ptr [si+2],ax
17      ;
18      ;       }
19      ;
20              pop            si
21              pop            bp
22              ret
23 @ratio1@weise_zu$qii        endp
24
```

Bild 3.5 Interne Namensgebung

Mit Hilfe dieser aufwendigen Namensgebung können sehr lange interne Namen entstehen. Der verwendete Linker muß daher in der Lage sein, mit beliebig langen Namen umzugehen.

Wenn Sie die Namen sehen wollen, die Ihr Compiler erzeugt, dann übersetzen Sie die Quelldatei in eine Assemblerdatei. Bei Compilern, die von der Kommandozeile aufgerufen werden, kann dazu beim Aufruf oft der Steuerparameter "-S" benutzt werden. (Es muß ein Großbuchstabe sein.)

Das Beispiel (Bild 3.5) ist ein Auszug aus einer Assemblerdatei mit internen Namen.

Die internen Namen führen auch zu Problemen. Da keine einheitliche Generierungsvorschrift existiert, benutzen die Compilerhersteller unterschiedliche Trennzeichen zwischen den einzelnen Namensbestandteilen. (Im Bild 3.5 wurde ein "@" als Trennzeichen verwendet.) Ob Stackangaben eingefügt werden, hängt ebenfalls vom Compiler ab. Die Folge ist, daß man nicht einfach übersetzte Bibliotheken von Softwareanbietern kaufen kann, wenn sie nicht auf den verwendeten Compiler angepaßt sind.

3.6.4 Verwendung des Bereichsoperators

Der Bereichsoperator wird bisher nur in der Definition von Methoden verwendet. In manchen Fällen kann auch eine Verwendung des Bereichsoperators beim Zugriff auf Funktionen oder Variablen sinnvoll sein.

```
01 // Zugriff auf globale Namen
02 // Datei: bereich1.cpp
03
04 #include <stdio.h>
05
06 int Ergebnis;              // globale Variable
07
08 int main ()
09 {
10 int Ergebnis;              // lokale Variable
11
12 Ergebnis = 6;              // lokaler Zugriff
13 ::Ergebnis = 7;            // globaler Zugriff
14 // Zugriff auf Elemente der Standardbibliothek !?
15 ::printf ("\nLokale Variable: %i\n", Ergebnis);
16 ::printf ("\nGlobale Variable: %i\n",::Ergebnis);
17 return 0;
18 }
19
```

Bild 3.6 Zugriff auf globale Namen

Vor einem Bereichsoperator wird der zu wählende Bereich angegeben. Fehlt die Angabe, wird als Standardvorgabe der globale Gültigkeitsbereich benutzt.

Schreibt man bei einem Funktionsaufruf den Bereichsoperator ohne weitere Angaben, drückt man damit aus, daß man eine Funktion aus dem globalen Bereich aufrufen möchte. Diese Schreibweise verwendet man insbesondere für den Aufruf von C-Bibliotheksfunktionen. Eine möglicherweise gleichnamige Methode der eigenen Klasse würde nicht zu einer Fehlermeldung führen.

Im Kapitel über C++, andere Sprachen und Bibliotheken werden wir eine andere Form des Zugriffs auf Standardfunktionen besprechen, die in Zukunft gültig sein wird. Dabei wird für die Standardbibliothek ein eigener Namensbereich eingeführt.

Verwendet man den Bereichsoperator beim Zugriff auf eine Variable, kann man damit auch dann auf eine globale Variable zugreifen, wenn eine gleichnamige lokale Variable existiert (Bild 3.6 / Zeile 13 und 16).

3.7 Deklaration von Klassen

In seltenen Fällen wird man den Namen einer Klasse deklarieren müssen. Dies kann z. B. als Vorwärtsreferenz notwendig werden, wenn in Klassen wechselweise Bezüge (z.B. als Parameter) existieren.

Die Deklaration der Klasse geschieht mit dem Schlüsselwort *class* und dem Namen sowie dem schließenden Strichpunkt.

Eine so deklarierte Klasse kann in einer Deklaration als Typangabe bei Parametern oder Rückgabetypen innerhalb einer anderen Deklaration (z. B. einer Methode) verwendet werden. Damit können Klassen definiert werden, die sich gegenseitig verwenden.

3.8 Auf- und Abbau von Objekten

Objekte und Variablen haben eine bestimmte Lebensdauer. Diese kann den Programmablauf umfassen, nur auf den Ablauf eines Unterprogramms beschränkt sein oder vom Programmierer explizit über eine dynamische Speicherverwaltung festgelegt werden.

In allen Fällen kann es eine Initialisierung geben, die ein Teil der Verwaltung der Variablen ist. Der Programmierer wird bei der Definition der Variablen angeben, welchen Zustand eine Variable haben soll, bevor sie innerhalb des Programmes zum ersten Mal benutzt wird.

Die Initialisierung von Variablen ist eine Dienstleistung der Programmierumgebung. Da sie nur am Beginn der Lebensdauer automatisch durchgeführt wird, kann sie vom Programmierer nicht wiederholt angefordert werden.

Im Beispiel (Bild 3.7) sind die beiden grundlegenden Verfahren gezeigt, die die Programmumgebung zur Verfügung stellt.

Die initialisierte, globale Variable liegt im Datensegment des Programmes. Ebenso wie der Inhalt des Codesegmentes liegt der Inhalt des Datensegmentes Bit für Bit auf der Festplatte als Teil der ladbaren Programmdatei. Beim Laden des Programmes wird im Speicher das gewünschte Bitmuster bereitgestellt. Sollte allerdings kein Lader vorhanden sein, weil das Programm aus einem EPROM heraus gestartet wird, wie es bei Controlleranwendungen üblich ist, dann hat die Angabe einer Initialisierung bei globalen Variablen keine Auswirkung.

3 Die Klasse

```
01 // Initialisierung 1
02 // Datei: init1.cpp
03
04 #include <stdio.h>
05
06 int global = 99;         // Initialisierung durch Lader
07
08 int main()
09 {
10 int lokal = 77;          // Initialisierung durch Code
11
12 printf ("\nGlobal: %i\n",global);
13 printf ("\nLokal: %i\n",lokal);
14 return 0;
15 }
16
```

Bild 3.7 Initialisierungsverfahren

Ein anderer Grenzfall liegt vor, wenn beim Programmieren das Programm getestet wird. Bricht man den Programmlauf nach einigen Befehlen ab und startet das Programm erneut, dann sind möglicherweise die ursprünglichen Werte der globalen Variablen schon verändert und die Startwerte stimmen nicht mehr. Auch hier muß das Programm erneut geladen werden.

Ein anderer Fall liegt bei lokalen Variablen vor. Da lokale Variable erst während des Programmlaufes entstehen, muß auch eine Initialisierung während des Programmlaufes erfolgen. Dies geschieht durch Code, den der Compiler erzeugt. Der Programmierer wird nur angeben, wie die lokale Variable zu initialisieren ist. Den Code wird der Compiler jedoch automatisch erzeugen.

Aus diesem Grund war auch in der K&R-Version von C die Initialisierung lokaler Felder und Strukturen nicht erlaubt. Der zu erzeugende Code wurde als zu aufwendig angesehen. Dies wurde erst Jahre später im ANSI-C-Standard hinzugefügt.

3.8.1 Initialisierung von Objekten

Ein Objekt ist eine Variable und kann die gleichen Varianten der Lebensdauer besitzen. Die Initialisierung geschieht im Normalfall durch Code. Der Spezialist kann eine spezielle Methode schreiben, die ein einziges Mal automatisch gerufen wird, wenn ein Objekt erzeugt wird. Diese Methode nennt man den Konstruktor, um anzudeuten, daß die Methode neben einer Vorbesetzung noch weitere Aufgaben erfüllen kann.

3.8.2 Konstruktor

Als Name des Konstruktors wird der Klassenname benutzt. Konstruktoren haben keine Angabe eines Ergebnistyps. Parameter sind jedoch möglich.

Der Programmierer kann nur die Initialisierung anfordern; den Aufruf wird der Compiler für ihn durchführen.

Es gilt eine wichtige Regel. Existiert ein Konstruktor, werden alle Objekte ohne Ausnahme initialisiert, existiert kein Konstruktor, wird kein Objekt initialisiert. (Allerdings würden die Eigenschaften eines globalen Objektes gemäß den Spielregeln von C auf 0 gesetzt werden.)

Erweitern wir daher das erste *ratio*-Beispiel um einen Konstruktor.

In der Klassendefinition wird der Konstruktor zumeist in der Anwenderschnittstelle (also im *public*-Teil) deklariert, da der Anwender seine Verwendung spezifizieren wird (Bild 3.8).

```
01 // Grundlagen des Klassenbegriffs - Initialisierung
02 // Datei: ratio2.h
03
04 // bedingte Übersetzung vorsehen
05 #ifndef _RATIO2_H
06 #define _RATIO2_H
07
08 // Definition der Klasse
09 class ratio2
10 {
11 public:                            // Anwenderbereich
12     ratio2 (int z, int n);         // Konstruktor
13 ratio2 addiere (ratio2 op2);       // Methoden,
14 ratio2 subtrahiere (ratio2 op2);// function member,
15 ratio2 dividiere (ratio2 op2);    // auch: Botschaft
16 ratio2 multipliziere (ratio2 op2);
17 void weise_zu (int z, int n);
18 void drucke ();
19 private:                           // Spezialistenbereich
20 int zaehler;                       //Eigenschaft/data member
21 int nenner;                        // auch: Attribut
22 };
```

Bild 3.8 Klasse mit Konstruktor

3 Die Klasse

Konstruktoren erhalten in der Regel Parameter, die zur Vorbesetzung benutzt werden.

In der Implementierung müssen wir nun dem Compiler mitteilen, wie er die Initialisierung durchführen soll. Dazu geben wir nach der Schnittstelle der Methode einen Doppelpunkt an und eine Liste der zu initialisierenden Eigenschaften. Der Initialisierungswert wird dabei in Klammern der jeweiligen Eigenschaft nachgestellt. Der Compiler wird daraus den notwendigen Code erzeugen (Bild 3.9).

```
01 // Grundlagen des Klassenbegriffs - Initialisierung
02 // Datei: ratio2.cpp
03
04 #ifndef __STDIO_H     // Bedingtes Einlesen von <stdio.h>
05 #include <stdio.h>
06 #endif
07 #include "ratio2.h"
08
09 // Konstruktor mit Initialisierung durch den Compiler
10 ratio2::ratio2 (int z, int n) : zaehler(z),nenner(n)
11 {
12 // Allgemeiner Programmteil, nichts zusätzliches zu tun
13 }
14
15 // Teil-Implementierung der Methoden / function members
16 ratio2 ratio2::addiere (ratio2 op2)
17 {
18 op2.zaehler = op2.zaehler*nenner+zaehler*op2.nenner;
19 op2.nenner = op2.nenner * nenner;
20 return op2;
21 }
22 void ratio2::drucke ()
23 {
24 printf ("%d/%d", zaehler, nenner);
25 }
26
```

Bild 3.9 Konstruktoren für die Klasse ratio

Ein Konstruktor besteht eigentlich aus zwei Teilen: einem Initialisierungsteil und einem allgemeinen Programmteil. Wie wir wissen, ist Initialisierung eine Aufgabe der Umgebung eines Programmes. Wir spezifizieren die Initialisierung und der Compiler erzeugt den Initialisierungscode.

Im Anschluß an die automatische Initialisierung können dann noch beliebige weitere Befehle ausgeführt werden.

Im allgemeinen Programmteil bleibt uns hier nichts mehr zu tun, sodaß in diesem einfachen Fall der Funktionsblock leer bleiben kann.

```
// alternativer Konstruktor für ratio
ratio2::ratio2 (int z, int n)
{
zaehler = z;
nenner = n;
}
```

Bild 3.10 Alternativer Konstruktor

Der hier geschilderte Aufbau eines Konstruktors, bestehend aus der compilerunterstützten Initialisierung und einem allgemeinen Programmteil, kann im gewählten Beispiel auch anders formuliert werden. Da die Eigenschaften der Klasse *ratio* einfache *int*-Variable sind, können wir die Vorbesetzung auch selbst im allgemeinen Programmteil durchführen (Bild 3.10).

In den meisten Handbüchern werden Sie eher den alternativen Konstruktoraufbau beschrieben sehen. Die Voraussetzung dafür ist aber immer, daß die Initialisierung, die eigentlich durch die Umgebung geschieht, durch eine Zuweisung des Programmierers ersetzt werden kann. Dies ist immer dann nicht möglich, wenn die Vorbesetzung eines Elementes syntaktisch an die Erzeugung gekoppelt ist.

Ein Beispiel, wann der Programmierer die Vorbesetzung nicht vollständig selbst in die Hand nehmen kann, sind konstante Elemente (Bild 3.11).

Im Laufe des Buches werden wir noch anderen Eigenschaften begegnen, denen der Programmierer nicht selbst Startwerte zuweisen kann (z.B. Referenzen).

Im Konstruktor wird der Compiler die konstante Eigenschaft "x" mit dem Wert aus dem Parameter "a" automatisch vorbesetzen. Der Code des Programmieres weist dann noch der variablen Eigenschaft "y" den Wert aus dem Parameter "b" zu.

Aber zurück zu unserem *ratio*-Beispiel.

47

```
01 // Grundlagen des Klassenbegriffs - Initialisierung
02 // Datei: konst1.cpp
03
04 #include <stdio.h>
05 class demo1
06 {
07 const int x;              // konstante Eigenschaft
08 int y;                    // variable Eigenschaft
09 public:
10 demo1(int a, int b);
11 void drucke();
12 };
13
14 // Konstruktor mit Compilerhilfe für die konstante Eig.
15 demo1::demo1 (int a, int b) : x(a)
16 {
17 y = b;                    // Zuweisung an variable Eig.
18 }
19 void demo1::drucke ()
20 {
21 printf ("%d-%d", x, y);
22 }
23
24 // Testrahmen
25 int main ()
26 {
27 demo1 Objekt1 (10,20);    // mit Compiler- und eigenem Code
28 Objekt1.drucke();
29 return 0;
30 }
31
```

Bild 3.11 Initialisierung mit Compilerhilfe

Verwenden wir die Klasse mit einem Konstruktor nun als Anwender, ergeben sich neue Aspekte. Beachten Sie, daß nun gemäß der Spielregel alle Objekte initialisiert werden müssen, wenn ein Konstruktor vorhanden ist, also auch RObj3, das nur zur Aufnahme des Ergebnisses benutzt wird (Bild 3.12).

In der Implementierungsdatei der Methoden stehen wir vor der gleichen Frage. Auch hier muß das lokale Hilfsobjekt explizit initialisiert werden.

Nach der Einführung eines Konstruktors wird mit Compilerhilfe die korrekte Vorbesetzung aller Objekte dieser Klasse garantiert. Für jedes neue Objekt wird automatisch der Konstruktor gerufen. Es kann also nicht mehr passieren, daß ein Programm fehlerhafte Resultate zeigt, weil irgendwann einmal auf einen nicht vorbesetzten Wert in einer Eigenschaft Bezug genommen wird. Eine ganze Fehlerkategorie bleibt uns damit erspart.

```
01 // Grundlagen des Klassenbegriffs - Anwendung
02 // Datei: mratio2.cpp
03
04 #include "ratio2.h"    // Mit Konstruktor
05
06 // Testrahmen
07 int main ()
08 {
09   ratio2 RObj1(1,2), RObj2(1,4), RObj3(0,1);
10
11   RObj3 = RObj1.addiere (RObj2);
12   RObj3.drucke();
13   return 0;
14 }
15
```

Bild 3.12 Anlegen initialisierter Objekte

3.9 Überlagerung von Konstruktoren

Wir standen in unserem *ratio*-Beispiel in diesem Kapitel an zwei Stellen vor dem Problem, ein Objekt initialisieren zu müssen, das aus Programmsicht eigentlich leer sein könnte. Als Anwender haben wir in diesen Fällen die Werte 0 und 1 verwendet und haben damit die Eigenschaften auf einen mathematisch korrekten Wert gesetzt. Der Zähler wurde zu 0 gesetzt, der Nenner zu 1.

In diesen und anderen Fällen wäre es angenehm, ein Objekt anlegen zu können, ohne daß der Anwender Spezialkenntnisse haben muß, wie ein leeres Objekt auszusehen hat. Die Spezialkenntnisse sollten nur beim Spezialisten vorkommen.

Man dazu kann in C++ ganz allgemein Konstruktoren und Methoden mehrfach in der Klasse deklarieren. Voraussetzung ist dabei, daß der Compiler die Methoden an Hand der verwendeten Parameterliste (ohne den Rückgabetyp) unterscheiden kann. Die Voraussetzung dazu liefern die internen Namen oder die Signaturen der Methoden.

In unserem Fall wäre ein Konstruktor ohne Parameter notwendig. Diesen Konstruktor nennt man den Default- oder Standard-Konstruktor. Seine Signatur enthält keine Angaben zur Schnittstelle.

Den Konstruktor, den wir bisher schon geschrieben haben und der Werte erhielt, wollen wir Wertkonstruktor nennen. Hier beinhaltet die Signatur die Codierung der übergebenen Parametertypen.

3 Die Klasse

```
01 // Grundlagen des Klassenbegriffs - Initialisierung
02 // Datei: ratio3.h
03
04 #ifndef _RATIO3_H
05 #define _RATIO3_H
06
07 // Definition der Klasse
08 class ratio3
09 {
10 public:                              // Anwenderbereich
11     ratio3 (int z, int n);           // Wert-Konstruktor
12     ratio3 ();                       // Standard-Konstr.
13 ratio3 addiere (ratio3 op2);         // Methoden,
14 ratio3 subtrahiere (ratio3 op2);// function member,
15 ratio3 dividiere (ratio3 op2);       // auch: Botschaft
16 ratio3 multipliziere (ratio3 op2);
17 void weise_zu (int z, int n);
18 void drucke ();
19 private:                             // Spezialistenbereich
20 int zaehler;                         //Eigenschaft/data member
21 int nenner;                          // auch: Attribut
22 };
23
24 #endif
25
```

Bild 3.13 Überlagerte Konstruktoren

In einer dritten Variante unseres Einführungsbeispiels sollen nun zwei Konstruktoren benutzt werden (Bild 3.13).

Bei der Überlagerung kann man den Nutzen der internen Namensgebung leicht erkennen. Da eine unterschiedliche Schnittstelle zu unterschiedlichen internen Namen führt, kann die Programmierumgebung die unterschiedlichen Konstruktoren leicht auseinanderhalten.

Auch die bisherigen Linker für C-Programme können weiterbenutzt werden, da sich an ihrer Arbeitsweise nichts ändern muß, wenn man von der Handhabung der lange Namen einmal absieht.

In der Implementierung wird die alternative Schreibweise ohne Doppelpunkt und Initialisierungsliste verwendet, da sie bei einfachen Klassen die gebräuchlichere ist (Bild 3.14).

Überlagerung von Konstruktoren

```
01 // Grundlagen des Klassenbegriffs - Default-Kon.
02 // Datei: ratio3.cpp
03
04 #include <stdio.h>
05 #include "ratio3.h"
06
07 // Wert-Konstruktor
08 ratio3::ratio3 (int z, int n)
09 {
10 zaehler = z;
11 nenner = n;
12 }
13 // Default-Konstruktor
14 ratio3::ratio3 ()
15 {
16 zaehler = 0;
17 nenner = 1;
18 }
19 // Teil-Implementierung der Methoden / function members
20 ratio3 ratio3::addiere (ratio3 op2)
21 {
22 op2.zaehler = op2.zaehler*nenner+zaehler*op2.nenner;
23 op2.nenner = op2.nenner * nenner;
24 return op2;
25 }
26 void ratio3::drucke ()
27 {
28 printf ("%d/%d", zaehler, nenner);
29 }
30
```

Bild 3.14 Definition des Default-Konstruktors

Mit der Überlagerung von Methoden und Konstruktoren können wir nun nicht nur pro Klasse einen Methodennamen (wie z.B. print( )) wiederholen, sondern den gleichen Methodennamen innerhalb einer Klasse mehrfach verwenden, solange nur die Signatur unterschiedlich ist.

Gegenüber C ist dies eine deutliche Veränderung. Dort waren alle Funktionsnamen global, sodaß ein Funktionsname in einem Programm stets nur einmal auftauchen konnte.

Mit der Einführung des Standard-Konstruktors haben wir wieder ein Stück des notwendigen Wissens in die Implementierung zum Spezialisten verlagert. Unser Anwender muß nun nicht mehr wissen, wie ein Objekt der Klasse *ratio* standardmäßig vorzubesetzen ist.

3 Die Klasse

Bleibt uns die Betrachtung des Anwenderprogramms (Bild 3.15).

```
01 // Grundlagen des Klassenbegriffs -Default-Kon.
02 // Datei: mratio3.cpp
03
04 #include "ratio3.h"   // Mit Konstruktoren
05
06 // Testrahmen
07 int main ()
08 {
09 ratio3 RObj1(1,2), RObj2(1,4), RObj3;
10
11 RObj3 = RObj1.addiere (RObj2);
12 RObj3.drucke();
13 return 0;
14 }
15
```

Bild 3.15 Default-Konstruktor

Im Anwendungsprogramm wird der Standard-Konstruktor für das Ergebnisobjekt verwendet. Mit der erfolgten Vorbesetzung könnte man nun das Ergebnisobjekt auch schon in einer mathematischen Operation verwenden, ohne unkorrekte Ergebnisse befürchten zu müssen.

Beachten Sie die möglicherweise irritierende Syntax bei der Verwendung des Standard-Konstruktors. Man könnte vielleicht versuchen, hinter das angelegte Objekt RObj3 (Zeile 9) ein leeres Klammerpaar zu setzen. Dies ist nicht möglich. Man hätte hier eine Funktionsdeklaration geschrieben, die keine Parameter erwartet und ein Objekt zurückgibt. Diese Interpretation gilt aus Rücksicht auf eine größtmögliche Kompatibilität der Syntax zu C.

3.10 Destruktor

Die Klasse bietet mit den Konstruktoren eine Dienstleistung an, die erheblich zur Programmsicherheit beiträgt. Es kann nicht vorkommen, daß versehentlich die korrekte Vorbesetzung der Eigenschaften eines Objektes übersehen wird. In unserem kleinen Beispiel wird dies kaum zu Problemen geführt haben. Komplexere Datentypen mit Zeigern auf dynamische Datenteile sind hier wesentlich fehleranfälliger gewesen.

Destruktor

Einen mit der Initialisierung vergleichbaren Service bieten Klassen auch am Ende der Lebensdauer ihrer Objekte an. Wieder kann der Programmierer eine Methode definieren, die automatisch gerufen wird. Sie heißt Destruktor. Die grundlegende Idee ist, daß ein Destruktor die Arbeit des Konstruktors, die über die Vorbesetzung hinausgeht, wieder rückgängig macht.

Im *ratio*-Beispiel hat der Konstruktor ausschließlich Werte in die Eigenschaften geschrieben, sodaß einem möglichen Destruktor nichts zu tun bleibt.

Stellen wir uns eine wesentlich kompliziertere Klasse vor, die eigenen Speicherplatz dynamisch verwaltet. Hier müßte ein Konstruktor vom Freispeicher (Heap) Speicher anfordern. Am Ende der Lebensdauer könnte dann der Destruktor automatisch den Platz wieder zurückgeben.

In einer Klasse kann es nun mehrere Konstruktoren geben. Allerdings kann nur ein Destruktor geschrieben werden.

```
01 // Grundlagen des Klassenbegriffs - Initialisierung
02 // Datei: ratio4.h
03
04 #ifndef _RATIO4_H
05 #define _RATIO4_H
06
07 // Definition der Klasse
08 class ratio4                       // neuer Schreibstil:
09 {                                  // public vor private
10 public:                            // Anwenderbereich
11     ratio4 (int z, int n);        // Wert-Konstruktor
12     ratio4 ();                    // Default-Konstr.
13     ~ratio4();                    // Destruktor
14 ratio4 addiere (ratio4 op2);      // Methoden,
15 ratio4 subtrahiere (ratio4 op2);// function member,
16 ratio4 dividiere (ratio4 op2);    // auch: Botschaft
17 ratio4 multipliziere (ratio4 op2);
18 void weise_zu (int z, int n);
19 void drucke ();
20 private:                           // Spezialistenbereich
21 int zaehler;                       //Eigenschaft/data member
22 int nenner;                        // auch: Attribut
23 };
24
25 #endif
26
```

Bild 3.16 Klasse mit Destruktor

3 Die Klasse

Unser Beispiel wollen wir nun durch einen Destruktor ergänzen (Bild 3.16). Der Name des Destruktors wird ähnlich dem Namen des Konstruktors gebildet. Nur setzt man noch eine Tilde davor. C-Programmierer kennen die Bedeutung der Tilde gut. Sie invertiert ein Ergebnis. Der Name drückt also leicht verschlüsselt die Aufgaben des Destruktors aus.

```
01 // Grundlagen des Klassenbegriffs - Destruktor
02 // Datei: ratio4.cpp
03
04 #include <stdio.h>
05 #include "ratio4.h"
06
07 // Wert-Konstruktor
08 ratio4::ratio4 (int z, int n)
09 {
10 zaehler = z;
11 nenner = n;
12 printf("Wert-Konstruktor\n");
13 }
14 // Default-Konstruktor
15 ratio4::ratio4 ()
16 {
17 zaehler = 0;
18 nenner = 1;
19 printf ("Default-Konstruktor\n");
20 }
21 // Destruktor
22 ratio4::~ratio4()
23 {
24 printf ("Destruktor\n");
25 }
26 // Teil-Implementierung der Methoden / function members
27 ratio4 ratio4::addiere (ratio4 op2)
28 {
29 op2.zaehler = op2.zaehler*nenner+zaehler*op2.nenner;
30 op2.nenner = op2.nenner * nenner;
31 return op2;
32 }
33 void ratio4::drucke ()
34 {
35 printf ("%d/%d",zaehler, nenner);
36 }
37
```

Bild 3.17 Implementierung mit Destruktor

Destruktor

Da allerdings unser Destruktor hier keine sichtbare Aufgabe hat, machen wir seine Tätigkeit durch eine Ausgabe am Bildschirm sichtbar. In die Konstruktoren und den Destruktor wird eine printf()-Anweisung mit einer Textausgabe aufgenommen (Bild 3.17).

Die Implementierung unseres Destruktors hat hier keinen eigentlichen, programmtechnischen Sinn. Der Destruktor kann durch die Ausgabe am Bildschirm nur den Ablauf des Programms zeigen und, wie wir gleich sehen werden, uns auf ein weiteres Konstruktor-Problem aufmerksam machen.

Das Anwenderprogramm wurde geringfügig verändert, nur um auch einmal ein globales Objekt anzulegen (Bild 3.18). Das Ergebnisobjekt RObj3 wird nun global definiert. Der Debugger hat hier üblicherweise keine Möglichkeit, im Einzelschritt die Initialisierung des Objektes anzuzeigen. Sein erster Befehl ist normalerweise der Aufruf der main()-Funktion.

```
01 // Grundlagen des Klassenbegriffs - Default-Kon.
02 // Datei: mratio4.cpp
03
04 #include "ratio4.h"      // Mit Destruktor
05 ratio4 RObj3;            // schwierig für Debugger
06
07 // Testrahmen
08 int main ()
09 {
10 ratio4 RObj1(1,2), RObj2(1,4);
11
12 RObj3 = RObj1.addiere (RObj2);
13 RObj3.drucke();
14 return 0;
15 }
16
```

Bild 3.18 Anwenderprogramm mit Destruktor

Globale Objekte werden bereits vor dem Beginn von main() initialisiert. Die Konstruktoren für diese Objekte werden automatisch gerufen, bevor main() angesprungen wird. Dies kann entweder im Startcode des Programms oder als erster, verdeckter Befehl in main() durch den Aufruf einer automatisch generierten Sammel-Initialisierungsfunktion geschehen. Diese Funktion heißt bisweilen entry() und enthält die Konstruktoraufrufe für alle globalen Objekte.

Für spätere Anwendungen bleibt nur zu merken, daß ein C++ - Programm vor main() noch die globalen Initialisierungen startet. Für Testzwecke ist es daher sinnvoll, auf globale Objekte zu verzichten, um mit dem Debugger leichter die Einzelheiten der Initialisierung zu sehen.

Lassen wir das Programmbeispiel ablaufen, dann sehen wir eine merkwürdige Ausgabe.

```
01 Default-Konstruktor
02 Wert-Konstruktor
03 Wert-Konstruktor
04 Destruktor
05 Destruktor
06 6/8Destruktor
07 Destruktor
08 Destruktor
09
```

Bild 3.19 Bildschirmanzeige

Es erscheinen zwei Destruktoraufrufe mehr als Konstruktoraufrufe. Eigentlich wäre zu erwarten, daß die Anzahl gleich ist (Bild 3.19).

Die Erklärung für dieses Verhalten muß bei den Konstruktoren liegen. Da es nur einen Destruktor geben kann und wir diesen Destruktor bereitgestellt haben, kann als Erklärung nur gelten, daß Objekte auf eine Art und Weise ins Leben gerufen worden sind, für die wir keinen Konstruktor geschrieben haben.

Wir wissen, daß beim Anlegen von Objekten diese immer initialisiert werden müssen. Da wir aber keinen eigenen Konstruktor geschrieben haben, muß uns der Compiler zu Hilfe gekommen sein und seinen eigenen Konstruktor bereitgestellt haben.

Machen wir uns daher auf die Suche nach Stellen, an denen Objekte entstehen.

3.10.1 Compiler-Hilfestellung

Der Compiler hat uns an zwei Stellen geholfen. Bei der Übergabe eines Objektes an die Additionsmethode ist ein neues Objekt entstanden (der formale Parameter). Dieses neue Objekt haben wir mit einem übergebenen Objekt (dem aktuellen Parameter) initialisieren müssen.

Im Hauptprogramm könnte man die Situation bei der Übergabe wie im Beispiel (Bild 3.20) nachbilden. Ein neues Objekt muß angelegt werden und mit einem vorhandenen Objekt als Wertlieferant initialisiert werden.

```
01 // Was geschieht bei der Übergabe eines Objektes?
02
03 #include "ratio4.h"
04
05 ratio4 Vorhandenes_Objekt(1,2);
06 // Bei der Übergabe: Welcher Konstruktor ??
07 ratio4 Neues_Objekt (Vorhandenes_Objekt);
08
```

Bild 3.20 Simulation der Parameterübergabe

Diesen Konstruktor haben wir noch nicht geschrieben. Wir haben ihn vom Compiler automatisch zur Verfügung gestellt bekommen. Da er nicht ganz einfach zu schreiben ist, wollen wir uns im nächsten Kapitel erst einmal einen Überblick über die gesamte Technik der Parameterübergaben verschaffen.

Und an einer zweiten Stelle hat uns der Compiler geholfen. Woher soll die Sprache wissen, wie ein Objekt einer vom Programmierer definierten Klasse einem anderen Objekt dieser Klasse zuzuweisen ist? Im Hauptprogramm (Bild 3.15) wurde das Ergebnis der Addition einer lokalen Ergebnisvariablen zugewiesen.

Ein Objekt, das nur Werte beinhaltet, könnte man wie eine normale *int*-Variable schlichtweg bitweise kopieren. Objekte können aber viel komplexer aufgebaut sein. Ein Element eines Feldes kann von einen beliebigen Datentyp sein. Elemente können so Zeiger sein oder sogar ganze Objekte einer anderen Klasse. Das Wissen um die tatsächliche Aktion innerhalb einer Zuweisung fehlt somit dem Compiler.

Das Kopieren von Objekten wurde daher mit einer Annahme verbunden, daß jedes Element einzeln kopierbar ist. Die Standardmethode des Compilers ist die Umsetzung der komplexen Zuweisung eines Objektes auf die schrittweise Zuweisung aller Eigenschaften. Hier wurde also die Zuweisung für *ratio* zurückgeführt auf zwei *int*-Zuweisungen.

3.10.2 Ausblick

Auch das Problem der Zuweisung werden wir in einem späteren Kapitel, dem Kapitel über Operatorüberlagerungen, selbst in die Hand nehmen.

Um die ganze Bandbreite der Parameterübergaben in C++ zu erforschen, wollen wir uns im folgenden Kapitel eine Übersicht verschaffen.

Eine ganz andere Aufgabe wartet noch auf uns. Eine Klasse ist ein eigenständiger Gültigkeitsbereich. Was man hierin definieren kann, soll ebenfalls ein eigenes Kapitel beschreiben.

4 Parameterübergaben

Wie wir bei der Vorstellung der Klasse gesehen haben, kann die Übergabe von Parametern im C-Stil nicht alle Aufgaben lösen, denen wir in C++ gegenüberstehen. Das war der tiefere Grund, warum der Compiler dem Programmierer bei der Übergabe von Objekten geholfen hat.

Verschaffen wir uns zuerst einmal einen Überblick über die bekannten Verfahren der Parameterübergaben in C und betrachten danach die neuen Möglichkeiten in C++.

Die große Eigenschaft der Unterprogramme ist ihre Wiederverwendbarkeit und Flexibilität. Ein Unterprogramm besitzt sowohl eine Codeschnittstelle, den Einsprungpunkt, als auch eine Datenschnittstelle, die sich aus Parametern und dem möglichen Rückgabewert zusammensetzt.

In C (und damit auch in C++) sind Funktionen rekursiv aufrufbar. Sie müssen dazu für jeden einzelnen Aufruf einen eigenen Datenbereich bereitstellen. Der Datenbereich eines Unterprogrammes umfaßt Platz für die übergebenen Parameter, die Rücksprungadresse, einen Rettbereich für Register sowie die lokalen Variablen des Unterprogrammblockes. Daneben werden wir noch Platz für die Rückgabe eines Ergebnisses benötigen, wenn es sich um eine echte Funktion handelt.

Man sagt auch: Funktionen müssen die Wiedereintrittsbedingung erfüllen.

4.1 Allgemeines zu Parameterübergaben

Beim Aufruf eines beliebigen Unterprogrammes gibt es stets zwei Sätze von Parametern. Der aktuelle Satz existiert im Gültigkeitsbereich des Aufrufers, der formale liegt im Gültigkeitsbereich des Unterprogrammes.

Beim Aufruf bestimmt der Programmierer, welche Werte oder Variablen aus dem aufrufenden Bereich an das Unterprogramm weitergegeben werden. Diese Werte und Variablen bilden die aktuellen Parameter. Ein anderer Name für aktuelle Parameter sind die Argumente.

4 Parameterübergaben

Mit dem Aufruf eines Unterprogrammes findet ein Wechsel des Gültigkeitsbereiches statt. Innerhalb des neuen Gültigkeitsbereiches des Unterprogrammes existiert nun ein zweiter Satz von Parametern, die formalen Parameter. Oft werden sie auch verkürzt einfach als Parameter bezeichnet.

Somit fragt dieses Kapitel letzlich danach, wie die Parameter und die Werte beim Wechsel des Gültigkeitsbereiches bearbeitet werden und was dabei übergeben werden kann. Mit einem "Wie" fragen wir nach der Methode, mit einem "Was" nach den möglichen Datentypen.

Um es vorwegzunehmen: Es gibt allgemein zwei Methoden, die Wertübergabe und die Referenzübergabe. In C gab es nur Wertübergaben. C++ wird die zweite Methode zusätzlich anbieten.

4.2 Wertübergaben für Basisdatentypen

Als Übergabemethode stand uns in C ausschließlich das Verfahren der Wertübergabe zur Verfügung. Wertübergabe bedeutet, daß die formalen Parameter dynamisch beim Aufruf des Unterprogrammes erzeugt und mit den Werten der aktuellen Parameter initialisiert werden.

Mit der Wertübergabe stehen uns damit in den formalen Parametern Kopien der originalen aktuellen Parameter zur Verfügung. Jede Veränderung der aktuellen Parameter wirkt sich also nur lokal aus. Dieses Verhalten wurde auch wegen der damit verbundenen Verbesserung der Programmsicherheit sehr begrüßt. Ein Fehler im Unterprogramm veränderte nicht die Originalvariablen des Aufrufers.

Die Methode, also die Frage nach dem "Wie", ist in C also die Wertübergabe. Bleibt die Frage nach den übergebbaren Datentypen, dem "Was" übergeben werden kann.

Im klassischen K&R-C durften ausschließlich Basisdatentypen und Zeiger an ein Unterprogramm übergeben werden. Im ANSI-C Standard, der bereits unter dem Einfluß der sich entwickelnden Sprache C++ stand, wurde nun auch die Übergabe und Rückgabe von privaten Datentypen, den strukturierten Variablen, erlaubt.

Sehen wir uns diese Übergabe wieder an Hand eines einfachen Beispiels im Bild 4.1 an.

Der Wechsel des Gültigkeitsbereiches geschieht durch einen einfachen Aufruf des Unterprogrammes, das in unserem Fall eine Funktion ist. Mit dem Aufruf wird automatisch die Rückkehradresse im Stack gespeichert, sodaß im Unterprogramm eine einfache Rückkehr an den Aufrufpunkt, oder genauer an den Befehl, der dem Aufrufpunkt folgt, gegeben ist.

```
01 // Wertübergabe von Parametern - Werte
02 // Datei: params1.cpp
03
04 #include <stdio.h>
05
06 int addiere (int op1, int op2)       // Wertübergabe
07 {
08 return op1 + op2;                    // Rückgabe
09 }
10
11 int main ()
12 {                  // Verwendung der Rückgabe in printf()
13 printf ("\nErgebnis ist: %i\n", addiere (5,8));
14 return 0;          // Rückgabe ist Pflicht (ANSI-C)
15 }
16
```

Bild 4.1 Wertübergabe in C

Dazu müssen vorher die Parameter des Unterprogrammes angelegt werden. Man sagt zwar in der Umgangssprache, daß bei der Wertübergabe die Werte ins Unterprogramm kopiert werden. Genau genommen werden jedoch die formalen Parameter, die hier op1 und op2 heißen, dynamisch im Datenbereich des Unterprogrammes am Stack angelegt und mit den Werten der aktuellen Parameter, die hier aus zwei Konstanten bestehen, initialisiert.

Wir können hieraus den wichtigen Grundsatz ableiten, daß jede Übergabe von Parametern mit einer Initialisierung verbunden ist. In C macht dies keinen großen Unterschied, in C++ mit seinen Konstruktoren ist der Unterschied zwischen Zuweisung und Initialisierung entscheidend.

4.2.1 Vorbesetzung von Parametern

Sehen wir uns zuerst eine kleine Neuerung von C++ an, die die Formulierung der Parameterschnittstelle erleichtern kann. Ausgangspunkt ist der Wunsch, Objekte auf verschiedene Weise initialisieren zu können und dies, ohne viel

4 Parameterübergaben

Code zu schreiben. Im Falle des *ratio*-Beispiel wäre es sicher für den Anwender angenehm, wenn er ein Objekt ohne Angaben, mit einer ganzen Zahl oder tatsächlich den beiden Werten für Zähler und Nenner initialisieren könnte.

Die Aufgabe könnten wir bereits mit den bekannten Mitteln lösen. Wir müßten nur drei Konstruktoren mit unterschiedlicher Parameteranzahl schreiben und überlagern. Aber dies bedeutet viel Schreibarbeit und nur geringe Unterschiede in den Methoden.

Um diese Situation zu erleichtern, wurde in C++ eine Neuerung für die Parameterschnittstelle eingeführt, die Vorgaben für Parameter erlaubt. Man kann von rechts nach links Parameter mit Standardwerten vorbelegen, die in dem Fall verwendet werden, daß der Aufrufer selbst keine Werte vorsieht. Die Vorgaben ergänzen also bei Bedarf die beim Aufruf fehlenden Parameter.

```
01 // Konstruktor mit vorbelegtem Parameter
02 // Datei: ratio1.h
03
04 #ifndef _RATIO_H
05 #define _RATIO_H
06
07 // Definition der Klasse
08 class ratio
09 {
10 public:                          // Anwenderbereich
11 ratio ();                        // Standard-Konstruktor
12 ratio (int z , int n = 1);       // Wert-Konstruktor
13 ratio addiere (ratio op2);       // Methoden,
14 ratio subtrahiere (ratio op2);   // function member,
15 ratio dividiere (ratio op2);     // auch: Botschaft
16 ratio multipliziere (ratio op2);
17 void weise_zu (int z, int n);
18 void drucke ();
19 private:                         // Spezialistenbereich
20 int zaehler;                     //Eigenschaft/data member
21 int nenner;                      // auch: Attribut
22 };
23
24 #endif
25
```

Bild 4.2 Parameter Vorgabewerte

Im Normalfall werden die Vorbesetzungswerte ausschließlich innerhalb der Deklaration der Funktion oder Methode in der Informationsdatei stehen. Sie dürfen dann nicht in der Definition wiederholt werden (Bild 4.2).

Es ist nicht möglich, nur einzelne Parameter gezielt vorzubelegen, sofern es nicht der rechteste ist. Die Liste der vorbesetzten Parameter darf nicht unterbrochen werden.

```
01 // Verwendung vorbelegter Parameter
02 // Datei: mratio1.cpp
03
04 #include <stdio.h>
05 #include "ratio1.h"
06
07 int main ()
08 {
09   ratio r1(1,2);  // Wertkonstruktor
10   ratio r2(3);    // zweiter Parameter vorbelegt
11   ratio r3;       // Standard-Konstruktor
12
13 // Bearbeitung ....
14   return 0;
15 }
16
```

Bild 4.3 Konstruktoren mit Vorbelegung

Bei der Initialisierung eines *ratio*-Objektes können wir die Vorgaben im Wert-Konstruktor benutzen (Bild 4.3).

Im Hauptprogramm können dann mit Hilfe des Wertkonstruktors Objekte angelegt und initialisiert werden. Gibt man bei der Objektdefinition einen oder zwei Parameter an, wird der Wertkonstruktor gerufen. Im Fall eines Aufrufparameters wird der fehlende Parameter mit Hilfe der Vorbesetzung automatisch ergänzt. Gibt der Programmierer bei der Verwendung beide Werte an, wird die Vorgabe nicht benutzt.

Die Vorgaben sparen in vielen Fällen Schreibarbeit. Bei Klassen kann ein voll vorbesetzter Wertkonstruktor dann auch die Rolle des Standard-Konstruktors mit übernehmen. Anstelle von drei Konstruktoren tritt ein einziger Konstruktor mit voll vorbelegtem Parametersatz.

In Ausnahmefällen kann es in einem Programm vorkommen, daß keine eigene Deklaration existiert, sondern nur die Definition der Funktion, wie im Beispiel gezeigt (Bild 4.4). Dies kann vorkommen, wenn die Funktionen Teil des einzigen Moduls mit der Hauptfunktion sind. In diesem Ausnahmefall kann die Vorbesetzung auch in der Definition stehen.

4 Parameterübergaben

```
01 // Wertparameter - Vorbesetzung in der Definition
02 // Datei: pinit1.cpp
03
04 #include <stdio.h>
05 #include <time.h>
06 #include <dos.h>
07
08 time_t zeit;                // Zeit-Variable
09
10 // Definition einer Funktion mit Parameter-Vorbesetzung
11 void ZeigeZeit (time_t t = time (NULL))
12 {
13 printf ("\nZeitangabe: %s\n",ctime (&t));
14 }
15
16 int main ()
17 {
18 zeit = time(NULL);          // Zeit holen
19 printf ("\x1b[2J");         // Bildschirm löschen
20 printf ("\nExperiment mit Vorbesetzungen\n");
21 sleep (3);                  // Warten
22 ZeigeZeit();                // momentane Zeit
23 ZeigeZeit (zeit);           // gespeicherte Zeit
24 return 0;
25 }
26
```

Bild 4.4 Standardwerte für Parameter

In jedem Fall erhält das Unterprogramm beim Aufruf alle Parameter, die Teil seiner Schnittstelle sind.

4.2.2 Rückgabe von Ergebnissen mit Basisdatentypen

Im einführenden Beispiel (Bild 4.1) werden die formalen Parameter nur gelesen und durch eine Addition verknüpft. Das Ergebnis dieser Addition wird dann mit Hilfe der *return*-Anweisung zurückgegeben. Da *return* ein Schlüsselwort ist und kein Funktionsaufruf, sind nach *return* die Klammern nicht notwendig. Allerdings werden sie aus Gewohnheit oft geschrieben.

Die Frage ist, wie kommt der Ergebniswert aus dem Gültigkeitsbereich des Unterprogrammes in den Gültigkeitsbereich des aufrufenden Programmes? Der Stack kommt als Übergabebereich nicht in Frage, da der gesamte Datenbereich des Unterprogrammes beim Verlassen ungültig wird.

Unser Rückgabewert muß aber nach dem Verlassen noch für eine weitere Verwendung wie eine Zuweisung oder in unserem Fall der Addition für eine anschließende Benutzung als neuer, aktueller Parameter wieder zur Verfügung stehen.

Der Rückgabewert muß also das "Sterben" des Datenbereiches des Unterprogrammes überleben.

Im ursprünglichen C wurde diese Frage sehr einfach beantwortet: Alle Rückgabewerte mußten in den Registern des Prozessors Platz haben. Die Register waren somit ein Speicherplatz, den beide Beteiligte, Aufrufer und Unterprogramm, kannten und auf den sie zugreifen konnten. Dieser Übergabebereich genügt auch den Anforderungen einer Multitasking-Umgebung, da die Register des Prozessors gerettet werden, wenn von einem Prozeß auf einen anderen umgeschaltet wird.

Das aufrufende Programm konnte sich nun darauf verlassen, das Ergebnis am vereinbarten Platz in den Registern zu finden und zur weiteren Bearbeitung verwenden.

Schwieriger wird die Rückgabe bei strukturierten Variablen. Diesen Fall werden wir gleich zusammen mit der Behandlung von Objekten bearbeiten. Nur die wenigsten Strukturen würden in Registern Platz finden, so daß nach einer anderen, allgemeingültigen Rückgabemethode gesucht werden muß.

4.2.3 Übergabe von Adressen

Das Verfahren der Wertübergabe konnte in C auch dann benutzt werden, wenn das Unterprogramm Zugriff auf Variable des Aufrufers haben mußte. Ein Beispiel sind hier Betriebssystemaufrufe.

In der Programmierschnittstelle Win32 gibt es zum Beispiel den Aufruf:

```
VOID GetSystemInfo (LPSYSTEM_INFO lpSystemInfo);
```

Das Unterprogramm GetSystemInfo() hat als Parameter einen Zeiger auf eine Struktur vom Typ SYSTEM_INFO. Das Unterprogramm wird das Ergebnis hier nicht als Rückgabewert zurückgeben, sondern statt dessen eine Variable des Anwenders füllen. Dieses Verfahren ist schnell und erlaubt beliebig große Datenmengen als Ergebnis.

Schauen wir uns das klassische Beispiel für Adreßübergaben an. Das Unterprogramm *austausch()* (engl. swap) soll die Inhalte der beiden Variablen austauschen, die wir über die Parameterschnittstelle bekanntgeben (Bild 4.5).

4 Parameterübergaben

```
01 // Wertübergabe von Parametern - Adressen
02 // Datei: params2.cpp
03
04 #include <stdio.h>
05
06 // Austausch der Werte in zwei Variablen
07 void austausch (int * ip1, int * ip2)
08 {
09 int hilfe;        // Mit Zeigern Zugriff auf Anwendervar.
10
11 hilfe = *ip1;     // Speichere einen Wert
12 *ip1 = *ip2;      // Kopiere Werte der Variablen
13 *ip2 = hilfe;     // Setze zweite Variable
14 }
15
16 int main ()
17 {
18 int a = 9;
19 int b = 10;
20 austausch (&a, &b);      // Übergabe von Adressen
21 printf ("\nNach dem Austausch: %i   %i\n", a,b);
22 return 0;
23 }
24
```

Bild 4.5 Wertübergabe von Adressen

Da das Unterprogramm Zeiger als formale Parameter besitzt, die beim Anlegen mit den übergebenen Adreßwerten vorbesetzt werden, kann das Unterprogramm indirekt auf die Variablen des aufrufenden Programmes zugreifen. Es greift aus dem Gültigkeitsbereich des Unterprogrammes in den Gültigkeitsbereich des Anwenders hinein.

Beide Parteien müssen hierbei in ihrer Programmierung auf die Übergabe der Adressen Rücksicht nehmen. Der Aufrufer muß explizit den Adreßoperator verwenden und das Unterprogramm den Indirektionsoperator.

Hier wurde die Mechanik, also das Wie der Übergabe beibehalten. Was jedoch übergeben wird, ist nun kein Datenwert mehr, sondern ein Adreßwert.

4.3 Referenzübergabe

In vielen Sprachen (wie z.B. Pascal) kann man mit Hilfe eines Schlüsselwortes (in Pascal: *var*) dem Compiler mitteilen, daß eine andere Methode der Übergabe benutzt werden soll: die Referenzübergabe. Diese Möglichkeit fehlte in C, aber in C++ steht sie nun auch zur Verfügung.

```
01 // Referenzübergabe von Parametern
02 // Datei: params3.cpp
03
04 #include <stdio.h>
05
06 void austausch (int & ip1, int & ip2)
07 {
08 int hilfe;         // Referenzen als Parameter
09
10 hilfe = ip1;       // Referenzen bieten einfachen Zugriff
11 ip1 = ip2;         // Kopie der referenzierten Variablen
12 ip2 = hilfe;
13 }
14
15 int main ()
16 {
17 int a = 9;
18 int b = 10;
19 austausch (a, b);       // automatische Referenzierung
20 printf ("\nNach dem Austausch: %i  %i\n", a,b);
21 return 0;
22 }
23
```

Bild 4.6 Übergabe mit Referenzen

Eine Referenzvariable ist eine Variable, die einen festen Bezug zu einer anderen Variablen beinhaltet. Die Definition der Referenzvariablen (oder des Referenzparameters) geschieht mit einem "&" an der Stelle, wo bei der Zeigerdefinition ein "*" stehen würde.

Bei der Referenzübergabe (oder auch Namensübergabe) schreibt der Programmierer die Anweisungen sowohl beim Aufruf als auch im Unterprogramm wie bei einer normalen Wertübergabe. Nur die Definition der formalen Parameter in der Funktion austausch() ändert sich (Bild 4.6).

Das Ergebnis wird trotzdem ein Zugriff aus dem Unterprogramm heraus auf die Originalvariablen des Aufrufers sein. Man sagt, daß die formalen Parameter nun Bezüge auf die Originalvariable enthalten. Technisch erfolgt intern eine Adreßübergabe. Allerdings wird der Compiler bei der Übergabe und der Initialisierung der formalen Parameter automatisch die Adresse der übergebenen, aktuellen Parameter bilden und beim Zugriff mit den Referenzen automatisch indirekt zugreifen.

Ein anderer Name für Referenzen ist der Begriff Aliasvariable. Ein Alias ist ein zweiter Name der Variablen. Man spricht daher auch von der Übergabe von Namen im Gegensatz zur in C notwendigen Übergabe von Werten.

Bei der Referenzübergabe hat sich nun die Übergabemethode geändert. Am leichtesten kann man sich in die Welt der Referenzen eingewöhnen, wenn man immer das Was, also den Datentyp, von der Methode, dem Wie, trennt. In unserem Beispiel haben wir zwei Variable des Datentyps *int* mit Hilfe der Referenzen übergeben. Alle Operationen arbeiten im Code mit den *int*-Parametern.

4.3.1 Rückgabe mit Referenzen

Im Gegensatz zu anderen Sprachen wie Pascal wurden die Referenzen in C++ vollständig implementiert. Man kann Referenzparameter verwenden, Ergebnisse per Referenz zurückgeben oder auch eigene Referenzvariable anlegen. Sehen wir uns nach den Parametern die Rückgaben an.

Im Beispiel (Bild 4.7) erhalten wir in der Funktion austausch() zwei *int*-Werte per Referenz (oder zwei Namen für die *int*-Variablen des Aufrufers) und geben einen davon wieder per Referenz zurück. Da ein *int*-Wert zurückgeliefert wird, kann das Ergebnis natürlich an eine *int*-Variable zugewiesen werden.

Bei der Rückgabe von Werten per Referenz ist jedoch Vorsicht angebracht. Wenn wir einen Namen für eine Variable zurückgeben, dann muß diese Variable bei der Verwendung des Namens außerhalb des Unterprogramms leben. Es ist daher nicht möglich, den Wert einer lokalen Variablen oder eines formalen Parameters, der per Wertübergabe ins Unterprogramm gekommen ist, mit Hilfe einer Referenz zurückzugeben. Schließlich verlieren alle lokalen Variablen und die formalen Parameter ihre Gültigkeit, wenn das Unterprogramm verlassen wird.

Würde man nach der Rückkehr im Anwenderprogramm versuchen mit Hilfe der erhaltenen Referenz auf eine lokale Variable zuzugreifen, dann wäre der Bezug längst ungültig. Der Compiler wird Sie üblicherweise bei einem Versuch warnen.

```
01 // Referenzrückgabe von Parametern
02 // Datei: params4.cpp
03
04 #include <stdio.h>
05
06 // Funktion mit int-Rückgabe per Referenz
07 int & austausch (int & ip1, int & ip2)
08 {
09   int hilfe;        // lokale Hilfsvariable
10
11   hilfe = ip1;      // Referenzen beziehen sich auf
12   ip1 = ip2;        // Variable des Anwenders
13   ip2 = hilfe;
14   return ip1;       // erlaubt, Bezug auf Anwender
15   // return hilfe;  // Fehler, keine Rückgabe möglich
16 }
17
18 int main ()
19 {
20   int a = 9;
21   int b = 10;
22   int x = 99;
23   printf("\nVor dem Austausch: %i,%i x: %i\n",a,b,x);
24   x = austausch (a, b);   // Ergebnis ist int
25   printf("\nNach dem Austausch: %i,%i x: %i\n",a,b,x);
26   return 0;
27 }
28
```

Bild 4.7 Rückgabe per Referenz

Bei der Rückgabe mit Hilfe einer Referenz kann man nur Bezug auf Variable nehmen, die außerhalb des Gültigkeitsbereichs des Unterprogrammes liegen. Somit kann man globale Variable, lokale *static*-Variable und erhaltene Referenzen per Referenz zurückgeben.

Referenzübergaben und Rückgaben sind für Basisdatentypen eher die Ausnahme. Der große Vorteil der Referenzen, die automatische Dienstleistung durch die Sprache, wird insbesondere bei großen Variablen, wie Objekten, zum Tragen kommen.

Außerdem ist die Übergabe eines Namens (technisch gesehen der Adresse der Originalvariablen) bei größeren Datenmengen bedeutend schneller als die Wertübergabe.

4.3.2 Eigenständige Referenzvariablen

Man kann in C++ auch eigenständige Referenzvariablen anlegen. Diese Verwendung ist sicher selten. Doch kann man dabei einige wichtige Eigenschaften der Referenzen zeigen.

Die erste wichtige Eigenschaft der Referenzen ist die unbedingt notwendige Initialisierung. Eine Referenz ist ein zweiter Name für eine existierende Variable. Auf welche Variable man sich bezieht, muß bei der Initialisierung angegeben werden. Dabei wird automatisch in der Referenzvariablen ein Verweis auf die Bezugsvariable gespeichert.

Dieser Bezug ist nicht veränderbar. Eine einmal aufgebaute Referenz verweist immer auf die gleiche Variable.

In der Folge bezieht sich jede Operation auf die Originalvariable, unabhängig davon, ob man mit dem ursprünglichen Namen oder mit der Referenzvariablen zugreift.

```
01 // eigenständige Referenz-Variablen
02 // Datei: params5.cpp
03
04 #include <stdio.h>
05
06 int main ()
07 {
08   int b = 10;     // zwei lokale Variable anlegen
09   int c = 11;
10   int & r = b;    // Referenz mit Initialisierung
11   printf("\nZugriff mit Referenz: %i,%i\n",b,r);
12   // Ausgabe der Variablen-Adressen
13   printf ("\nAdressen der lokalen Variablen: %p - %p",
14          &b,&c);
15   // Ausgabe der Adresse von Variable und Referenz
16   printf ("\nAdressen von Variable und Referenz: %p - %p\n",
17          &b, &r);
18   return 0;
19 }
20
```

Bild 4.8 Referenzvariable

Im Beispiel (Bild 4.8) werden zuerst die Inhalte der Variablen und der Referenzvariablen ausgegeben. Natürlich muß der identische Inhalt angezeigt werden, da die Referenzvariable nur ein zweiter Name ist.

Noch deutlicher kann man dies sehen, wenn man die Adressen der Variablen anzeigt. Wendet man den Adreßoperator auf zwei unterschiedliche Variable an, erhält man natürlich zwei unterschiedliche Adressen.

Wird jedoch der Adreßoperator auf eine Variable und die damit verbundene Referenzvariable angewendet, erhält man zwei gleiche Adreßangaben, nämlich jeweils die Adresse der eigentlichen Wert-Variablen (Zeile 16).

Das Beispiel zeigt somit auch, daß sich die Adresse der Referenzvariablen nicht ermitteln läßt.

4.4 Wertübergabe und Objekte

Nach diesen Vorarbeiten können wir uns nun wieder der Frage zuwenden, die am Ende des Klassen-Kapitels offen geblieben war: Wieso kommt es zu einer unausgeglichenen Bilanz bei Konstruktor- und Destruktorrückmeldungen?

```
01 // Wertübergabe mit Objekt, Rückgabe
02 // Datei: params6.cpp
03 // NUR AUSZUG !
04
05 // Objekt-Definition
06 ratio A(1,2), B(1,4), C;
07
08 //Methoden-Definition
09 ratio ratio::addiere (ratio op1)
10 {
11 ratio erg;
12 erg.zaehler = zaehler*op1.nenner + op1.zaehler*nenner;
13 erg.nenner = nenner*op1.nenner;
14 return erg;
15 }
16
17 // Methoden-Aufruf
18 C = A.addiere(B);
19
```

Bild 4.9 Wertübergabe von Objekten

Betrachten wir das *ratio*-Beispiel genauer, ergibt sich folgende Detailbilanz: Für einen Aufruf der Additionsmethode ergaben sich zwei zusätzliche Ausgaben von Destruktoraufrufen. Der Grund liegt darin, daß der Compiler einen

4 Parameterübergaben

speziellen Konstruktor, der noch fehlt, als Dienstleistung der Sprache automatisch ergänzt hat. Dieser Konstruktor wird zweimal benutzt und konnte natürlich keine Ausgaben machen, da er nicht von uns geschrieben wurde.

Sehen wir uns dazu noch einmal die Additionsmethode im Bild 4.9 an.

Die Additionsmethode erhält ein Objekt per Wertübergabe. Dazu benötigen wir die Möglichkeit, formale Objekte beim Aufruf der Methode dynamisch anzulegen und zu initialisieren. Die Initialisierung von Objekten geschieht mit Hilfe eines Konstruktors.

Nun haben wir (noch) keinen Konstruktor, der ein Objekt initialisiert und als Parameter ein Objekt der eigenen Klasse akzeptiert. Wir könnten versuchen, einen solchen Konstruktor zu schreiben. Probieren wir einmal das Nächstliegende aus (Bild 4.10).

```
01  // Falscher Ansatz für Kopier-Konstruktor
02  // Datei: params7.cpp
03
04  ratio::ratio (ratio r)      // Nicht möglich!!
05  {
06    zaehler = r.zaehler;
07    nenner  = r.nenner;
08  }
09
```

Bild 4.10 Kopierkonstruktor: falscher Denkansatz

Dieser Denkansatz führt leider in die Irre. Wenn wir einer Methode ein Objekt übergeben wollen, dann müssen wir den passenden Kopierkonstruktor (so nennt man einen Konstruktor, der ein Objekt der eigenen Klasse als Parameter akzeptiert) rufen. Beim Aufruf des Kopierkonstruktors übergeben wir ein Objekt. Wenn wir ein Objekt übergeben, müssen wir den Kopierkonstruktor rufen... Wir unterbrechen lieber die Erklärung, da der Ablauf rekursiv geworden ist.

Die Lösung bietet ein Wechsel der Übergabemethode. Übergeben wir ein Objekt mit Hilfe einer Referenz, dann wird nur ein Name übergeben und kein ganzes Objekt. Damit könnte man die obige Rekursion verhindern.

Dies ist eine Stelle, die nicht mehr ohne Referenzen formulierbar wäre.

Unser *ratio*-Beispiel aus dem Kapitel über Klassen konnten wir zum Ablauf bringen, da der Compiler uns geholfen hat. Er hat den fehlenden Kopierkonstruktor durch eine Strukturzuweisung ersetzt, die Eigenschaft für Eigenschaft kopiert hat.

Noch an einer zweiten Stelle hat der Compiler geholfen. Er hat die Zuweisung zwischen Objekten ebenfalls durch eine Strukturzuweisung ersetzt. Der Rückgabewert der Addition wurde in einem lokalen Objekt gespeichert. Die automatische Zuweisung des Compilers geht aber nicht immer gut. Das Problem der Zuweisung können wir erst später selbst in die Hand nehmen.

Das Kopierverfahren, das standardmäßig verwendet wird, nennt man auch flaches Kopieren. Bei einem flachen Kopieren werden die Elemente 1:1 übertragen. Dies ist richtig für Wertelemente wie unsere Zähler und Nenner.

Für den Fall, daß Eigenschaften Zeiger sind und damit einen dynamischen Speicherbereich verwalten, müssen wir auf die zusätzlichen Daten beim Kopieren Rücksicht nehmen, was der einfache Kopierkonstruktor des Compilers nicht machen kann. In diesem Fall spricht man von einem logischen (oder tiefen) Kopieren, das nur durch eine selbstgeschriebene Methode durchgeführt werden kann.

Die Hilfestellungen des Compilers waren in einem so einfachen Beispiel hilfreich. In komplizierteren Fällen werden wir als Programmierer sicherstellen müssen, daß keine Standard-Methoden des Compilers verwendet werden.

4.4.1 Der Kopierkonstruktor

Schreiben wir nun einen korrekten Kopierkonstruktor für die *ratio*-Klasse. Wir müssen nur beim Parameter eine Referenz verwenden (Bild 4.11).

```
01 // Richtiger Ansatz für Kopier-Konstruktor
02 // Datei: params8.cpp
03
04 ratio::ratio (const ratio & r)    // Objekt per Referenz
05 {
06 zaehler = r.zaehler;              // hier: flaches Kopieren
07 nenner  = r.nenner;
08 // printf ("Kopierkonstruktor");// für das Beispiel
09 }
10
```

Bild 4.11 Korrekter Kopierkonstruktor

4 Parameterübergaben

Der Parameter des Kopierkonstruktors ist nun eine Referenz auf ein konstantes *ratio*-Objekt. Das Schlüsselwort *const* bezieht sich auf den rechts davon stehenden Namen. Der Parameter verbietet also ein Schreiben der Methode auf das konstante Objekt des Anwenders. Der Zusatz *const* sollte in allen Fällen hinzugefügt werden, bei denen nur ein Lesevorgang stattfindet. Die Zusicherung, ein übergebenes Objekt nur zu lesen, wird jedem Anwender die Benutzung leichter machen.

Näheres zum Arbeiten mit Variablen, die als konstant erklärt werden, finden Sie in einem eigenen Kapitel.

Bei der Übergabe von Objekten per Wertübergabe wird also der Kopierkonstruktor benutzt. Da wir ihn nicht geschrieben hatten, konnten wir keine printf()-Funktion aufrufen, sodaß es zu unterschiedlichen Häufigkeiten beim Aufruf von Konstruktoren und Destruktoren kam.

```
01 // Abschalten des Standard-Kopierkonstruktors
02 // Datei: ratio.h
03
04 #ifndef _RATIO_H
05 #define _RATIO_H
06
07 // Definition der Klasse
08 class ratio
09 {
10 public:                            // Anwenderbereich
11 ratio ();                          // Standard-Konstruktor
12 ratio (int z , int n = 1);         // Wert-Konstruktor
13 ratio addiere (ratio op2);         // Methoden,
14 ratio subtrahiere (ratio op2);     // function member,
15 ratio dividiere (ratio op2);       // auch: Botschaft
16 ratio multipliziere (ratio op2);
17 void weise_zu (int z, int n);
18 void drucke ();
19 private:                           // Spezialistenbereich
20 ratio (const ratio &);             // Kopierkonstruktor
21 int zaehler;                       //Eigenschaft/data member
22 int nenner;                        // auch: Attribut
23 };
24
25 #endif
26
```

Bild 4.12 Klasse mit privatem Kopierkonstruktor

Beachten Sie jedoch, daß der Name des Kopierkonstruktors leicht mißverstanden werden kann. Die Betonung muß auf dem Wort "Konstruktor" liegen. Er wird nur beim Anlegen eines Objektes einmal benutzt, wobei er ein anderes Objekt liest. In keinem Fall kann man damit einen wiederholbaren Kopiervorgang im Sinne einer Zuweisung erreichen.

Die Standardvorgabe des Compilers mag in manchen Situationen stören. Wenn wir in einer Klasse selbst einen Kopierkonstruktor schreiben, wird selbstverständlich in allen Fällen der selbstdefinierte ausgewählt. Wie kann man aber verhindern, daß überhaupt kein Kopierkonstruktor verwendet wird? Es mag sicher Objekte geben, die in einem Programm nur einmal vorkommen dürfen.

Dazu müssen wir die Hilfestellung des Compilers ausschalten. Dies können wir durch eine Deklaration im privaten Teil der Klasse erreichen. Die eigene Definition, falls überhaupt eine geschrieben wird, steht damit dem Anwender nicht zur Verfügung und der Compiler wird der Deklaration vertrauen und keinen automatischen Kopierkonstruktor generieren (Bild 4.12).

Vieles, was hier über den Kopierkonstruktor gesagt wurde, gilt auch für die noch zu entwickelnde Zuweisung. Aber davon später.

4.4.2 Rückgabe eines Objektes

Unsere Additionsmethode hat das Ergebnis in einem Hilfsobjekt bereitgestellt. Dieses Objekt wird nun mit Hilfe der *return*-Anweisung zurückgegeben.

Die Rückgabe unterliegt ebenfalls der sogenannten Wiedereintrittsbedingung, der Grundregel für multitaskingfähige Programme. Die Rückgabe muß in einem Puffer zwischengespeichert werden, der vom Aufrufer und vom Unterprogramm aus sichtbar ist und pro Rückgabe einmal existiert.

Im einfachsten Fall ist dieser Puffer, der auch anonymer Rückgabebereich genannt wird, einfach ein oder mehrere Register. Nur werden Objekte oft wesentlich größer, als Platz in einem Register zur Verfügung stehen kann.

Die allgemeine Lösung dieser Aufgabe ist ein anonymes Hilfsobjekt im Freispeicher (Heap). Legt man in der *return*-Anweisung ein Objekt am Heap an und initialisiert es mit dem Rückgabeobjekt, dann kann man die Adresse dieses Objektes leicht über ein Register zurückgeben.

Das anonyme Rückgabeobjekt mit dem Ergebnis der Funktion kann danach im aufrufenden Programm benutzt und schließlich wieder freigegeben werden.

Und beim Initialisieren des anonymen Rückgabeobjektes wird natürlich wieder der Kopierkonstruktor benötigt.

Die Differenz zwischen den Ausgaben der Konstruktoren und des Destruktors war für einen Aufruf der Additionsmethode zwei: wegen der Initialisierung eines Parameterobjektes und des Rückgabeobjektes mit Hilfe des Kopierkonstruktors.

Wir haben hier eine dynamische Speicherverwaltung implizit benutzt. Im Gegensatz zu C muß es somit auch eine dynamische Speicherverwaltung als Teil der Sprache geben. Das nächste Kapitel wird die dynamische Speicherverwaltung in C++ darstellen.

4.4.3 Tips zur Programmierung

Wertübergaben von Objekten wird man nach Möglichkeit vermeiden. Bei jeder Wertübergabe erzeugt man ein lokales Objekt, das Speicherplatz benutzt und je einen Konstruktor- und Destruktoraufruf auslöst.

Wann immer möglich, wird man Objekte mit der Referenzübergabe an eine Methode übergeben.

Die Referenz wird sich, wenn möglich, auf ein konstantes Objekt beziehen, um dem Anwender die größtmögliche Sicherheit zu geben.

Bei der Übergabe konnten wir die Referenzübergabe verwenden. Dies funktioniert bei der Rückgabe nicht. Das Additionsergebnis ist innerhalb der Methode erzeugt worden. Es existiert nur lokal. Daher muß zur Rückgabe die Wertübergabe benutzt werden. Referenzen auf lokale Variable sind wie erwähnt nicht zulässig.

Im Additionsbeispiel haben wir uns bewußt an die Spielregeln der Mathematik gehalten, die eine Veränderung der Operanden bei der Addition ausschließen. Ansonsten wäre natürlich auch ein Ergebnis in einem der beiden Operanden denkbar. Innerhalb der Additionsmethode entsteht ein neuer Wert in einem Hilfsobjekt: Das Ergebnis der Addition. In solchen Fällen wird generell die Wertrückgabe verwendet.

4.5 Parameter und Kopierkonstruktor - das Beispiel

Am Ende des Kapitels soll noch einmal das Standard-Beispiel zu Wort kommen. Wir haben nun alle Konstruktoren kennengelernt. Zusammen mit dem Destruktor hat die ratio-Klasse nun vier spezielle Methoden, die Dienstleistungen implementieren. Beginnt ein Programmierer eine Klasse zu definieren, dann sollte er im Normalfall alle vier Funktionalitäten in seinem Klassendesign berücksichtigen.

Parameter und Kopierkonstruktor - das Beispiel

```
01 // Grundlagen des Klassenbegriffs - Kopierkonstruktor
02 // Datei: ratio5.h
03
04 #ifndef _RATIO4_H
05 #define _RATIO4_H
06
07 // Definition der Klasse
08 class ratio
09 {
10 public:                              // Anwenderbereich
11      ratio (int z=0, int n=1);       // Kombi-Konstruktor
12      ratio (const ratio & r);        // Kopierkonstruktor
13      ~ratio();                       // Destruktor
14 ratio addiere (const ratio &);       // Methoden
15 ratio subtrahiere (const ratio &);
16 ratio dividiere (const ratio &);
17 ratio multipliziere (const ratio &);
18 void drucke ();
19 private:                             // Spezialistenbereich
20 int zaehler;                         // Eigenschaften
21 int nenner;
22 };
23
24 #endif
25
```

Bild 4.13 Klasse mit allen Konstruktoren

```
01 // Kopierkonstruktor und Parameter
02 // Datei: mratio5.cpp
03 #include <stdio.h>
04 #include "ratio5.h"
05 int main()
06 {
07 ratio r1;              // Standard-Konstruktor
08 ratio r2(5);           // Wert-Konstruktor mit Vorbesetzung
09 ratio r3 (r2);         // Kopier-Konstruktor
10 r1=r3.addiere(r2);     // Parameterübergabe per Referenz
11 printf ("\nUnser Ergebnis: "), r1.drucke();
12 printf ("\n");
13 return 0;
14 }
15
```

Bild 4.14 Test der Konstruktoren

4 Parameterübergaben

```
01 // Grundlagen des Klassenbegriffs - Destruktor
02 // Datei: ratio.cpp
03 #include <stdio.h>
04 #include "ratio5.h"
05 ratio::ratio (int z, int n)
06 {
07 zaehler = z, nenner = n;
08 printf("Wert-Konstruktor\n");
09 }
10 ratio::ratio (const ratio & r)
11 {
12 zaehler=r.zaehler, nenner=r.nenner;
13 printf ("Kopierkonstruktor\n");
14 }
15 ratio::~ratio()
16 {
17 printf ("Destruktor\n");
18 }
19 // Teil-Implementierung der Methoden
20 ratio ratio::addiere (const ratio & op2)
21 {
22 ratio hilf;
23 hilf.zaehler = op2.zaehler*nenner+zaehler*op2.nenner;
24 hilf.nenner = op2.nenner * nenner;
25 return hilf;
26 }
27 void ratio::drucke ()
28 {
29 printf ("%d/%d",zaehler, nenner);
30 }
31
```

Bild 4.15 Implementation aller Konstruktoren

Im Beispiel (Bild 4.13) sind zwei grundlegende Funktionalitäten in einem tatsächlich geschriebenen Konstruktor zusammengefaßt: der Standard-Konstruktor und der Wert-Konstruktor. Die vollständige Vorbesetzung der Schnittstelle in der Klasse macht dies möglich.

In der Deklaration und Definition der weiteren Methoden wurde immer dann, wenn ein Objekt übergeben wurde, geprüft, ob eine Referenz möglich ist. Bei der Übergabe von Objekten war dies möglich. Somit wurde der Kopierkonstruktor bei der Übergabe nie benötigt.

Die Rückgabe der Addition muß aber nach wie vor mit der Wertübergabe und damit mit dem Aufruf des Kopierkonstruktors geschehen (Bild 4.15).

Im Hauptprogramm werden die nun vorhandenen Möglichkeiten ausprobiert (Bild 4.14).

5 Dynamische Speicherverwaltung in C++

Bei den Parameterübergaben begegneten wir bei der Rückgabe von Strukturvariablen der Problematik der impliziten dynamischen Speicherverwaltung. Wenn ein Programm ein Ergebnis zurückliefert, dessen Größe eine Übergabe über die Register des Prozessors verhindert, dann muß das Ergebnis anderswo einen Platz finden, der das Ende des Unterprogrammes überlebt und der aus beiden Gültigkeitsbereichen, dem des Unterprogramms und dem des Aufrufers, sichtbar ist. Der einzige dafür Platz ist der Heap.

Die explizite dynamische Speicherverwaltung ist auch das große Hilfsmittel des Programmierers, wenn er zu dem Zeitpunkt, zu dem er das Programm schreibt, den tatsächlichen Speicherbedarf nicht abschätzen kann.

Programme, die mit Hilfe der dynamischen Speicherverwalung geschrieben wurden, sind Assembler- und Compilerprogramme, die nicht wissen können, wieviele Namen der zu bearbeitende Quelltext enthält. Auch ein Editor kann nicht wissen, wieviele Zeilen ein Text haben wird oder wieviele Buchstaben in einer Zeile stehen werden.

Ein anderer Fall sind alle interaktiven Programme. Schließlich entscheidet hier der Benutzer erst beim Ablauf des Programmes, wieviele und welche Eingaben er machen wird. Ein Zeichenprogramm, um ein weit verbreitetes Beispiel zu erwähnen, kann nicht wissen, wieviele Kreise, Rechtecke oder Kurven der Benutzer für eine bestimmte Zeichnung benötigen wird.

In solchen Fällen wird man während der Laufzeit je nach Bedarf vom Freispeicher (Heap) freien Speicher anfordern und am Ende der Bearbeitung wieder zurückgeben.

5.1 Probleme der dynamischen Speicherverwaltung

Die Verwaltung des angeforderten Speichers fällt damit allerdings in den Aufgabenbereich des Programmierers. Sie ist so etwas wie ein notwendiges Übel. Leider führt die notwendige Verwaltung immer wieder zu Problemen zur Laufzeit.

In einem weltberühmten Internet-Browser, mit dem man das WWW (world wide web) durchsuchen kann, fand sich in einer Version der Hinweis, daß man in der bisherigen Version ein kleines Loch im Speicher gefunden habe ("a memory leak"), durch das mit der Zeit der freie Speicher langsam tropfte. Dieses schöne Bild vom auslaufenden Speicher bedeutet letztlich, daß irgendwo im Ablauf des Programmes Speicher angefordert wurde, aber leider vergessen wurde, ihn wieder zurückzugeben.

Jeder Programmierer, der schon einmal vor einem ähnlichen Fall stand, wird dafür Verständnis aufbringen.

5.2 Speicherverwaltung in C

In C ist die Verwaltung des Freispeichers nicht Teil der Sprache. Man hat diese Aufgabe der Standardbibliothek überlassen. Hier gibt es Gruppen von Funktionen, deren wesentlichen Mitglieder wir uns kurz in Erinnerung rufen wollen.

Nebenbei können wir uns auch die Elemente des Heaps ansehen.

5.2.1 Grundlegende Funktionen

Eine bestimmte Menge an Speicherplatz kann mit Hilfe der malloc()-Funktion bereitgestellt werden. Die Rückgabe erfolgt mit free().

Die malloc()- Funktion liefert einen typlosen Zeiger zurück, der eine passende Typkonvertierung benötigt. Nebenbei sei angemerkt, daß die verwendete Typkonvertierung in C++ eine andere Form erhalten wird. Der bekannte *cast* (deutsch: (Gieß-)Form) wird in C++ durch eigene Schlüsselworte ersetzt. Näheres findet sich im eigenen Kapitel zur Typkonvertierung.

Ein anderes Problem ist die Größenangabe. Malloc() erwartet einen Wert in *char*-Einheiten. Alle anderen Datentypen sind in C stets ganzzahlige Vielfache des Grunddatentyps *char*. (In C++ wird man als Basiseinheit das Byte wählen.) Um die Tücken einer speziellen Implementierung zu umgehen, sollte man die gewünschte Größenangabe stets mit Hilfe des *sizeof*-Operators angeben.

Die zurückgegebene Adresse muß in einer Variablen zwischengespeichert werden und muß unverändert erhalten bleiben. Eine Veränderung des von malloc() gelieferten Wertes hätte spätestens bei der Freigabe mit free() unvorhersehbare Folgen (Bild 5.1).

Speicherverwaltung in C

```
01 // Dynamische Speicherverwaltung in C
02 // Datei: dynami1.cpp
03
04 #include <stdio.h>
05 #include <stdlib.h>
06
07 int main ()
08 {
09 int i;
10 int * const ip = (int *) malloc (100 * (sizeof(int)));
11 if (ip == NULL)            // Im Fehlerfall: NULL
12       {
13          fprintf (stderr, "\nFehler\n");
14          return 1;
15       }
16 // Bearbeitung, Zeigerinhalt muß unverändert bleiben
17 for (i = 0; i < 100; i++)  // Schreibe in jede Feld-
18     ip[i] = i;             // variable den eigenen Index
19
20 printf ("\nErfolg!\n");
21 free (ip);                 // Rückgabe
22
23 return 0;
24 }
25
```

Bild 5.1 Konventionelle Speicherverwaltung in C

Im Beispiel wurde ein nicht immer gangbarer Weg gezeigt. Will man einen Speicherbereich nur innerhalb eines Blockes benutzen, dann kann man einen konstanten Zeiger definieren und mit Hilfe von malloc() initialisieren. Beachten Sie, daß hier der Zeiger konstant ist. Die Variable, auf die der Zeiger zeigt, kann auch beschrieben werden.

Im allgemeinen Fall weist man die Rückgabe einer Variablen zu und läßt sie unverändert.

Die Benutzung des Speicherplatzes geschieht im Beispiel als Feld. Die 100 angeforderten Elemente können als Feld verstanden werden, da sie zusammenhängend im Speicher liegen. Beim gezeigten Feldzugriff liefert die Zeigervariable den konstanten Feldbeginn und der variable Index wählt die jeweils gewünschte einzelne Variable aus.

Die Rückgabe erfolgt mit der Funktion free(). Sie erwartet als Parameter eine Adresse, die zuvor von malloc() oder einer der weiteren Speicherverwaltungsfunktionen geliefert wurde. Der zuvor reservierte Speicherplatz wird wieder zurückgegeben und steht für nachfolgende Resevierungen erneut zur Verfügung. Falls die übergebene Adresse NULL ist, geschieht nichts.

5 Dynamische Speicherverwaltung in C++

Erhält free() eine Adresse, die nicht von malloc() stammt, dann ist das Ergebnis undefiniert. Der Begriff undefiniert bedeutet in der Praxis zumeist, daß der Heap durch den fehlerhaften Aufruf von free() zerstört wird.

Der Freispeicher, also der Heap, wird zumeist über verkettete Listen realisiert, um eine Freigabe in beliebiger Reihenfolge zu ermöglichen. Wird nun free() mit einer ungültigen Adresse aufgerufen, dann wird ein ungültiger Speicherbereich so interpretiert, als wären hier Zeiger der Liste. Dies führt in vielen Fällen zu einem schweren Speicherfehler. Bei ungeschützten Systemen, wie DOS, ist diese Situation oft gleichbedeutend mit einem Systemabsturz.

5.2.2 Probleme der Speicherverwaltung

Hierin liegt nun genau das Problem der Speicherverwaltung zur Laufzeit. Zu jedem erfolgreichen malloc()-Aufruf muß exakt ein free()-Aufruf geschehen. Dies ist oft in Programmen nicht einfach einzuhalten.

Eine gute Lösung bietet eine zentrale und globale Tabelle (oder Liste), die für alle Zeiger auf dynamische Speicherbereiche genutzt wird. Die Freigabe erfolgt nach Bedarf, wobei der jeweilige Eintrag mit NULL überschrieben wird, oder gesammelt durch eine Freigabefunktion, die man mit Hilfe von atexit() registrieren lassen kann. Diese Funktion würde dann automatisch am Programmende gerufen.

Aber auch ein solches Vorgehen würde nicht vor einzelnen, vergessenen Freigaben schützen, die während des Ablaufes Speicher aufbrauchen.

5.3 Speicherverwaltung in C++

In C++ werden andere Anforderungen an die Speicherverwaltung gestellt. Anders als bei C ist sie deshalb ein Teil der Sprache geworden.

Die geänderten Randbedingungen sind zum einen die nun erlaubte Übergabe und Rückgabe von großen Strukturvariablen und Objekten beim Aufruf von Funktionen. Zum anderen müssen nun Speicherallokierung für Objekte und deren Initialisierung fest miteinander gekoppelt werden. Gerade die Kopplung vom Anlegen von Objekten und deren automatischer Initialisierung wäre mit Hilfe der Bibliotheksfunktionen nicht vom Compiler überprüfbar. Daher finden wir in C++ zwei neue Schlüssselworte: *new* und *delete*.

5.3.1 Speicherverwaltung mit Basisdatentypen

Die neuen Schlüsselworte sind Operatoren. Sie sind wesentlich einfacher in der Handhabung, auch wenn die grundlegenden Probleme, die wir kennengelernt haben, nach wie vor bestehen. Sehen wir uns die grundlegenden Möglichkeiten der Operatoren an einem einfachen Beispiel im Bild 5.2 an.

```
01 // C++ Verwaltung mit Basisdatentypen
02 // Datei: dynami2.cpp
03
04 #include <stdio.h>
05 #include <stdlib.h>
06 int main ()
07 {
08 int * ip;                 // Zeiger auf int
09 float * fp;               // Zeiger auf float
10 double * adp;             // Zeiger auf 1 dim. double Feld
11 float (* a2fp)[20];       // Zeiger auf 2 dim. float Feld
12
13 ip = new int;             // ohne Initialisierung
14 if (ip == NULL)           // Fehler ?
15    exit(8);               // Was kann man tun?
16 fp = new float (3.14);    // mit Initialisierung
17 adp = new double[100];    // Zeiger auf erstes Element
18 a2fp = new float [10][20]; // Zeiger auf erste Zeile
19
20 printf ("\n *ip: %d\n",*ip);   // Zufallswert
21 printf (" *fp: %f\n",*fp);     // 3.140000
22
23 delete ip;
24 delete fp;
25 delete [] adp;            // auch: delete adp
26 delete [] a2fp;           // auch: delete a2fp
27
28 return 0;
29 }
30
```

Bild 5.2 Basisdatentypen und Speicherverwaltung

Der Operator *new* legt eine Variable des gewünschten Typs an und initialisiert einzelne Variablen auch auf Wunsch.

Der Operator *new* wird im einfachsten Fall eine Variable des gewünschten Typs anlegen und einen passenden, typgerechten Zeiger darauf zurückliefern. Im Fehlerfalle wird sich *new* (zur Zeit noch) genauso verhalten wie malloc(), es wird einen NULL-Wert liefern. Mit Hilfe einer *if*-Abfrage prüft man das

5 Dynamische Speicherverwaltung in C++

Ergebnis von *new*. In vielen Beispielen wird die normalerweise notwendige Abfrage weggelassen. Das Verhalten bei Fehlern läßt sich auch umstellen. Eine Variante werden wir noch in diesem Kapitel besprechen, die andere Variante wird im Zusammenhang mit den Ausnahmen (exceptions) zu besprechen sein.

Beim Allokieren mit *new* kann man zusätzlich für einzelne Variablen eine Initialisierung in runden Klammern angeben. Die reservierte Variable wird dann gleichzeitig mit dem gewünschten Wert vorbesetzt (Zeile 16). In der Ausgabe des Programms finden wir den Wert wieder.

Die Arbeitsweise beim Reservieren von Feldern unterscheidet sich abhängig von den verwendeten Dimensionen. Der von *new* zurückgegebene Zeiger ist bei Feldern ein Zeiger auf ein Element, das eine Dimension weniger besitzt als das gewünschte Feld (Zeilen 17 und 18).

Beim Anlegen eines eindimensionalen Feldes erhalten wir somit einen Zeiger auf die Feldvariable, beim Anlegen eines zweidimensionalen Feldes einen Zeiger auf die erste Zeile und so weiter.

Es ist daher notwendig, daß die Zeiger, die das Ergebnis der Feldreservierung aufnehmen sollen, mit entsprechenden Datentypen definiert worden sind. Im Beispiel wird ein Zeiger auf eine Zeile des zweidimensionalen Feldes angelegt (Zeile 11).

Bei der Freigabe des reservierten Speichers mit *delete* geben wir nun den Zeiger an, der die freizugebende Adresse enthält (Zeilen 23 und 24). Bei Feldern gibt man mit einem eckigen Klammerpaar normalerweise auch an, daß es sich um ein Feld handelt.

Diese Feldangabe ist bei Basisdatentypen nicht zwingend vorgeschrieben. Sie erhöht aber die Lesbarkeit und sollte daher stets verwendet werden (Zeilen 25 und 26).

Bei früheren Sprachversionen war es notwendig, auch bei der Freigabe die Elementanzahl des Feldes anzugeben. Dies hat sich jedoch als sehr gefährlich herausgestellt, insbesondere wenn während der Programmentwicklung Änderungen der Feldgröße vorgenommen wurden. Man hat daher inzwischen auf die Angabe der Feldgröße verzichtet.

Auch für mehrdimensionale Felder wird bei der Rückgabe nur ein einfacher Satz aus eckigen Klammern angegeben.

Eine Initialisierung ist bei Feldern von Basistypen nicht vorgesehen.

5.3.2 Allokierung für Objekte

Die Speicherreservierung für Objekte entspricht weitestgehend der Bearbeitung von Basisdatentypen. Nur die enge Kopplung mit der Initialisierung wird zu Unterschieden in Details führen. Am einfachsten benutzen wir wieder das *ratio*-Beispiel.

```
01  // Klasse ratio
02  // Datei: ratio.h
03
04  class ratio
05  {
06  int zaehler;
07  int nenner;
08  public:
09  ratio();
10  ratio (int z, int n = 1);
11  ratio (const ratio &);
12  ~ratio();
13  ratio addiere (const ratio & op2);
14  ratio subtrahiere (const ratio & op2);
15  void print ();
16  };
17
```

Bild 5.3 Klasse ratio für Speicherverwaltung

Für den Test der Speicherverwaltung genügt eine Klasse mit wenigen Methoden. Wir benötigen einen Standard-Konstruktor sowie einen Wertkonstruktor und den Destruktor (Bild 5.3).

Die Implementierung greift wieder zu dem einfachen Mittel einer Textausgabe mit printf(), um die eigentliche Tätigkeit am Bildschirm sichtbar zu machen.

Unsere Klasse *ratio* wird in diesem Beispiel daher nur teilweise implementiert (Bild 5.4).

Im Testrahmen wollen wir dann wieder die drei möglichen Situationen durchspielen: das Anlegen eines Objektes mit Initialisierung und das Anlegen der beiden Feldarten: eindimensional und mehrdimensional.

Uninitialisierte Objekte können natürlich nur dann angelegt werden, wenn kein Konstruktor vorhanden ist.

Der Destruktor wird nur zur Anzeige benötigt. Er wird bei jedem *delete* automatisch mit aufgerufen. Erst danach wird der Speicherplatz wieder freigegeben.

5 Dynamische Speicherverwaltung in C++

```
01 // Implementierung zur Klasse ratio
02 // Datei: ratio.cpp
03
04 #include <stdio.h>
05 #include "ratio.h"
06
07 ratio::ratio()
08 {
09 zaehler = 0;
10 nenner = 1;
11 printf ("Standard-Konstruktor\n");
12 }
13
14 ratio::ratio (int z, int n)
15 {
16 zaehler = z;
17 nenner = n;
18 printf ("Wert-Konstruktor\n");
19 }
20
21 ratio::~ratio()
22 {
23 printf ("Destruktor\n");
24 }
25
```

Bild 5.4 Einfache Implementierung mit Anzeige

Im Testrahmen (Bild 5.5) legen wir zuerst drei Zeiger auf ein einzelnes Objekt, auf den Beginn eines eindimensionalen Feldes und auf die erste Zeile eines zweidimensionalen Feldes an.

Bei Anlegen eines Feldes muß für jedes Element der Standard-Konstruktor laufen. Es kann auch ein Wertkonstruktor mit vollständig vorbesetzter Schnittstelle sein. Andere Initialisierungsmöglichkeiten bestehen nicht.

Bei älteren Compilern konnte nur der Standard-Konstruktor verwendet werden.

Beim Freigeben muß der Destruktor ebenfalls für jedes Element gerufen werden. Daher werden im Beispiel für das eindimensionale Feld 10 Konstruktoren und Destruktoren laufen, für das zweidimensionale Feld jeweils 15.

Insbesondere bei älteren Compilern kann es zu Problemen mit mehrdimensionalen Feldern kommen. Im Zweifel überprüfen Sie einfach Ihren Compiler mit dem gezeigten Beispiel.

```
01 // Testrahmen für dyn. Allokierung
02 // Datei: mratio.cpp
03
04 #include <stdio.h>
05 #include "ratio.h"
06
07 int main ()
08 {
09   ratio * rp;
10   ratio * arp;
11   ratio (* a2rp)[5];
12
13   rp = new ratio (1,2);    // ein Objekt, initialisiert
14   printf ("Nach einem Objekt\n");
15   arp = new ratio [10];    // 10 Objekte, default init.
16   printf ("Nach dem eindimensionalen Feld\n");
17   a2rp = new ratio [3][5];// ein 2 dim. Feld anlegen
18   printf ("Nach dem 2 dimensionalen Feld\n");
19
20   delete rp;               // ein Objekt zurückgeben
21   printf ("Nach Löschen eines Objektes\n");
22   delete [] arp;           // ein Feld zurückgeben
23   printf ("Nach Löschen eines eindimensionalen Feldes\n");
24   delete [] a2rp;
25   printf ("Nach Löschen des zweidimensionalen Feldes\n");
26
27   return 0;
28 }
29
```

Bild 5.5 Testrahmen für die Speicherverwaltung

5.4 Anwendungen der Speicherverwaltung

Eines der Hauptprobleme der dynamischen Speicherverwaltung war die exakte Zuordnung einer Freigabe zu der Reservierung.

Für einen Teil der möglichen Anwendungsfelder bietet C++ hier eine Lösung. Einmal angenommen, wir könnten die Speicherverwaltung mit Konstruktoren und Destruktoren koppeln. Konstruktoren werden pro Objekt garantiert nur einmal aufgerufen und für Destruktoren gilt das gleiche.

Suchen wir uns ein einfaches Beispiel, das typische Anforderungen an eine Speicherverwaltung stellt. Editoren sind ein typischer Anwender der dynamischen Speicherverwaltung. Und im Editor ist die Textzeile ein gutes Beispiel.

5 Dynamische Speicherverwaltung in C++

```
01 // Textverwaltungs-Klasse
02 // Datei: text1.h
03
04 class text
05 {
06 int laenge;
07 char * cp;
08 public:
09 text ();
10 text (char * p);
11 text (const text & tr);
12 ~text();
13 void print();
14 };
15
```

Bild 5.6 Dynamische Speicherverwaltung

Die Klasse *text* soll eine Textzeile dynamisch verwalten (Bild 5.6). Dazu stellt sie als eigene Eigenschaften keinen Puffer zur Verfügung, sondern nur einen Verwaltungskopf. Die Eigenschaften sind also nur eine Längenangabe und ein Zeiger auf einen dynamisch anzulegenden Pufferbereich.

Die drei Konstruktoren behandeln das Anlegen des Speichers, und der unbedingt notwendige Destruktor wird beim Abbau von Objekten für die Rückgabe sorgen.

Mit der Verwendung der Speicherverwaltung handeln wir uns aber auch Beschränkungen ein, da die Dienstleistungen des Compilers, die wir bisher bei der Objektübergabe in der Schnittstelle von Methoden und bei der Zuweisung von Objekten kennengelernt haben, nicht mehr funktionieren. Daher müssen wir einen Kopierkonstruktor schreiben und können (momentan) keine Zuweisung zwischen Textobjekten durchführen.

Der Grund für die Beschränkung liegt in der Art und Weise wie der Compiler eine Strukturzuweisung durchführt. Die Compilervorgabe ist eine elementweise Zuweisung. Die Länge und der Zeiger würden also bei einer Zuweisung eins zu eins kopiert werden.

Das würde aber dazu führen, daß der Puffer, der zu dem Objekt gehört, dem zugewiesen wird, vergessen werden würde und stattdessen der Destruktor für zwei Objekte mit der gleichen Pufferadresse arbeiten würde. Die Folge wäre eine Zerstörung des Heaps.

Anwendungen der Speicherverwaltung

Die Zuweisung wird uns daher im Kapitel über die Überlagerung der Operatoren noch ausführlich beschäftigen.

```
01 // Textverwaltung 1
02 // Datei: text1.cpp
03 #include <iostream.h>
04 #include <stdlib.h>
05 #include <string.h>
06 #include "text1.h"
07
08 text::text()
09 {
10 laenge = 0, cp = NULL;        // NULL aus Informationsdateien
11 }
12 text::text (char * p_to_c)
13 {
14 laenge = strlen (p_to_c) +1;
15 cp = new char[laenge];
16 strcpy (cp,p_to_c);
17 }
18 text::text(const text & tr)
19 {
20 laenge = tr.laenge;
21 if (laenge >0)
22    {
23    cp = new char [laenge];
24    strcpy (cp,tr.cp);
25    }
26 else
27    cp = NULL;
28 }
29 text::~text()
30 {
31 delete [] cp;
32 }
33 void text::print()
34 {
35 if (cp != NULL)
36    cout << cp;
37 }
38
```

Bild 5.7 Implementierung der text-Klasse

In der Implementierung (Bild 5.7) sorgt der Standardkonstruktor für eine korrekte Vorbesetzung der Eigenschaften. Eine andere Möglichkeit der Initialisierung wäre, hier einen Zeiger auf einen leeren Text zu vereinbaren. Der Text würde dann nur aus dem schließenden "\0"-Zeichen bestehen.

89

5 Dynamische Speicherverwaltung in C++

Die jeweilige Festlegung eines leeren Objektes muß in allen anderen Methoden berücksichtigt werden. Schließlich sollen auch mit diesem Objekt alle Methoden aufrufbar sein.

Die Speicherplatzgröße wird im Wertkonstruktor dynamisch ermittelt. Dabei muß berücksichtigt werden, daß strlen() nur die Nettolänge ohne schließende "\0" angibt. Auf eine Fehlerprüfung bei *new* wurde hier verzichtet.

Der Kopierkonstruktor kann die notwendigen Werte aus dem Quellobjekt entnehmen. Trotzdem legt er natürlich für sein eigenes Objekt Speicher an.

Im Testrahmen (Bild 5.8) können wir nur die selbst definierten Operationen benutzen. Wie besprochen ist derzeit keine Zuweisung von Textobjekten möglich.

```
01 // Arbeiten mit Texten
02 // Datei: mtext1.cpp
03
04 #include <iostream.h>
05 #include "text1.h"
06
07 int main ()
08 {
09   text t1("Guten Morgen");
10   text t2 (t1);
11   t2.print();
12   return 0;
13 }
14
```

Bild 5.8 Mit dynamischer Speicherverwaltung

Solange es in einem Programmdesign gelingt, die Allokierung und die Freigabe von Speicherplatz in die Konstruktoren und Destruktoren von Klassen zu verlegen, ist durch die automatisch korrekte Ausführung durch den Compiler eine korrekte Speicherverwaltung gewährleistet. Eine ganze, sehr unangenehme Gattung von Fehlern könnte dann vermieden werden.

5.5 Fehlerbehandlungen bei *new*

Die Fehlerbehandlung im Zusammenhang mit der dynamischen Speicherverwaltung ist für das korrekte Arbeiten unerläßlich. Es gibt letzlich drei verschiedene Verfahren, um solche Fehler zu behandeln.

Fehlerbehandlungen bei *new*

Bei der ersten Methode liefert der Operator *new* die ungültige Adresse NULL zurück, wenn er keinen Speicherplatz mehr finden konnte. Der Programmierer wird nun genauso wie bei malloc() jede Verwendung von *new* als Betriebssystemaufruf werten müssen und deshalb jede Rückgabe überprüfen.

Das zweite Verfahren installiert eine zentrale Fehlerbehandlungs-Funktion, die dann gerufen wird, wenn eine *new*-Operation fehlschlägt. Diese Funktion kann entweder die Fehlersituation beheben oder das Programm abbrechen.

Die dritte Möglichkeit, die in Zukunft allgemein verwendet werden wird, arbeitet mit Fehlervariablen (exception). Diese Möglichkeit werden wir im Kapitel über die Ausnahmebehandlung besprechen. Sie setzt noch mehr Kenntnisse voraus als wir derzeit zusammengetragen haben.

Die heute installierte Compilerlandschaft ist noch nicht einheitlich. Es ist daher sicher empfehlenswert, sich im Compilerhandbuch zu informieren, welches Verfahren der Compiler standardmäßig vorgibt.

5.5.1 Rückgabe eines Fehlerstatus

Das Verfahren mit der Rückgabe einer ungültigen Adresse haben wir im ersten *new*-Beispiel dieses Kapitels schon kennengelernt. Nach jedem Aufruf prüfen wir die Rückgabe im Anwendungsprogramm und reagieren als Anwender auf den gemeldeten Fehler.

Die Anforderung von Speicherplatz wird dabei ebenso wie andere Betriebssystemauffrufe behandelt. Jede fehlende Abfrage stellt ein erhebliches Fehlerrisiko dar.

5.5.2 Installation einer zentralen Fehlerbehandlung

Das Verfahren, bei jeder Verwendung von *new* die Rückgabe zu testen, ist sehr aufwendig und bläht den Quellcode auf. Man hat daher ein anderes Verfahren konzipiert. Man kann für *new* eine allgemeingültige Fehlerbehandlungsfunktion schreiben, die dann aufgerufen wird, wenn eine *new*-Operation scheitert.

Diese Funktion kann entweder den Speichermangel beseitigen und zurückkehren oder das Programm beenden. Falls der Compiler dies bereits unterstützt, kann die Fehlerfunktion auch eine Fehlervariable des Typs *bad_alloc* auswerfen (siehe wieder das Kapitel zu Fehlerbehandlungen).

Bezüglich der Definition dieser Funktion gibt es Unterschiede bei den Compilern. In ARM (Annotated Reference Manual) und im Standard (April 95 draft) erhält die Funktion keine Parameter und gibt nichts zurück. Im Falle einer Rückkehr aus der Behandlungsfunktion wird der Code, der sich hinter

91

5 Dynamische Speicherverwaltung in C++

new verbirgt, erneut versuchen, Speicher zu allokieren. Die Speicheranforderung geschieht hier in einer Schleife, die nur bei Erfolg oder bei einem Programmabbruch im Handler verlassen werden kann.

```
01 // Setzen der Fehlerbehandlung bei new
02 // Datei: handler1.cpp
03
04 #include <stdio.h>
05 #include <stdlib.h>
06
07 // Typdefinition und Funktionsdeklaration
08 // in new.h enthalten:
09 typedef void (*_new_handler)();    // ARM/Borland/Draft
10 _new_handler set_new_handler(_new_handler);
11 int n = 1;                          // globaler Zähler
12
13 // Handlerdefinition
14 void mein_handler ()                // mein Handler
15 {
16         fprintf (stdout,
17         "\nKonnte %d doubles nicht anlegen\n",n);
18         exit(1);
19 }
20
21 // Testrahmen
22 int main ()
23 {
24 int i;
25 double * zeiger;
26 // Setze Handler und merke alte Einstellung
27 _new_handler old_poi = set_new_handler (mein_handler);
28 for (i=0;i < 20;i++)
29 {
30 if ((zeiger = new double[n]) != NULL)
31         {
32         delete zeiger;          // Platz freigeben
33         n = n +1000;            // gloabl mitzählen
34         printf ("Nächster Versuch: %d\n",n);
35         }
36 }
37
38 printf("\nHandler lief nicht.\n");
39 return 0;
40 }
41
42
```

Bild 5.9 Einsetzen der eigenen Fehlerbehandlung

Für einen Programmierer kann die Fehlerbehandlung innerhalb des Handlers nur ein Programmabbruch sein, da er normalerweise keinen Einfluß auf den Heap des Systems hat und somit auch keine Aufräumarbeiten auf dem Heap vornehmen kann.

Der Abbruch des Programmes bei Speichermangel scheint eine sehr harte Lösung zu sein. Sie entspricht allerdings dem normalen Abbruchverhalten für Prozesse unter Multitasking-Systemen.

Im Beispiel (Bild 5.9) sind zuerst die Typdefinition für die Handlerfunktion und deren Deklaration gezeigt. Beide Zeilen finden sich normalerweise in der Informationsdatei new.h.

Die eigene Handlerfunktion gibt in unserem Fall nur eine Meldung aus. Die Anzahl der angeforderten, aber nicht zugeteilten Variablen wird in der globalen Zählervariablen mitgeführt und im Handler ausgegeben. Danach bleibt uns nur der Programmabbruch.

Im Testrahmen definieren wir unter anderem einen Zeiger auf eine Handlerfunktion. Dabei erweist sich der vordefinierte Typ *_new_handler* als hilfreich.

Bei der Installation des eigenen Handlers erhält man die Adresse des bisherigen Handlers zurück. Man kann damit später die vorherige Situation wiederherstellen.

In einer Schleife wird nun versucht, immer mehr Speicher zu erhalten. Das Beispiel bricht nach einigen Durchläufen ab, um zu verhindern, daß bei einem großen Heap zuviel Speicherplatz angefordert wird. Viele Betriebssysteme können sehr große Mengen an Heap bereitstellen. Sollten Sie das Programm unter DOS im sogenannten small-Modell ausprobieren, ist so wenig Heap vorhanden, daß der Handler tatsächlich angesprungen wird.

5.5.3 Arbeiten mit Fehlervariablen (exceptions)

In Zukunft werden Fehler durch den Auswurf einer Fehlervariablen gemeldet. Dieses Verfahren wird dazu führen, daß immer alle Fehlermeldungen behandelt werden. Näheres finden Sie in einem eigenen Kapitel.

5.5.4 Umschalten der Fehlerbehandlung

Die Funktion set_new_handler() kann auch zur Einstellung des normalen Verhaltens von *new* benutzt werden. Wie gesehen kann man eine eigene Funktion einsetzen. Die Übergabe der ungültigen Adresse schaltet bei vielen Compilern das vorgegebene Verhalten wieder ein.

5.5.5 Überlagern von Operatoren

Im *text*-Beispiel sind wir an eine Stelle gekommen, an der einfache Grundoperationen wie die Zuweisung nicht mehr funktionieren. Wie wir auch im Bild 5.10 sehen können, führt eine versuchte Zuweisung von *text*-Objekten zu Speicherfehlern.

```
01 // Problem der Zuweisung
02 // Datei: zuweis1.cpp
03
04 #include <stdio.h>
05 #include "text1.h"
06
07 int main()
08 {
09 text T1("Hallo");
10 text T2("Guten Morgen");
11
12 T1=T2;            // Verlust des T1-Zeigers
13 T2.print();
14 // Beim Destruktor: zweimal Freigabe der gleichen Adresse
15 return 0;         // Fehlermeldung des Heaps
16 }
17
```

Bild 5.10 Compilerzuweisung mit Fehler

Um dieses Problem zu lösen, müßte man dem Compiler eine neue Bedeutung des Zuweisungsoperators geben können. Das ist das Ziel des folgenden Kapitels, das sich mit der Überlagerung von Operatoren beschäftigt und damit auch der Zuweisung eine neue Bedeutung geben wird.

6 Überlagerung von Methoden und Symbolen

Im Kapitel über die Klassen haben wir gesehen, daß man innerhalb einer Klasse mehrere Konstruktoren deklarieren kann. Man sagt, daß der Name des Konstruktors überlagert wurde. Ein Name einer Funktion oder einer Methode kann nun mehrfach innerhalb eines Gültigkeitsbereiches auftreten, wenn nur seine Signatur unterschiedlich ist. Zur Signatur haben mindestens die folgenden drei Bestandteile beigetragen: der eigentliche Name, der Name des Gültigkeitsbereiches und die kodierte Parameterschnittstelle ohne die Angabe des Rückgabetyps. (In manchen Implementationen werden auch der Rückgabetyp und die Stackbelastung mitcodiert.)

Mit dieser Information kann der Compiler innerhalb eines Gültigkeitsbereiches die gewünschte Methode anhand des Kontextes, also anhand der übergebenen Parameter finden.

6.1 Grundlagen der Operator-Überlagerung

Unser letztes Problem betraf jedoch nicht Methoden, sondern einen problematischen Zuweisungsoperator im Zusammenhang mit der *text*-Klasse.

Nachdem wir nun Funktionen überlagern können, wäre es nicht schön, auch die schon bekannten Symbole überlagern zu können? Die Methoden haben ja die Aufgaben der Operatorfunktionen aus C übernommen, und die Operatorfunktionen sind wie die Methoden der Ersatz im Bereich der privaten Datentypen für die vordefinierten Operatoren der Basisdatentypen. Was ein "+"-Zeichen für *int*, das ist die Methode addiere() für *ratio*.

Innerhalb des konventionellen Sprachteils sind auch die Operatoren bereits überlagert. Schließlich führt ein Multiplikationssysmbol zu unterschiedlichem Code, je nachdem, ob ganze Zahlen oder Fließkommazahlen multipliziert werden.

6 Überlagerung von Methoden und Symbolen

Eine der Voraussetzungen für eine solche Operator-Überlagerung haben wir bereits eingeführt: die Überlagerung für Funktionen. Es bleibt somit nur noch die Zuordnung von Symbolen zu Methoden sowie das Auflösungsverfahren für Ausdrücke des Compilers zu finden. Wie soll eine Formel mit Symbolen mit Hilfe des Aufrufs von Methoden abgearbeitet werden?

Die erste Grundlage, die Überlagerung, heißt bei den Operatoren der Basisdatentypen Kontextsensitivität. Das Zuweisungssymbol "=", das zwischen zwei *int*-Variablen steht, wird sicher zu einer anderen Aktion führen wie eine Zuweisung, die zwischen zwei *double*-Variablen steht. Die gewählte Aktion hängt somit in C nicht nur von einem Symbol ab, sondern immer auch von den Datentypen, auf das sich das Symbol bezieht. Man sagt, daß Operatoren in C kontextsensitiv sind (Bild 6.1).

```
01  // Intern überlagerter Operator
02  // Datei: zuweis2.cpp
03
04  int main()
05  {
06  int a,b;
07  char c,d;
08  float e,f;
09  float * dp1, * dp2;
10
11  a = b;          // int-Zuweisung
12  c = d;          // char-Zuweisung
13  e = f;          // float-Zuweisung
14  dp1 = & e, dp2 = & f;  // Adreß-Zuweisung
15
16  return 0;
17  }
18
```

Bild 6.1 Intern überlagerter Zuweisungsoperator

Andere Sprachen kennen auch eindeutige Operationssymbole oder mischen kontextsensitive und eindeutige Symbole. In Pascal verwendet die Multiplikation ein kontextsensitives Symbol, die Division wird aber mit zwei unterschiedlichen Symbolen ("div" und "/") gezielt ausgewählt.

6.2 Überlagerung von Operator-Symbolen

Neben der Überlagerung des Operatorsymbols müssen wir noch wissen, wie der Compiler Ausdrücke auflöst, um den Kontext zu finden, in dem ein Operatorsymbol steht. Der Compiler wird das Symbol suchen und danach die beiden Operanden untersuchen, die links und rechts des Symbols stehen. Findet er ein "+"-Zeichen zwischen zwei double-Variablen, wird er die entsprechende Aktion einleiten; würde er das "+"-Zeichen zwischen zwei Objekten der Klasse *ratio* finden, dann wäre er nicht in der Lage, die Verbindung zwischen dem Symbol und der gewünschten Methode addiere() zu finden.

```
01 // Grundlagen der Operatorüberlagerung
02 // Datei: opratio.h
03
04 #ifndef _OPRATIO_H
05 #define _OPRATIO_H
06
07 // Definition der Klasse
08 // Hinweis: keine Vorbesetzung bei überl. Operatoren
09 class ratio
10 {
11 public:                         // Anwenderbereich
12     ratio (int z, int n);       // Wert-Konstruktor
13     ratio ();                   // Default-Konstr.
14 ratio operator+(const ratio &op2);   // Methoden,
15 void weise_zu (int z, int n);
16 void drucke ();
17 private:                        // Spezialistenbereich
18 int zaehler;                    //Eigenschaft/data member
19 int nenner;                     // auch: Attribut
20 };
21 #endif
22
```

Bild 6.2 Überlagerung eines Operatorsymbols

Mit Hilfe eines neuen Schlüsselwortes können wir dem Compiler diese Zuordnung mitteilen. Dazu müssen wir nur den bisherigen Methodennamen addiere() in den Namen *operator*+() verändern. Die Kombination aus dem Schlüsselwort *operator* und dem zu überlagernden Zeichen, hier also dem "+"-Zeichen, ersetzt den bisherigen Namen addiere. Oder umgekehrt, der neue Methodenname wird aus dem Schlüsselwort *operator* und dem zu überlagernden Symbol gebildet.

6 Überlagerung von Methoden und Symbolen

In unserem *ratio*-Beispiel müssen wir dazu zuerst in der Klassendefinition den Methodennamen ändern (Bild 6.2).

Daß es sich tatsächlich nur um eine Namensänderung handelt, kann man einfach ausprobieren. Dazu muß man nur in den drei Dateien des *ratio*-Beispiels mit Hilfe der Suche&Ersetze-Funktion des Editors den bisherigen Funktionsnamen "addiere" suchen und durch *"operator+"* ersetzen. Da *operator* ein Schlüsselwort ist, darf man zwischen *operator* und dem "+"-Zeichen Leerzeichen weglassen oder einsetzen (Bild 6.3).

```
01 // Überlagerung von Methoden
02 // Datei: opratio.cpp
03
04 #include <stdio.h>
05 #include "opratio.h"
06
07 // Wert-Konstruktor
08 ratio::ratio (int z, int n)
09 {
10 zaehler = z;
11 nenner = n;
12 }
13 // Default-Konstruktor
14 ratio::ratio ().
15 {
16 zaehler = 0;
17 nenner = 1;
18 }
19 // Teil-Implementierung der Methoden
20 ratio ratio::operator+ (const ratio & op)
21 {
22 ratio hilf;
23 hilf.zaehler = op.zaehler*nenner+zaehler*op.nenner;
24 hilf.nenner = op.nenner * nenner;
25 return hilf;
26 }
27
28 void ratio::drucke ()
29 {
```

Bild 6.3 Impl. des überlagerten Operators

Nach dem Ersetzen mit dem Editor wird das Programm wie gewohnt arbeiten. Außerdem kann man auch sehen, daß der Compiler nach wie vor an den ersten, den linken Operanden bindet (Bild 6.4 / Zeile 11).

Überlagerung von Operator-Symbolen

Diese Bindung an den linken Operanden ist auch ein Teil der allgemeinen Auflösungsspielregeln für Ausdrücke.

```
01 // Überlagerung von Operatoren - Methode
02 // Datei: moprat1.cpp
03
04 #include "opratio.h"  // Mit Konstruktoren
05
06 // Testrahmen
07 int main ()
08 {
09   ratio RObj1(1,2), RObj2(1,4), RObj3;
10
11   RObj3 = RObj1.operator + (RObj2);
12   RObj3.drucke();
13   return 0;
14 }
15
```

Bild 6.4 Hauptprogramm nach Textersetzung

In einem zweiten Schritt kann man nun im Hauptprogramm zur gewohnten, mathematischen Schreibweise übergehen. Das Symbol "+" wird dann vom Compiler durch einen Aufruf der Methode *operator*+ ersetzt, der an das erste, das linke, Objekt gebunden wird (Bild 6.5).

```
01 // Überlagerung von Methoden - Symbolverwendung
02 // Datei: moprat2.cpp
03
04 #include "opratio.h"  // Mit Konstruktoren
05
06 // Testrahmen
07 int main ()
08 {
09   ratio RObj1(1,2), RObj2(1,4), RObj3;
10
11   RObj3 = RObj1 + RObj2;       // + im Kontext von ratio
12   RObj3.drucke();
13   return 0;
14 }
15
```

Bild 6.5 Hauptprogramm mit math. + Zeichen

99

Dieses zweite Anwendungsbeispiel entspricht daher exakt dem vorangegangenen Aufruf mit der Methode. Voraussetzung ist nur, daß das "+"-Symbol in einem *ratio*-Kontext vorkommt.

Eine Besonderheit gilt für die Überlagerungsmethoden: die Parameter dürfen nicht vorbesetzt werden.

6.3 Überlagerung der Zuweisung

In unserem *ratio*-Beispiel bräuchten wir die Zuweisung noch nicht selbst schreiben, da sie von der Voreinstellung des Compilers richtig bearbeitet wird Aber es gibt ja noch komplexere Klassen als *ratio*.

```
01  // Grundlagen des Klassenbegriffs - einf. Zuweisung
02  // Datei: opratz1.h
03
04  #ifndef _OPRAT1_H
05  #define _OPRAT1_H
06
07  // Definition der Klasse
08  class ratio
09  {
10  public:                              // Anwenderbereich
11      ratio ();                        // Default-Konstr.
12      ratio (int z, int n = 1);        // Wert-Konstruktor
13  void operator=(const ratio &r);      // einf. Zuweisung
14  ratio operator+(const ratio &op2);   // Methoden,
15  ratio subtrahiere (const ratio &op); // function member,
16  ratio dividiere (const ratio &op2);  // auch: Botschaft
17  ratio multipliziere (const ratio &op2);
18  void weise_zu (int z, int n);
19  void drucke ();
20  private:                             // Spezialistenbereich
21  int zaehler;                         //Eigenschaft/data member
22  int nenner;                          // auch: Attribut
23  };
24
25  #endif
26
```

Bild 6.6 Überlagerung des Zuweisungsoperators

Schreiben wir daher auch für *ratio* eine Zuweisung. Mit der Zuweisung und dem schon bekannten Kopierkonstruktor haben wir damit alle ansonsten automatisch bereit gestellten Methoden selbst in die Hand genommen. Weitere Automatiken gibt es nicht.

```
01 // Die Methoden
02 // Datei: opratm1.cpp
03
04 #include <stdio.h>
05 #include "oprat1.h"
06
07 // Wert-Konstruktor
08 ratio::ratio (int z, int n)
09 {
10 zaehler = z;
11 nenner = n;
12 }
13 // Default-Konstruktor
14 ratio::ratio ()
15 {
16 zaehler = 0;
17 nenner = 1;
18 }
19 // vereinfachte Zuweisung
20 void ratio::operator=(const ratio &r)
21 {
22 zaehler = r.zaehler;    // Zaehler und Nenner des
23 nenner  = r.nenner;     // eigenen (linken) Objekts
24 }                       // setzen
25
26 // Teil-Implementierung der Methoden
27 ratio ratio::operator+ (const ratio & op)
28 {
29 ratio hilf;
30 hilf.zaehler = op.zaehler*nenner+zaehler*op.nenner;
31 hilf.nenner = op.nenner * nenner;
32 return hilf;
33 }
34 void ratio::drucke ()
35 {
36 printf ("%d/%d",zaehler, nenner);
37 }
38
```

Bild 6.7 Implementierung einer Zuweisung

6 Überlagerung von Methoden und Symbolen

Die Zuweisung in C unterscheidet sich von anderen Sprachen. In manchen Sprachen stellt die Zuweisung eine eigene Form einer Anweisung dar. In C ist eine Zuweisung schlicht und einfach eine mathematische Operation.

Im Gegensatz zur Addition und Subtraktion wird bei der Zuweisung das gebundene Objekt verändert.

Schreiben wir die Zuweisung zuerst in ihrer einfachsten Variante, die noch nicht allgemein gültig ist. In der Implementierung soll die bisher automatisch vom Compiler gelieferte Zuweisung (des Additionsergebnisses an das Ergebnisobjekt) nun selbst geschrieben werden (Bild 6.7).

Dazu deklariert man in der Klassendefinition (Bild 6.6) eine neue Methode, die den Operator "=" überlagert. Beim Aufruf bindet der Compiler die Methode an den ersten, links stehenden, Operanden, also an das Objekt, das verändert werden soll. Als übergebener Parameter bleibt somit der zweite Operand, der nur gelesen wird. Daher eignet sich zur Übergabe eine Referenz auf ein konstantes Objekt.

Die Frage bleibt nach der Rückgabe. Probieren wir es einmal ohne. Mit dieser Zuweisung kann man das bisherige Hauptprogramm problemlos übersetzen und ablaufen lassen. Geht man mit der Einzelschrittschaltung durchs Programm (Bild 6.8), sieht man sehr schön, wie nun die Compilerautomatik durch die eigene Zuweisung ersetzt wurde. Letzlich macht die eigene Zuweisung genau das, was auch der Compiler für uns machen würde.

```
01 // Überlagerung von Methoden - Zuweisung
02 // Datei: mopratz.cpp
03
04 #include "oprat1.h"   // Mit Konstruktoren
05
06 // Testrahmen
07 int main ()
08 {
09   ratio RObj1(1,2), RObj2(1,4), RObj3;
10
11   RObj3 = RObj1 + RObj2;    // + und = für ratio
12   RObj3.drucke();
13   return 0;
14 }
15
```

Bild 6.8 Hauptprogramm mit Zuweisung

Das Hauptprogramm bleibt erst einmal unverändert.

Werfen wir noch einen Blick auf die Auflösungsregeln für Ausdrücke, um danach eine verbesserte Version der Zuweisung zu schreiben. Ausdrücke werden gemäß der Klammerung, der Priorität der Operatoren und der Abarbeitungsrichtung der Operatoren aufgelöst.

Die Priorität ergibt sich aus der internen Festlegung der Hierarchie der Operatoren. Letzlich wissen wir alle, daß Punkt vor Strich gilt, Multiplikation kommt vor Addition. Spezielle Reihenfolgen wird man sowieso mit Klammern festlegen. Kaum ein Programmierer wird die Vielfalt der Hierarchieebenen wirklich kennen.

Die Abarbeitungsrichtung ist für die meisten Operatoren von links nach rechts. Hat man eine Additionskette vor sich, dann beginnt man mit der Addition der ersten beiden Operanden und addiert dann das jeweilige Ergebnis zum rechts nachfolgenden dazu.

Zuweisungen und unäre Operatoren (unär=mit einem Operanden) besitzen eine Abarbeitungsrichtung von rechts nach links. Man sagt auch, daß sie linksassoziativ sind. Bei einer Zuweisung wird zuerst die rechte Seite berechnet und danach an den linken Operanden zugewiesen. Auch Zuweisungen können in C in Ketten auftauchen.

Ganz stimmt daher unsere eigene Zuweisung noch nicht. Die Kettenbildung setzt voraus, daß die erste Addition in einer Kette ein Ergebnis liefert, um der nachfolgenden Zuweisung einen Operanden zu geben.

Wir müssen daher unsere Zuweisung überarbeiten. Eine Zuweisung muß ein Objekt zurückliefern. Ein Vorteil bei der Zuweisung ist, daß sie nur mit Objekten arbeitet, die außerhalb ihres eigenen Funktionsblockes definiert sind. Daher kann die Rückgabe des Objektes mit Hilfe der Referenz erfolgen.

In einer Zuweisung arbeiten wir mit zwei Objekten. Welches wir zurückgeben, ist im Grunde nebensächlich. Überlicherweise liefert man das Objekt zurück, an das man gebunden ist.

Als Rückgabetyp benutzt man zumeist eine Referenz auf ein *ratio*-Objekt. Wurde der zweite Operand als Referenz auf ein konstantes Objekt übergeben, dann wird das gebundene Objekt als Ergebnis zurückgeliefert. Die Konstantheit des Parameters darf nicht ohne explizite Typkonvertierung verloren gehen.

Fassen wir einmal unser bisheriges Wissen über Klassen und die Unterstützung durch den Compiler zusammen und sehen uns in einem etwas größeren Zusammenhang die Zuweisung noch einmal an.

6.4 Die fünf Funktionalitäten

Zusammen mit der geänderten Zuweisung können wir nun auch die hauptsächlich verwendete Grundausstattung einer Klasse vorstellen. Für jede Klasse, sofern nicht spezielle Überlegungen dagegenstehen, sollten fünf Funktionalitäten bereitgestellt werden. Dies sind die drei Konstruktorarten, ein Destruktor und ein überlagerter Zuweisungsoperator.

```
01 // Grundlagen des Klassenbegriffs - einf. Zuweisung
02 // Datei: opratz1.h
03
04 #ifndef _OPRAT2_H
05 #define _OPRAT2_H
06
07 // Definition der Klasse
08 class ratio
09 {
10 public:                            // Anwenderbereich
11     ratio ();                      // Default-Konstr.
12     ratio (int z, int n = 1);      // Wert-Konstruktor
13     ratio (const ratio & r);       // Kopier-Konstruktor
14     ~ratio ();                     // Destruktor
15 const ratio & operator=(const ratio &r); //Zuweisung
16 ratio operator+(const ratio &op2);     // Methoden,
17 ratio subtrahiere (const ratio &op); // function member,
18 ratio dividiere (const ratio &op2); // auch: Botschaft
19 ratio multipliziere (const ratio &op2);
20 void weise_zu (int z, int n);
21 void drucke ();
22 private:                           // Spezialistenbereich
23     int zaehler;                   //Eigenschaft/data member
24     int nenner;                    // auch: Attribut
25 };
26
27 #endif
28
```

Bild 6.9 Die fünf Funktionalitäten-Deklaration

Um deutlich zu machen, daß es nicht unbedingt fünf Methoden sein müssen, spricht man von Funktionalitäten. Schließlich kann man Standardkonstruktor und Wertkonstruktor zusammenfassen.

Die drei Konstruktoren haben wir in den vorhergegangenen Kapiteln kennengelernt, ebenso wie den Destruktor. Neu ist die Aufnahme der Zuweisung. Sie nimmt in C++ eine gewisse Sonderstellung ein, die speziell bei der Vererbung von Klassen noch besprochen wird. Allgemein kann man sich aber anhand eines Beispiels schnell davon überzeugen, daß in allen Fällen, die nicht so einfach wie *ratio* sind, eine Zuweisung unbedingt notwendig ist. Denken Sie nur an die Klasse *text*, die im Beispiel zur dynamischen Verwaltung von Speicherplatz gezeigt wurde.

Im Bild 6.9 wird der Rückgabetyp der Zuweisung als Referenz auf ein konstantes *ratio*-Objekt definiert, um auch diese Möglichkeit zu zeigen.

```
01 // Die fünf Funktionalitäten - mit Zuweisung
02 // Datei: opratk.cpp
03 #include <stdio.h>
04 #include "oprat2.h"
05
06 // ----- Die fünf Standard - Funktionalitäten -----
07 ratio::ratio (int z, int n)  // Wert-Konstruktor
08 {
09   zaehler = z;
10   nenner = n;
11 }
12 ratio::ratio ()              // Default-Konstruktor
13 {
14   zaehler = 0;
15   nenner = 1;
16 }
17 ratio::ratio (const ratio & r) // Kopierkonstruktor
18 {
19   zaehler = r.zaehler;
20   nenner  = r.nenner;
21 }
22 ratio::~ratio()              // Destruktor
23 {
24 }
25 const ratio & ratio::operator=(const ratio &r)
26 {
27   zaehler = r.zaehler;
28   nenner  = r.nenner;
29   return *this;
30 }
31 // ----- Ende der fünf Standard-Funktionalitäten -----
32
```

Bild 6.10 Die fünf Funktionalitäten - Definition

105

Bei der Implementierung der Rückgabe stellt sich das Problem, wie man sich auf das Objekt bezieht, an das man gebunden ist. Die Lösung ist einfach.

In jeder Methode steht uns ein Zeiger auf das gebundene Objekt zur Verfügung. Somit genügt eine Dereferenzierung mit einem "*", um zum eigenen Objekt zu gelangen (Bild 6.10 / Zeile 29).

Im Hauptprogramm (Bild 6.11) kann man nun guten Gewissens eine Kettenzuweisung schreiben. Eine selbst geschriebene Zuweisung für *text* vorausgesetzt, könnte ein ähnliches Hauptprogramm auch für eine Verwendung mit *text*-Objekten geschrieben werden.

Mit der Zuweisung haben wir die Normalform einer Klasse vollständig beschrieben. Im Zweifel sollten Sie immer alle fünf Funktionalitäten programmieren, um für alle Eventualitäten gerüstet zu sein. Übrigens sind durch eigene Methoden keine Laufzeiteinbußen zu befürchten. Auch der Compiler muß seine automatischen Hilfestellungen schließlich in Code ausdrücken.

```
01  // Überlagerung von Methoden - Zuweisung
02  // Datei: mopratz.cpp
03
04  #include "oprat2.h"   // Mit Konstruktoren
05
06  // Testrahmen
07  int main ()
08  {
09    ratio RObj1(1,2), RObj2(1,4), RObj3, RObj4;
10
11    RObj4 = RObj3 = RObj1 + RObj2;   // + und = für ratio
12    RObj3.drucke();
13    return 0;
14  }
15
```

Bild 6.11 Hauptprogramm mit Kettenzuweisung

6.5 Überlagerung und Typkonvertierung

In einem Hauptprogramm, das sich mit einer Berechnung befaßt, die sowohl *ratio*-Zahlen als auch *int*-Zahlen enthält, könnten nun auf beiden Seiten einer Addition auch Operanden unterschiedlichen Typs auftauchen.

Betrachten wir drei klassische Fälle im Bild 6.12 und überprüfen, inwieweit die betrachteten Fälle mit den bisher bekannten Mitteln der Überlagerung zu lösen sind.

```
01  // Typkonvertierung und Konstruktoren
02  // Datei: typkon1.cpp
03  #include "ratfre1.h"
04
05  int main ()
06  {
07   ratio A (1,2), B (1,4), C;
08   C = A + B;        // ratio-Addition, Fall A
09   C = A + 5;        // ratio und int (konvertiert), Fall B
10   C = 5 + A;        // eigentlich int Addition, Fall C
11   return 0;
12  }
13
```

Bild 6.12 Überlagerung und Typkonvertierung

Konstruktoren haben neben ihrer Eigenschaft vorhandene, neue Objekte zu initialisieren, auch die Fähigkeit, eine Typwandlung vorzunehmen und selbst ein anonymes Hilfsobjekt zu erzeugen. Die Eingangsgrößen sind dabei die Parameter, die Ausgangsgröße ist das anonyme Objekt. Ein anonymes Objekt wird immer dann angelegt, wenn der Konstruktor ohne eine Bindung an ein Objekt gerufen wird (Fall B).

Mit Hilfe der einzelnen *int*-Zahl wird also ein dynamisches Hilfsobjekt der Klasse *ratio* initialisiert. Dieses Hilfsobjekt wird in der Addition verwendet und nach der Addition ebenfalls automatisch wieder entfernt.

Voraussetzung dabei ist nur, daß wir einen Wertkonstruktor besitzen, der mit einem Parameter gerufen werden kann.

Konstruktoren können die Typkonvertierungseigenschaft auch verlieren, falls sie in der Klasse mit dem Attribut *explicit* deklariert wurden. Konstruktoren, die so deklariert wurden, dürfen ausschließlich beim Initialisieren von Objekten verwendet werden, die der Anwender definiert.

Der Compiler wird immer versuchen, an den ersten Operanden zu binden. Daher ist es eindeutig, daß es sich um eine *ratio*-Addition handeln muß.

Die Typkonvertierung würde daher automatisch geschehen. Unser Ausdruck *ratio + int* ist somit mit den bisherigen Mitteln übersetzbar. Der Preis, den wir für diese Lösung zahlen, ist allerdings die Laufzeit. Im allgemeinen Fall muß ein Hilfsobjekt angelegt, initialisiert und wieder entfernt werden. Dazu sind neben der normalen Verwaltungstätigkeit zwei Methodenaufrufe für den Konstruktor und den Destruktor notwendig.

Den Laufzeitverlust könnten wir durch eine Überlagerung der Addition auffangen. Eine zweite Additionsmethode mit einem *int*-Parameter könnte die Typkonvertierung ersparen.

Was passiert, wenn wir die nächste Zeile betrachten, die eine *int*-Zahl als ersten Operanden besitzt (Fall C)? Hier kann uns keine Typkonvertierung helfen, da es sich um eine *int*-Addition handelt. Für solche Fälle kennt C++ aber noch eine zweite Auflösung von Formeln mit befreundeten Funktionen.

6.6 Klassen und Freunde

Die Addition einer ganzen Zahl mit einem *ratio*-Objekt könnten wir noch auf eine andere Art erreichen. Bisher binden wir an den ersten Operanden und übergeben den zweiten als Parameter. Falls man nun auf die Bindung verzichtet und beide Operanden als Parameter übergibt, hätte man anstelle einer Methode eine Funktion benutzt.

Diese Funktion müßte aber nun auf die Interna des übergebenen *ratio*-Objektes zugreifen können, um die Addition durchzuführen. Unsere Funktion müßte also der Klasse bekannt sein.

```
01 // Klasse mit befreundeter Funktion
02 // Datei: ratfre1.h
03
04 class ratio
05 {
06 public:
07 ratio (int z = 0, int n = 1);
08 ratio operator+ (const ratio &);      // Fall A
09 ratio operator+(int);                  // Fall B
10 friend ratio operator+ (int, const ratio &); // Fall C
11 private:
12 int zaehler;
13 int nenner;
14 };
```

Bild 6.13 Mehrfach überlagerte Addition

Die Lizenz zum Zugriff auf den privaten Teil einer Klasse wird durch die Deklaration in der Klasse erreicht. Unsere Funktion muß nun in der Klasse deklariert werden, aber auch als Funktion erkenntlich gemacht werden. Dies geschieht mit dem Schlüsselwort *friend* (Bild 6.13).

Das Schlüsselwort *friend* wird nur in der Deklaration der Funktion innerhalb der Klassendefinition vorangestellt. Zusammen mit der überlagerten Additionsmethode und der befreundeten Additionsfunktion sind es nun drei unterschiedliche Funktionen, die unsere drei Verwendungen im Hauptprogramm abdecken.

```
01 // Klasse mit befreundeter Funktion
02 // Datei: ratfre1.cpp
03
04 #include "ratfre1.h"
05
06 ratio::ratio( int z, int n)
07 {
08 zaehler = z;
09 nenner = n;
10 }
11
12 ratio ratio::operator+(const ratio & rr)
13 {
14 ratio hilf ;
15 hilf.zaehler = zaehler*rr.nenner + rr.zaehler*nenner;
16 hilf.nenner = nenner*rr.nenner;
17 return hilf;
18 }
19 ratio ratio::operator+ (int i)
20 {
21 ratio hilf;
22 hilf.zaehler = zaehler*1 + i*nenner;
23 hilf.nenner = nenner*1;
24 return hilf;
25 }
26 ratio operator+ (int i, const ratio & rr) // befreund. Fu.
27 {
28 ratio hilf;
29 hilf.zaehler = rr.zaehler*1 + i*rr.nenner;
30 hilf.nenner = rr.nenner*1;
31 return hilf;
32 }
33
```

Bild 6.14 Definition der befreundeten Funktion

6 Überlagerung von Methoden und Symbolen

Der Fall C war laut Syntax bisher eine *int*-Addition, da der linke Operand den Typ bestimmte. Mit der Möglichkeit, die uns die befreundeten Funktionen bieten, erreichen wir eine Addition mit einem *ratio*-Ergebnis. Diese Wandlung sollte uns zumindest bewußt sein, wenn wir spezielle Funktionen schreiben.

Allgemein können als Freunde einer Klasse einzelne Funktionen, einzelne Methoden einer anderen Klasse oder vollständige andere Klassen deklariert werden.

Sollte eine Methode einer Klasse ein Objekt einer anderen Klasse als Parameter erhalten und auch auf die Interna dieses Objektes zugreifen müssen, dann kann sie in der Klasse des übergebenen Objektes als *friend* eingetragen werden. Hier würde dann die Bereichsangabe zusätzlich vor dem Methodennamen stehen.

Damit kann man auch Klassen definieren, die wechselseitig auf Objekte zugreifen können.

Gibt man hinter dem Schlüsselwort *friend* den Namen einer (bekannten) Klasse an, dann gilt die Lizenz zum Zugriff für alle Methoden dieser Klasse.

In unserem Fall könnte man noch eine weitere Vereinfachung vornehmen. Die drei Additionsfunktionen könnten durch eine einzige, befreundete Funktion mit zwei *ratio*-Operanden ersetzt werden (Bild 6.15).

```
01 // Klasse mit befreundeter Funktion
02 // Datei: ratfre2.h
03
04 class ratio
05 {
06 public:
07 ratio (int z = 0, int n = 1);
08 friend ratio operator+ (const ratio &, const ratio &);
09 private:
10 int zaehler;
11 int nenner;
12 };
```

Bild 6.15 Verallgemeinerte Additionsfunktion

Diese Lösung erwartet stets zwei Parameter im Gegensatz zu den Methoden. Beim Aufruf wird jeder einzelne Parameter geprüft, ob er vom Typ *ratio* ist, oder ob eine implizite Typkonvertierung möglich ist. In jedem unserer drei Fälle ist dies gegeben. In vielen Klassen finden Sie daher für mathematische Operationen generell keine Methoden sondern nur befreundete Funktionen.

Die Bedeutungsänderung des Falles C von einer *int*-Addition zu einer *ratio*-Addition wird dabei automatisch vorgenommen.

So einfach, allgemein und elegant diese Lösung aussieht, so hat sie doch wieder einen schweren Nachteil für den Fall, daß beim Aufruf eine Typkonvertierung notwendig wird. Der Compiler wird dann wieder ein Hilfsobjekt aufbauen, initialisieren und später wieder mit dem Destruktor abbauen. Dies bedeutet wieder Laufzeitverluste (Bild 6.16).

Manchem Leser, der eher aus dem Großrechner- oder Workstationbereich kommt, mag die Diskussion um Laufzeit überraschen. Trotzdem ist diese Diskussion notwendig und sinnvoll. Zum einen gibt es viele Programmierer im industriellen Bereich, die sich mit Aufgaben für Messen, Steuern und Regeln beschäftigen. Hier kann es zu erheblichen Randbedingungen kommen. Der Speicherplatz ist meist begrenzt und die Reaktionsgeschwindigkeit vorgegeben. Noch gibt es kaum C++-Compiler, die hier eingesetzt werden. Mit der fortschreitenden Entwicklung werden aber auch hier die Compiler zur Verfügung stehen.

```
01 // Klasse mit befreundeter Funktion
02 // Datei: ratfre1.cpp
03
04 #include "ratfre2.h"
05
06 ratio::ratio( int z, int n )
07 {
08    zaehler = z;
09    nenner = n;
10 }
11
12 ratio operator+(const ratio & r1, const ratio & r2)
13 {
14    ratio hilf ;
15    hilf.zaehler = r1.zaehler*r2.nenner + r2.zaehler*r1.nenner;
16    hilf.nenner = r1.nenner*r2.nenner;
17    return hilf;
18 }
19
```

Bild 6.16 Allgemeine, befreundete Funktion

Zum Testen der allgemeinen Operatorfunktion kann wieder das ursprüngliche Hauptprogramm im Bild 6.12 dienen.

6.7 Grenzen und besondere Überlagerungen

Die Überlagerung von Symbolen erlaubt eine wesentlich vereinfachte Schreibweise für Standardfälle oder intelligente Variationen von bekannten Elementen, wie z.B. Zeiger.

Die Überlagerung von Operatoren kann nur für bestehende Operatoren durchgeführt werden. Es ist also nicht möglich, sich selbst eigene Operatorsymbole auszudenken.

Aus technischer Sicht bleibt der bisherige Parser im Compiler bestehen und erhält nur eine erweiterte Suchmöglichkeit. Alle Operatoren behalten daher ihre Priorität, ihre Anzahl der Operanden und ihre Bearbeitungsrichtung bei.

Die meisten unären und binären Operatoren sind überlagerbar.

Nicht überlagerbar sind: ".", ".*", "::", *sizeof* und "?:". Das sind die Operatoren für direkten Strukturzugriff, der Struktur-Offset-Zugriff (Zeiger auf Element), der Bereichsoperator, die Größenberechnung und der bedingte Ausdruck. Nicht zu überlagern sind auch die beiden Präprozessoroperatoren # und ##.

Überlagerbar sind alle anderen Operatoren, einschließlich so wichtiger Operatoren wie *new*, *delete*, Feldzugriff [], Funktionsaufruf () oder Zeigerzugriff mit "-" und "-*". Die Überlagermöglichkeit gilt auch getrennt für unäre und binäre Operatoren wie +,-,* und &.

Werden mehrere Methoden oder Funktionen geschrieben, die überlagert werden, müssen sie sich in der Parameterschnittstelle unterscheiden. Ein Unterschied im Rückgabetyp allein genügt nicht.

Wir werden in einem folgenden Kapitel die Möglichkeiten des eigenen Gültigkeitsbereiches einer Klasse diskutieren. Dort werden wird *static*-Methoden begegnen. Dies sind Funktionen, die einer Klasse und nicht Objekten zugeordnet sind. Die Überlagerung solcher *static*-Funktionen ist nicht möglich.

Vorsicht beim Überlagern ist auch geboten, wenn sich Parameter nur durch unterschiedliche Typen unterscheiden, die mit Hilfe von *typedef* angelegt wurden. Hier gilt natürlich beim Vergleich der zugrundeliegende Basistyp, nicht der mit *typedef* neu definierte.

6.8 Spezielle Probleme bei überlagerten Operatoren

Einige Operator-Überlagerungen benötigen spezielle Aufmerksamkeit. Ihre jeweiligen Eigenarten sollen in den folgenden Abschnitten betrachtet werden.

6.8.1 Funktionsaufruf

Bei einem Funktionsaufruf bilden die beiden Klammern zusammen einen Operator. Bei Feldzugriffen kennen wir eine ähnliche Situation. Auch dort bildet ein Paar von Zeichen, die beiden eckigen Klammern, zusammen einen Operator.

Die Funktionsklammern können mit Hilfe einer Überlagerung für eine Klasse neu definiert werden. Innerhalb der Klammern kann wie gewohnt eine Liste von Parametern stehen, die auch eine Vorbesetzung tragen können.

Ob eine Rückgabe des Operators sinnvoll ist, muß abhängig von der Klasse entschieden werden.

```
01 // Überlagerung des Funtionsaufrufes
02 // Datei: opfunk1.cpp
03 #include <iostream.h>
04
05 class ratio
06 {
07 int zaehler, nenner;
08 public:
09 ratio (int z=0,int n=1) {zaehler=z,nenner=n;}
10 void operator() (int z, int n);     // Überlagerung
11 void print() {cout << zaehler<<"/"<<nenner;}
12 };
13
14 void ratio::operator() (int z, int n)
15 {
16 zaehler = z, nenner = n;
17 }
18 int main ()
19 {
20 ratio A(1,2);          // Konstruktor
21 A.operator()(4,3);     // expliziter Aufruf
22 A(4,3);                // impliziter Aufruf
23 A.print();
24 return 0;
25 }
26
27
```

Bild 6.17 Überlagerung des Funktionsaufrufes

In der print()-Methode, die hier als Makro geschrieben wurde, wird hier die C++-Ausgabe verwendet, wie wir sie eingangs in einem Beispiel schon gesehen haben. Die detaillierte Besprechung folgt noch.

Inweweit die Möglichkeit der Überlagerung in einem tatsächlichen Programm genutzt werden sollte, mag dahin gestellt bleiben. Für manchen Anwender erschwert sich die Lesbarkeit des Codes, wenn so grundlegende Operatoren einen klassenabhängigen Sinn bekommen.

Beachten Sie, daß, wie erwähnt, bei der Überlagerung von Operatoren die Parameter keine Vorbesetzungen erhalten dürfen.

6.8.2 Intelligente Zeiger

Durch die Überlagerung des indirekten Strukturzugriffs (auch Struktur-Element-Auswahl-Operator genannt) kann man den Begriff des intelligenten Zeigers aufbauen.

Ein intelligenter Zeiger ist ein Objekt, das einen Zeiger auf ein anderes Objekt beinhaltet. Bei jedem Zugriff mit Hilfe des Dereferenzierungs-Operators soll nun der Zeiger aus dem verwendeten Objekt geholt und für den späteren Zugriff zurückgeliefert werden. Dabei ist natürlich die überlagerte Methode aufzurufen. Innerhalb dieser Methode können nun neben der Zeigerrückgabe beliebige Tätigkeiten erfolgen. Dazu kann eine Bereichsprüfung genauso gehören wie ein Plattenzugriff oder was immer das Design erfordert.

Im Beispiel (Bild 6.18) wurden zwei Klassen definiert. Die eine Klasse ist sozusagen die eigentliche Zielklasse (ding), mit der die Bearbeitung stattfinden soll. Die zweite Klasse (zeiger) realisiert einen intelligenten Zeiger, der auf ein Objekt der ersten Klasse verweist.

Die Zeigerklasse überlagert den Dereferenzierungsoperator. Die Methode zur Überlagerung darf keinen Parameter erhalten und keine der bisher stets besprochenen Methoden für Objekte sein. (Hinweis auf das Kapitel über den Gültigkeitsbereich von Klassen: Klassenmethoden sind nicht erlaubt.)

Wird nun im Hauptprogramm der Operator "->" auf ein Zeigerobjekt angewendet, wird zuerst die überlagerte Methode der Klasse *zeiger* gerufen. Sie führt alle notwendigen Arbeiten durch, wie Bereichsprüfung und ähnliches, und liefert am Schluß einen Zeiger auf das gewünschte Zielobjekt zurück. Jetzt kann die zweite Methode der Zielklasse aufgerufen werden.

Jeder Methodenaufruf mit intelligenten Zeigern wird daher letztlich zwei Methoden starten, die Zeigergewinnung und den eigentlichen Methodenaufruf.

```
01 // Intelligente Zeiger
02 // Datei: opzeig1.cpp
03
04 #include <iostream.h>
05
06 class ding              // allgemeine Klasse
07 {
08 int eigenschaft;
09 public:
10 void methode(int x) {eigenschaft = x;}
11 void print() { cout<< "\n"<< eigenschaft<< "\n"; }
12 };
13 class zeiger      // Realisierung des intelligenten Zeigers
14 {
15 ding * dp;             // Zeiger auf Bezugsklasse
16 public:
17 zeiger (ding *p) { dp = p;}          // Bezug setzen
18 ding * operator->() { return dp; } // Überlagerung von ->
19 };
20
21 int main ()
22 {
23 ding d1;
24 zeiger z1 (&d1);        // setze festen Bezug
25 z1->methode(4);         // zuerst -> für z1,
26 z1->print();            // danach erst methode(), print()
27 return 0;
28 }
```

Bild 6.18 Intelligente Zeigerobjekte

6.8.3 Feldzugriff

Ein weiterer Spezialfall ist der Feldzugriff. Der überlagerte Operator ist hier das Paar aus zwei eckigen Klammern. Dieser Operator erhält genau einen Parameter (Bild 6.19).

Sehen wir uns dazu das *text*-Beispiel an. Dieser Klasse wollen wir hier einen speziellen Index-Operator geben.

Der Index-Operator der Klasse *text* soll ein Zeichen aus einem gespeicherten Text zurückliefern oder ein Zeichen im gespeicherten Text modifizieren können. Dazu muß das Ergebnis des Index-Operators auf beiden Seiten einer Zuweisung stehen können. Daher wird eine Referenz auf eine *char*-Variable zurückgegeben. Einer Referenz darf man etwas zuweisen und eine Referenz kann auch auslesen (Bild 6.20).

6 Überlagerung von Methoden und Symbolen

```
01 // Textverwaltungs-Klasse
02 // Datei: text2.h
03
04 #include <iostream.h>
05 #include <stdlib.h>
06
07 class text
08 {
09    int laenge;                   // Verwaltungskopf
10    char * cp;
11 public:
12    text (char * p = "");         // Konstruktoren
13    text (const text & tr);
14    ~text();
15    char & operator[](int i);     // Überlagerung von []
16    void print();
17 };
18
```

Bild 6.19 Überlagerung des Index-Operators

Der selbstdefinierte Index-Operator kann nun beliebige Aufgaben zusätzlich wahrnehmen. Insbesondere kann er eine Überschreitung der Indexgrenzen erkennen und abfangen.

Bei C und C++ wurde die Prüfung der Indexgrenzen zur Laufzeit aus Geschwindigkeitsüberlegungen heraus nicht mit in die grundlegende Funktionalität der Operatoren aufgenommen. Auf Wunsch kann der Programmierer nun diese Prüfung selbst implementieren.

Probieren wir den überlagerten Operator im Testrahmen aus (Bild 6.21).

Ein Wort könnte noch für die Zeile 14 angebracht sein. Hier geschieht die Zuweisung eines Zeichens an das Ergebnis des Index-Operators, der auf das Objekt t2 angewendet wird.

Im Objekt t2 wird ein Puffer am Heap verwaltet, der aus einem Feld einzelner *char*-Variablen besteht. Der Operator liefert nun eine Referenz auf eine Variable des Feldes zurück. Und damit kann man der referenzierten Variablen den neuen Wert zuweisen.

Das Ergebnis sieht man am Bildschirm sofort: Aus "Text" ist ein "Test" geworden.

Spezielle Probleme bei überlagerten Operatoren

```
01 // Überlagerung des Index-Operators
02 // Datei: text2.cpp
03
04 #include <string.h>
05 #include "text2.h"
06
07 text::text (char * c)           // Wertkonstruktor
08 {
09 laenge = strlen (c) +1;
10 cp = new char[laenge];
11 strcpy (cp,c);
12 }
13 text::text(const text & tr)     // Kopierkonstruktor
14 {
15 laenge = tr.laenge;
16 if (laenge >0)
17    {
18    cp = new char [laenge];
19    strcpy (cp,tr.cp);
20    }
21 else
22    cp = NULL;
23 }
24 text::~text()                   // Destruktor
25 {
26 delete [] cp;
27 }
28 void text::print()              // Ausgabe
29 {
30 if (cp != NULL) cout << cp;
31 }
32 char & text::operator[] (int i) // Indexoperator
33 {
34 if ( i < 0)
35    exit (3);                    // Abbruch bei Fehler
36 if (i >= laenge)
37    exit (4);                    // Abbruch bei Fehler
38 return cp[i];                   // eigentlicher Code
39 }
```

Bild 6.20 Implementierung des Index-Operators

```
01 // Arbeiten mit Texten
02 // Datei: mtext2.cpp
03
04 #include "text2.h"
05
06 int main ()
07 {
08   cout << "\x1b[2JProgramm-Start\n" << endl;
09   text t1("Text");          // ursprünglicher Inhalt
10   text t2 (t1);
11   t2.print();
12
13   // Zeichen aus Feld auslesen
14   cout << "\nZeichen bei Index 2: " << t2[2] << endl;
15
16   // Zeichen im Feld ändern
17   t2[2] ='s';               // Variable mit Index 2 ändern
18   t2.print();               // veränderten Inhalt anzeigen
19
20   return 0;
21 }
22
```

Bild 6.21 Anwendungen des Index-Operators

6.8.4 Inkrement und Dekrement als Präfix- und Postfix-Operatoren

In neueren C++-Implementierungen wird zwischen einer Präfix- und einer Postfix-Notierung unterschieden. Um keine speziellen Schlüsselworte einführen zu müssen, hat man sich eines kleinen Tricks bedient. Die Präfix-Notierung wird wie gewohnt geschrieben, also ohne Parameter, wie es auch für andere Operatoren gilt (Bild 6.22 / Zeile 15).

Um die beiden Schreibweisen unterscheiden zu können, überlagert man für die Postfix-Notation den Operator mit einem (sonst sinnlosen) Hilfsparameter, der immer vom Typ *int* ist. Bei einem Aufruf wird der formale Parameter automatisch 0 enthalten (Zeile 16).

Bei der Implementierung der Inkrement-Methoden, die hier als Makro geschieht, wurde ein kleiner Trick angewendet, der in C++ in der Schnittstelle von Funktionen erlaubt ist.

In der Definition der Schnittstelle des Postfix-Operators wurde der Name des formalen Parameters weggelassen, um zu zeigen, daß der Parameter in der Funktion nicht benutzt wird.

Spezielle Probleme bei überlagerten Operatoren

```
01 // Überladen von ++/--    / Präfix und Postfix
02 // Datei: OPINC01.h       / postfix mit Parameter
03
04 #ifndef __STDIO_H
05 #include <stdio.h>
06 #endif
07
08 class ratio
09 {
10 int nenner;
11 int zaehler;
12 public:
13 ratio (int z = 0, int n = 1) { zaehler=z, nenner=n; }
14 void print () { printf ("\n%d/%d",zaehler,nenner);}
15 void operator++() { zaehler = zaehler + nenner; }
16 void operator++(int) {zaehler = zaehler + nenner; }
17 };
18
19
```

Bild 6.22 Überlagerter Inkrement-Operator

Dies erspart uns eine Compiler-Warnung. Parameter, die nicht benutzt werden, sind sicher sehr selten.

```
01 // Überladen von ++/--
02 // Datei: OPINC01.CPP
03
04 #include "opinc01.h"
05
06 int main ()
07 {
08 ratio A (1,2);
09
10 A++;              // Postfix - Anwendung
11 A.print();
12 ++A;              // Präfix - Anwendung
13 A.print();
14 return 0;
15 }
16
```

Bild 6.23 Anwendung der überlagerten Operatoren

119

6.9 Globale Überlagerung der Speicherverwaltung

Eine spezielle Aufgabe kann man mit der globalen Überlagerung der Speicherverwaltung übernehmen. Erlaubt die Anwendung keine allgemeine Speicherverwaltung oder paßt die Speicherverwaltung des Compilers nicht zum System, für das entwickelt wird, dann kann der Programmierer die gesamte Speicherverwaltung selbst in die Hand nehmen.

Dies wird hauptsächlich in Controller-Anwendungen der Fall sein, die (zu) oft noch immer auf den Einsatz von Betriebssystemen verzichten.

6.9.1 Getrennte Operatoren für Felder

Die Speicherverwaltungsoperatoren können getrennt definiert werden, je nachdem ob sie für eine einzelne Variable oder Objekt oder für ein Feld benutzt werden sollen.

Der Grund für ein extra Funktionspaar für Felder liegt in der Notwendigkeit, unter manchen Betriebssystemen zusätzlichen Speicherplatz für Felder bereitzustellen, der über den eigentlichen Variablenspeicher hinausgeht (nicht bei: DOS und Windows).

Werden die Operatoren *new* und *delete* für Einzelobjekte und möglicherweise auch ihre Kollegen für Felder global als Funktion geschrieben, übernehmen sie vollständig die allgemeine Speicherverwaltung und verdecken damit die vom Compiler bereitgestellten Funktionen.

Sollten übrigens die überlagerten Funktionen für Felder nicht geschrieben werden, dann wird automatisch der Einzelobjekt-Operator benutzt, der dann die volle gewünschte Feldgröße auf einmal anlegt.

Natürlich sind die global überlagerten Operatoren Funktionen und keine Methoden, da sie allgemeingültig sein müssen.

Im Beispiel (Bild 6.24) wurde keine richtige Speicherverwaltung geschrieben, da deren Umfang für ein Beispiel viel zu groß ist. Daher kann auch die C++-Ausgabe mit Objekten (cout), die wir in einem einführenden Beispiel schon einmal gesehen haben, nicht verwendet werden, da dabei intern die Speicherverwaltung benutzt wird. Die alte stdio.h verwendet für printf() keine C++-Speicherverwaltung mit *new* oder *delete*. Deshalb funktioniert sie auch hier.

Globale Überlagerung der Speicherverwaltung

```
01 // globales Überladen von new und delete
02 // Datei: gnew1.cpp
03
04 #include <stdio.h>      // nicht mit iostream.h
05 #include <stdlib.h>     // wg. Rekursion
06
07 // Simulation der globalen Speicherverwaltung
08 void * operator new (size_t gr)    // Einzel-Operator
09 {
10 printf ("\nGewünschte Größe: %ld", long(gr));
11 return NULL;
12 }
13 void operator delete (void * p)    // Einzel-Operator
14 {
15 printf ("\nDelete: Adresse: %p", p);
16 }
17
18 // Testrahmen
19 int main ()
20 {
21 double * dp = new double;         // 8 Bytes anlegen
22 float * fp = new float [10];      // 40 Bytes anlegen
23 if (dp == NULL || fp == NULL)
24    {
25    fprintf (stderr,"\nKein Anlegen möglich.\n");
26    exit (4);
27    }
28 delete dp;
29 delete fp;
30 return 0;
31 }
32
```

Bild 6.24 Globale Überlagerung von new und delete

Das Beispiel für die Überlagerung der Feldverwaltung finden Sie im Bild 6.25.

6.9.2 Klassenspezifische Überlagerung

Es wird auch für einzelne Klassen möglich sein, gezielt nur für sich eine eigene Speicherverwaltung aufzubauen. Diese Verwaltungen finden Sie im Kapitel über den Klassengültigkeitsbereich beschrieben.

```
01 // globales Überladen von new[] und delete[]
02 // Datei: gnew2.cpp
03
04 #include <stdio.h>      // nicht mit iostream.h
05 #include <stdlib.h>     //j wg. Rekursion
06
07 // Simulation der globalen Speicherverwaltung
08 void * operator new [](size_t gr)   // Feld-Operator
09 {
10 printf ("\nGewünschte Größe: %ld", long(gr));
11 return NULL;
12 }
13 void operator delete [] (void * p) // Feld-Operator
14 {
15 printf ("\nDelete: Adresse: %p", p);
16 }
17
18 // Testrahmen
19 int main ()
20 {
21 float * fp = new float [10];       // 40 Bytes anlegen
22 if (fp == NULL)
23   {
24   fprintf (stderr,"\nKein Anlegen möglich.\n");
25   exit (4);
26   }
27 delete fp;
28 return 0;
29 }
30
```

Bild 6.25 Globale Speicherverwaltung für Felder

6.9.3 Ausblick

An einigen Stellen, insbesondere bei der Parameter-Übergabe und Rückgabe, sind uns bereits konstante Objekte begegnet. Der Umgang mit ihnen kennt einige spezielle Regeln, die im folgenden Kapitel besprochen werden.

7 Arbeiten mit Konstanten

In einigen Beispielen begegneten wir dem Schlüsselwort *const*, das den Zugriff auf eine Variable oder mit einem Zeiger einschränkte. In Verbindung mit Klassen ergeben sich in C++ einige Aspekte, die über die aus C bekannte Verwendung hinausgehen.

Objekte können ebenso wie Variable als konstant erklärt werden. In C und C++ bedeutet dies nicht, daß man sich die Variable, die nun nicht mehr variabel ist, in einem EPROM abgelegt denken kann. Durch Typwandlung kann das Attribut auch wieder entfernt werden.

7.1 Das cv-Attribut

Die Attribute für Konstantheit und Veränderbarkeit werden im Standard gemeinsam beschrieben und können auch gemeinsam entfernt werden. Daher werden hier *volatile* und *const* zusammen besprochen. Das Attribut *const* wird zusammen mit dem Attribut *volatile* als zusätzlicher Bearbeitungshinweis für den Compiler verstanden.

Die beiden Attribute können auch kombiniert werden. Im Standard werden sie unter dem Begriff cv-Attribute geführt. Diese Attribute können mit Hilfe der Typkonvertierung (*const_cast*) entfernt werden. Damit sind durch Typwandlung schreibende Zugriffe auf konstante Objekte durchaus möglich.

Das Attribut *const* teilt dem Compiler mit, daß das Objekt in seinem Gültigkeitsbereich nicht beschrieben werden darf, also nicht auf der linken Seite einer Zuweisung stehen kann. Sehr häufig wird das Attribut für Zeiger-Parameter verwendet, um dem Aufrufer zu versichern, daß sein Objekt oder seine Variable nicht verändert wird.

Mit *volatile* teilen wir dem Compiler mit, daß das betreffende Objekt oder die Variable möglicherweise außerhalb des Kenntnisbereiches des Compilers verändert werden kann. Dies ist mit Unterbrechungen (interrupts) möglich. (Im DOS-Bereich werden fälschlicherweise auch indirekte Betriebssystemaufrufe als Interrupts bezeichnet. Diese sind hier nicht gemeint.) Die

Konsequenz für den Compiler daraus ist, daß er keine Optimierungen beim Zugriff auf ein als *volatile* gekennzeichnetes Datum vornehmen darf. Jede Benutzung muß zum tatsächlichen Zugriff auf die Variable führen.

7.2 Parameterübergaben

Die häufigste Anwendung des *const*-Attributes sind sicher die formalen Parameter der Methoden und Funktionen. Werden in der Schnittstelle Zeiger oder Referenzen benutzt, dann kann das Unterprogramm die aktuelle Originalvariable erreichen und möglicherweise modifizieren. Jeder Anwender der Funktion wird daher lieber Funktionen aufrufen, die ihm mit Hilfe der Parameter versichern, nicht verändernd auf die aktuelle Originalvariable zuzugreifen.

Die Zusicherung, die Originalvariable unangetastet zu lassen, geschieht bei der Definition der formalen Parameter. Trotzdem ist die Zusicherung, auf die Originalvariable nicht zu schreiben, keine absolute Garantie. So merkwürdig dies im Moment klingen mag, ist es doch richtig, da Variable mit dem Attribut *const* nicht auf Dauer konstant sind.

```
01 // Parameter und Rückgaben mit const
02 // Datei: ratcon1.h
03
04 #ifndef _RATCON1_H
05 #define _RATCON1_H
06 class ratio
07 {
08 private:                        // ist Voreinstellung
09 int zae;                        // Eigenschaften der Klasse
10 int nen;                        // Zähler und Nenner
11 public:                         // Methoden/Konstruktoren
12      ratio (const int zaehler=0, const int nenner=1);
13      ratio (const ratio & op);  // Kopierkonstruktor
14 void  print ();                 // Inhalt anzeigen
15 ratio addiere (const ratio & operand2);
16 ratio subtrahiere (const ratio & operand2);
17 const ratio & zuweisung (const ratio & op2);
18 };
19 #endif
20
```

Bild 7.1 Arbeiten mit const

Beispiele für konventionelle Funktionen gibt es zur Genüge. So ist der erste Parameter der printf()-Funktion als Zeiger auf ein konstantes Zeichen deklariert.

```
01 // Parameter als const-Referenz auf Objekt
02 // Datei: ratcon1.cpp
03
04 #include <iostream.h>
05 #include "ratcon1.h"
06
07 ratio::ratio (const int za, const int ne)
08 {
09 zae=za, nen = ne;
10 }
11 ratio::ratio (const ratio &op)   // const-Zusicherung
12 {
13 zae = op.zae;
14 nen = op.nen;
15 }
16 void ratio::print ()
17 {
18 cout << zae << "/" << nen;
19 }
20 ratio ratio::addiere (const ratio &op2) // const-Zusich.
21 {
22 ratio erg;
23 erg.zae=zae* op2.nen + nen* op2.zae;
24 erg.nen  = nen * op2.nen;
25 return erg;
26 }
27 ratio ratio::subtrahiere (const ratio &op2)
28 {
29 ratio erg;
30 erg.zae=zae* op2.nen- nen * op2.zae;
31 erg.nen  = nen * op2.nen;
32 return erg;
33 }
34 // beachten Sie die Rückgabe !
35 const ratio & ratio::zuweisung (const ratio &op2)
36 {
37 zae=op2.zae, nen = op2.nen;
38 return *this;
39 }
40
```

Bild 7.2 Arbeiten mit const-Implementierung

7 Arbeiten mit Konstanten

Im Beispiel (Bild 7.1) wird die bekannte *ratio*-Klasse um einige Besonderheiten mit Konstanten erweitert. Hier werden Parameter und Rückgabewerte als konstant deklariert. Sehen wir uns der Reihe nach die Möglichkeiten an.

Das *const*-Attribut eines Parameters ist übrigens typbestimmend. Daher muß sowohl in der Deklaration der Methode in der Klasse als auch in der Implementierung der Parametertyp übereinstimmen. *Const ratio* ist also von *ratio* verschieden.

Die erste Methode mit konstanten Parmetern ist der Wertkonstruktor. Es mag ungewöhnlich sein, hier einen konstanten Parameter vorzufinden. Wenn wir uns daran erinnern, daß in der Definition der Funktion die formalen Parameter beschrieben werden, die erst bei einem Aufruf dynamisch angelegt und initialisiert werden, dürfte das Vorgehen zwar kaum praktischen Nutzen haben. Eine konstante Kopie hat kaum Auswirkungen auf die Programmsicherheit. Es zeigt jedoch die hinter der Parameterübergabe stehende Technik.

```
01 // Parameter und Rückgaben mit const
02 // Datei: mratcon1.cpp
03 #include <iostream.h>
04 #include "ratcon1.h"
05
06 ratio A,D;                // allgemeine Objekte
07 ratio B(3);
08 ratio C(1,2);
09
10 int main ()
11 {
12 // Bildschirm löschen und Meldung ausgeben
13 cout << "\x1b[2JParameter und Rückgaben mit const\n";
14 A = B.addiere (C);
15 cout << "\nAusgabe der Addition\n";
16 A.print();
17 B.zuweisung (A);
18 cout << "\n\nAusgabe nach der Zuweisung\n";
19 B.print();
20
21 A=D=C;                    // Kette auch mit const möglich
22
23 return 0;
24 }
25
```

Bild 7.3 Arbeiten mit const aus Anwendersicht

Das Attribut *const* tritt in der Parameterschnittstelle im Normalfall bei Verweisen auf Originalvariable auf. Die Verweise können in C++ Zeiger oder Referenzen sein. Im Beispiel (Bild 7.2) finden wir einen Kopierkonstruktor, dessen Parameter üblicherweise eine Referenz auf ein konstantes Objekt ist. Der Compiler wird einen Schreibvorgang auf das bezogene Objekt innerhalb des Kopierkonstruktors als Fehler melden.

Damit können wir eine ähnliche Bearbeitungssicherheit bereitstellen wie mit der Wertübergabe, die eine Kopie der Originalvariablen anlegt.

Auch die Additions- und Subtraktionsmethode benutzt Referenzen auf konstante Objekte.

Ein weiteres Beispiel liefert uns die Zuweisung. Hier wird in der Methode als Ergebnis ein konstantes Objekt per Referenz zurückgegeben. Damit kann problemlos eine Zuweisungskette aufgebaut werden, da der Zuweisungswert stets auf der rechten Seite der Zuweisung steht.

Dieser Fall scheint mir mehr zu den Spezialitäten denn zu einer täglich vorkommenden Arbeitstechnik zu gehören.

Für den Anwender ergibt sich hier (wenn man einmal von der Beruhigung nach dem Lesen der Schnittstellendeklaration absieht) keine Änderung im Hauptprogramm durch die Anwendung von Konstanten in der Rückgabe (Bild 7.3).

7.3 Konstante Objekte

Ein wenig schwieriger als bei konstanten Parametern gestaltet sich der Umgang mit konstanten Objekten, da syntaktische Probleme entstehen.

Definiert der Anwender konstante Objekte, dann kann man diese Objekte nicht notwendigerweise mit normalen Methoden bearbeiten.

Innerhalb einer normalen Methode existiert ein konstanter Zeiger *this*, der auf ein veränderliches Objekt verweist und somit die Bindung herstellt. Versucht man nun eine normale Methode an ein konstantes Objekt zu binden, gibt es einen Typkonflikt, der jedoch nur zu einer Compiler-Warnung führt. Schließlich paßt nun der Typ des impliziten Zeigers *this* nicht mehr. Er müßte auf ein konstantes Objekt zeigen.

7.3.1 Veränderter *this*-Zeiger

Will man eine Methode korrekt an ein konstantes Objekt binden können, muß man den internen Typ des Zeigers *this* ändern. Dies erreicht man, indem man der Schnittstelle der Methode ein *const* (Bild 7.4) nachstellt. Dieser etwas ungewöhnliche Platz für ein Attribut wurde gewählt, um Mehrdeutigkeiten mit Rückgabetypen zu vermeiden.

```
01 // Methoden für konstante Objekte
02 // Datei: ratcon1.h
03
04 #ifndef _RATCON2_H
05 #define _RATCON2_H
06
07 class ratio
08 {
09 private:      // ist Voreinstellung
10 int zae;      // Eigenschaften der Klasse
11 int nen;      // zaehler und nenner
12 public:       // Methoden/Konstruktor
13      ratio (const int zaehler=0, const int nenner=1);
14      ratio (const ratio & op);
15 void  print () const;        // Inhalt anzeigen
16 ratio addiere (const ratio & operand2) const;
17 ratio subtrahiere (const ratio & operand2);
18 const ratio & zuweisung (const ratio & op2);
19 };
20 #endif
```

Bild 7.4 Spezialmethoden für konstante Objekte

In der Klassendefinition wurde bei der Zuweisung das Methodenattribut *const* weggelassen, da sie ja Objekte verändern soll. Die Zuweisungsmethode eignet sich daher zum Erzeugen von Warnungen. Im Hauptprogramm wird der Compiler bei der Bindung der Zuweisung an ein konstantes Objekt (hier: B) den Programmierer informieren, da es eigentlich nicht verändert werden sollte (Bild 7.6).

Das nachgestellte *const* wird sowohl in der Deklaration als auch in der Definition der Methode benötigt (Bilder 7.4 und 7.5).

Eine Methode, die so zur Bindung an konstante Objekte vorbereitet ist, wird einen anderen Zeiger *this* besitzen. Nun ist er ein konstanter Zeiger auf ein konstantes Objekt.

Konstante Objekte

```
01 // Arbeiten mit const-Objekten und const-Methoden
02 // Datei: ratcon2.cpp
03
04 #include <iostream.h>
05 #include "ratcon2.h"
06
07 ratio::ratio (const int za, const int ne)
08 {
09   zae = za;
10   nen = ne;
11 }
12
13 ratio::ratio (const ratio &op)
14 {
15   zae = op.zae;
16   nen = op.nen;
17 }
18
19 void ratio::print () const        // Stellung von const !!
20 {
21   cout << zae << "/" << nen;
22 }
23
24 ratio ratio::addiere (const ratio &op2) const
25 {
26   ratio erg;
27   erg.zae = zae * op2.nen + nen * op2.zae;
28   erg.nen = nen * op2.nen;
29   return erg;
30 }
31
32 const ratio & ratio::zuweisung (const ratio &op2)
33 {
34   zae = op2.zae, nen = op2.nen;
35   return *this;    // return op2; // wäre hier erlaubt
36 }
37
```

Bild 7.5 Methoden mit verändertem this-Zeiger

Eine Mißachtung der korrekten Verwendung von konstanten Objekten und entsprechenden Methoden führt nur zu einer Warnung, die man jedoch als Programmierer ernst nehmen sollte.

Übrigens: der Konstruktor benötigt kein besonderes Attribut für die Initialisierung der konstanten Objekte.

Sicher werden viele existierende Programme von den Möglichkeiten der konstanten Parameter, Rückgaben und Objekte nur wenig Gebrauch machen. Der Programmierstil sollte jedoch verstärkt die Sicherheitsmöglichkeiten der Sprache berücksichtigen. Jedes zusätzlich eingefügte *const* kann bei der Fehlersuche helfen.

```
01 // Arbeiten mit konstanten Objekten
02 // Datei: mratcon1.cpp
03 #include <iostream.h>
04 #include "ratcon2.h"
05
06 ratio A,D;              // allgemeine Objekte
07 const ratio B(3);       // konstante Objekte
08 const ratio C(1,2);
09
10 int main ()
11 {
12 // Bildschirm löschen
13 cout <<    "\x1b[2JArbeiten mit konstanten Objekten";
14 A = B.addiere (C);      // addiere() const
15 cout << "\nAusgabe der Addition\n";
16 A.print();              // print() const
17 B.zuweisung (A);        // Hier: Warnung wg. const B!
18 cout << "\n\nAusgabe nach der Zuweisung\n";
19 B.print();
20
21 return 0;
22 }
```

Bild 7.6 Arbeiten mit konstanten Objekten

7.3.2 Veränderliche Eigenschaften in konstanten Objekten

Mit der Weiterentwicklung des Standards wurde ein neues Schlüsselwort *mutable* eingeführt, das gezielt eine einzelne Eigenschaft bei der Definition eines konstanten Objektes dieser Klasse von der Konstantheit freistellt.

7.3.3 Konstante Elemente in Objekten

Ein anderer Spezialfall sind konstante Elemente in Objekten. Hier kann im Konstruktor keine Zuweisung erfolgen. Die Initialisierung muß über eine Initialisierungsliste erfolgen, die wie üblich nach einem Doppelpunkt hinter der Schnittstelle angefügt wird.

Entfernen der Konstantheit (Typkonvertierung)

Für solche Fälle wird somit die allgemeine Form des Konstruktors benötigt (Bild 7.7).

```
01  // Grundlagen des Klassenbegriffs - Initialisierung
02  // Datei: konst2.cpp
03
04  #include <stdio.h>
05  class demo1
06  {
07    const int x;              // Spezial-Initialisierung!
08    int y;
09  public:
10    demo1(int a, int b);
11    void drucke();
12  };
13
14  // Konstruktor mit Initialisierungsliste notwendig
15  demo1::demo1 (int a, int b) : x(a)
16  {
17    y = b;
18  }
19
```

Bild 7.7 Initialisierung konstanter Elemente

7.4 Entfernen der Konstantheit (Typkonvertierung)

Mit dem neuen Operator *const_cast* kann das Attribut der Konstantheit entfernt werden. Die Besprechung erfolgt ausführlich im Kapitel über Typkonvertierungen. Die Anwendung geschieht wie im folgenden Beispiel (Bild 7.8).

Der formale Parameter der Funktion ist eine Referenz auf eine konstante *int*-Variable. Im *const_cast*-Operator wird der umzuwandelnde Ausdruck in runden Klammern angegeben. Der Zieldatentyp steht in spitzen Klammern.

Im Beispiel (Bild 7.8) kann daher ohne Typfehler der erhaltene Parameter als Ergebniswert zurückgegeben werden.

Typkonvertierungen sind in einer typorientierten Hochsprache ein wichtiges Thema. Ihnen ist daher ein eigenes Kapitel gewidmet.

7 Arbeiten mit Konstanten

```
01 // Entfernen der Konstantheit
02 // Datei: konstc1.cpp
03
04 #include <iostream.h>
05
06 int funktion (const int &x)    // Rückgabe nicht konstant
07 {
08 return const_cast<int &>(x); // Entfernen der Konstantheit
09 }
10 // Testrahmen
11 int main ()
12 {
13 int y = 7;
14 cout << "\nErgebnis: " << funktion (y) << endl;
15 return 0;
16 }
17
```

Bild 7.8 Entfernen der Konstantheit

7.4.1 Ausblick

Im Verlauf der bisherigen Themen haben wir einen weiten Bogen von C hin zu den Klassen und Objekten von C++ gezogen. Eine der grundlegenden Eigenheiten einer Klasse haben wir noch nicht besprochen.

Eine Klasse ist ein eigener Gültigkeitsbereich für Namen. Daher konnten wir pro Klasse gleichnamige Methoden schreiben.

Dieser Gültigkeitsbereich kann weit mehr aufnehmen, als nur die bisher besprochenen Methoden.

Welche zusätzlichen Möglichkeiten der eigene Gültigkeitsbereich mit sich bringt, sehen wir im nächsten Kapitel.

8 Der Klassen-Gültigkeitsbereich

Eine Klasse hat neben anderen Merkmalen einen eigenen Gültigkeitsbereich. Bisher haben wir für diesen Gültigkeitsbereich Eigenschaften und Methoden definiert. Die Eigenschaften beschrieben letztlich Objekteigenschaften, die mit jedem neuen Objekt im Speicher angelegt wurden. Die bisherigen Methoden waren ebenfalls Objekt-Methoden, die zur Bearbeitung der Eigenschaften eines Objektes dienten.

Somit gibt es für 100 Objekte der Klasse *ratio* auch 100 Zähler- und 100 Nenner-Eigenschaften. Die bisher eingeführten Eigenschaften und Methoden bezogen sich stets auf die Objekte, die man mit Hilfe der Klasse definiert. Im folgenden betrachten wir Definitionen, die allein der Klasse zugeordnet und nicht pro Objekt wiederholt werden.

8.1 Definition von Klassen-Eigenschaften und Methoden

Nehmen wir einmal an, daß eine Spezifikation eine obere Grenze für die Anzahl gleichzeitig existierender Objekte in einem Programm vorgibt. Um diese Vorgabe einzuhalten, benötigen wir einen Zähler, der die Anzahl der vorhandenen Objekte mitführt, und die Vorgabe, was im Falle einer Überschreitung der Obergrenze zu geschehen hat.

Die konventionelle Lösung in C wäre die Einführung einer globalen Zählervariablen. Jede Methode hätte dann Zugriff auf diesen Zähler. Leider können auch beliebige andere Funktionen den Zähler sehen und im schlimmsten Fall manipulieren.

In C++ können wir den Zähler innerhalb der Klasse definieren und mit einem Schlüsselwort festlegen, daß der Zähler nicht wie eine Objekt-Eigenschaft mit jedem neuen Objekt anzulegen ist, sondern allein der Klasse zugeordnet wird. Wir haben also die Möglichkeit, für eine Klasse unabhängig von der Existenz eines Objektes dieser Klasse Klassen-Eigenschaften und Klassen-Methoden festzulegen.

8 Der Klassen-Gültigkeitsbereich

Diese Eigenschaften existieren also auch dann, wenn noch kein Objekt definiert wurde, und sie können mit den speziellen Klassen-Methoden auch modifiziert werden.

```
01  // Klassenelemente
02  // Datei: ratiok.h
03
04  #ifndef _ratiok_h
05  #define _ratiok_h
06
07  class ratiok
08  {
09  int zaehler;                    // Objekt-Eigenschaft
10  int nenner;                     // Objekt-Eigenschaft
11  static int Anzahl;              // Klassen-Eigenschaft
12  public:
13  ratiok (int z = 0, int n = 1);              // Objekt-Meth.
14  ratiok ( const ratiok & r);                 // Objekt-Meth.
15  ~ratiok();                                  // Objekt-Meth.
16  ratiok & operator = (const ratiok & r);     // Objekt-Meth.
17  static int GibAnzahl();                     // Klassen-Meth.
18  };
19
20  #endif
21
```

Bild 8.1 Klasse mit Klassenelementen

8.1.1 Deklarationen für Klassenelemente

Die Elemente, die allein der Klasse zugeordnet werden sollen, also nicht für jedes Objekt neu angelegt werden, erhalten nur in der Deklaration innerhalb der Klassendefinition das Schlüsselwort *static*. Wie so oft hat man vermieden, ein neues Schlüsselwort einzuführen, und verwendet statt dessen ein bekanntes Schlüsselwort in einer neuen Bedeutung (Bild 8.1).

Mit der Klassenmethode benutzen wir eine neue Form eines Unterprogrammes.

Genauso wie die Objekt-Methoden können die Klassen-Methoden auf die privaten Elemente der Klasse zugreifen, allerdings nur wiederum auf Klassen-Eigenschaften.

Da die Klassen-Methoden nicht für ein Objekt gerufen werden, existiert auch keine Bindung und kein *this*-Zeiger innerhalb der Klassen-Methoden.

8.1.2 Definition der Klassenelemente

Die Klassenelemente werden üblicherweise in der Implementierungsdatei definiert.

```
01 // Klassenelemente - Implementierung
02 // Datei: ratiok.cpp
03
04 #include "ratiok.h"
05
06 int ratiok::Anzahl = 0;   // Definition, Initialisierung
07
08 ratiok::ratiok (int z, int n)
09 {
10   zaehler = z;            // Objekt-Eigenschaft
11   nenner = n;
12   Anzahl++;               // Klassen-Eigenschaft
13 }
14
15 ratiok::~ratiok()
16 {
17   Anzahl--;               // Klassen-Eigenschaft
18 }
19
20 int ratiok::GibAnzahl ()
21 {
22   // kein Zugriff auf zaehler und nenner möglich
23   return Anzahl;          // Klassen-Eigenschaft
24 }
25
```

Bild 8.2 Implementierung der Klassen-Elemente

Die Definition der Eigenschaften erfordert die bekannte Zuordnung zur Klasse mit Hilfe des Bereichsoperators (Bild 8.2). Die Sichtbarkeit der Klassen-Eigenschaften beschränkt sich auf die Klasse, ihre Lebensdauer ist die Programm-Laufzeit. Sie leben als globale Variable im Namensraum der Klasse.

Sinnvollerweise sollten die Eigenschaften von Klassen initialisiert werden. Die Frage stellt sich nun nach der Reihenfolge. Ist eine Klasseneigenschaft schon initialisiert, wenn der erste Konstruktor für ein globales Objekt dieser Klasse läuft? Sollte das Programm auf einem Rechner mit Betriebssystem ablaufen, dann werden die globalen Variablen beim Laden des Programmes durch den Lader vorbesetzt.

8 Der Klassen-Gültigkeitsbereich

Dies geschieht, bevor der Start des Programmes erfolgt. Somit kann sich auch der Konstruktor für globale Objekte auf die richtige Vorbesetzung der Klassen-Eigenschaften verlassen.

Da nur bei der Definition eine Initialisierung möglich ist, sollte auf keinen Fall darauf verzichtet werden.

8.1.3 Benutzung von Klassen-Elementen

Klassen-Methoden haben, wie erwähnt, keine Bindung. Ihr Aufruf geschieht daher im Normalfall durch Angabe des Bereiches und des Bereichsoperators.

```
01 // Klassenelemente - Testrahmen
02 // Datei: mratiok.cpp
03
04 #include <iostream.h>
05 #include "ratiok.h"
06 ratiok r3(1,3);
07
08 int main ()
09 {
10   cout << "\x1b[2J";              // Bildschirm löschen
11   cout << "Arbeiten mit Klassenelementen " << endl;
12   cout<<"Bisherige Anzahl: " << ratiok::GibAnzahl() <<endl;
13   ratiok r1(1,2);
14   ratiok * rp = new ratiok(1,4); // Anzahl erhöhen
15   cout<<"Anzahl zur Zeit: " << ratiok::GibAnzahl() <<endl;
16   delete rp;                      // Anzahl erniedrigen
17   cout << "Anzahl ist nun: " << r1.GibAnzahl() << endl;
18   return 0;
19 }
20
```

Bild 8.3 Verwendung der Klassen-Elemente

Statt der Klassenangabe können auch die üblichen Methodenaufrufe mit einem Objekt oder einem Objektzeiger verwendet werden. Hier ermittelt der Compiler aus dem angegeben Objekt oder einem Zeiger den Datentyp und kann somit auch die passende Klassen-Methode finden.

Im Beispiel (Bild 8.3) wird die Klassen-Methode GibAnzahl() an zwei Stellen aufgerufen: Zeile 12 und Zeile 17. Einmal geschieht der Aufruf mit Hilfe des Bereichsoperators und einmal duch eine Pseudo-Bindung und den Punkt-Operator.

Aus Gründen einer einfacheren Lesbarkeit sollte der Aufruf mit dem Bereichsoperator bevorzugt werden.

8.2 Definition von Konstanten in einer Klasse

Neben der besprochenen Möglichkeit, Eigenschaften als konstant zu erklären, bietet C++ mit der bekannten Aufzählung *enum* die Möglichkeit, symbolische Konstante zu definieren.

Ebenso wie Klassen sind Aufzählungen nun eigene Datentypen geworden. Innerhalb einer Klasse kann somit auch ein Datentyp definiert werden (Bild 8.4).

```
01 // Konstantendefinition in einer Klasse
02 // Datei: klkonst1.h
03
04 class ampel
05 {
06 public:
07 enum farben  { rot, gelb, gruen };   // Aufzählung
08 private:
09 farben zustand;
10 public:
11 ampel (farben x = rot); // Konstante im Klassenkontext
12 farben GibZustand();
13 };
14
```

Bild 8.4 Arbeiten mit Konstanten-Definition

Die Definition einer Aufzählung innerhalb des Gültigkeitsbereiches einer Klasse erlaubt es, den gleichen Konstantennamen in verschiedenen Klassen erneut zu verwenden.

Die Definition der Aufzählung muß im *public*-Bereich erfolgen, wenn der Anwender die Namen der Konstanten benützen können soll.

Da die Aufzählung in C++ ein eigener Datentyp ist, können mit dem Namen der Aufzählung auch Parameter und Variable definiert werden (Bild 8.5).

Im Anwenderprogramm kann man Aufzählungen als Konstante verwenden. Dabei muß der Klassenname angegeben werden, da sonst der Konstantenname nicht eindeutig ist.

8 Der Klassen-Gültigkeitsbereich

```
01 // Konstantendefinition in einer Klasse
02 // Datei: klkonst1.cpp
03
04 #include "klkonst1.h"
05
06 ampel::ampel (farben x)
07 {
08 zustand = x;
09 }
10
11 ampel::farben ampel::GibZustand ()
12 {
13 return zustand;
14 }
15
```

Bild 8.5 Arbeiten mit Konstanten-Implementierung

Bei der Ausgabe werden Aufzählungen implizit auf *int* gewandelt und als Zahl angezeigt (Bild 8.6).

```
01 // Konstantendefinition in Klassen
02 // Datei: mklkonst1.cpp
03
04 #include <iostream.h>
05 #include "klkonst1.h"
06
07 int main ()
08 {
09 ampel a1 (ampel::rot);      // Bereichsangabe notwendig
10
11 cout << "\x1b[2J";
12 cout<<"Zustand der Ampel a1: "<< a1.GibZustand() <<endl;
13 return 0;
14 }
15
```

Bild 8.6 Arbeiten mit Konstanten-Anwendung

Beispiele für Konstantendefinitionen innerhalb von Klassen finden Sie in der Datei iostream.h und dort in der Klasse *ios*.

8.3 Definition von Klassen in einer Klasse

Wie wir bei den Aufzählungstypen gesehen haben, kann man innerhalb einer Klasse wiederum Datentypen definieren. Dies gilt auch für Datentypen, die Klassen und Strukturen sind.

Beim Zugriff müßte dann eine Kette von Bereichsoperatoren benutzt werden.

Inwieweit eine Verschachtelung von Klassendefinitionen sinnvoll und notwendig ist, mag vom Anwendungsbereich abhängen.

Eine nähere Diskussion dürfte jedoch nicht notwendig sein.

8.4 Überlagerung der Speicherverwaltung für die Klasse

Die eingebaute Speicherverwaltung verwendet den allgemeinen Fall der Speicherallokierung über den Heap. Für große Objekte ist dies sicher angemessen.

Aber nehmen wir einmal an, ein Programm müßte 10000 Meßwerte einlesen, die jeweils in einer *int*-Variablen Platz haben.

Jeder Eintrag am Heap muß verwaltet werden. Die Verwaltungsinformationen umfassen zumindest zwei Zeiger und eine Größenangabe. Alles in allem würde der Platzbedarf der Verwaltung die Menge an Nutzdaten um ein Vielfaches übertreffen.

Hier wäre es durchaus sinnvoll für eine Klasse, die Verwaltung ihrer Elemente selbst in die Hand zu nehmen. Dies ist durch eine gezielte Überlagerung der Operatoren der Speicherverwaltung für diese Klasse möglich.

8.4.1 Verwaltung einzelner Objekte

Das prinzipielle Vorgehen besteht in der Definition von Klassenmethoden, die *new* und *delete* überlagern. Im Beispiel (Bild 8.7) wurden die beiden Operatoren nur für die eigene Klasse überlagert.

Die tatsächliche Reservierung oder Freigabe wurde jedoch in dieser Implementierung an die globalen Operatoren weitergeleitet. Die globalen Operatoren sind durch die unäre Bereichsangabe ausgewählt worden. Eine eigene dynamische Speicherverwaltung für dieses Beispiel zu erfinden ist schließlich nicht möglich.

Eine mögliche tatsächliche Realisierung könnte darin bestehen, einer Klasse ein großes Feld zuzuordnen. Die Allokierungsfunktion würde dann nur einen Zeiger auf das nächste freie Feldelement zuzurückliefern.

8 Der Klassen-Gültigkeitsbereich

```
01 // Überlagerung von new und delete
02 // Hier: Klassenmethoden
03 // Datei: klnew1.cpp
04
05 #include <iostream.h>
06 #include <stdlib.h>
07
08 class nklasse
09 {
10 double eigenschaft;
11 public:
12 // stets Klassenmethode
13 static void *operator new (size_t sz)
14 {
15   cout << "Größe übergeben: " << sz << endl;
16   return (::new nklasse);      // Aufruf globales new
17 }
18 static void operator delete (void *dp)
19 {
20   ::delete dp;                 // globales delete
21 }
22 // Alle weiteren Methoden fehlen hier
23 };
24 // Testrahmen
25 int main ()
26 {
27 nklasse *m_var_p;
28 cout << "\n\n\n\nProgramm-Start\n\n" << endl;
29 m_var_p = new nklasse;         // funktioniert
30 if (m_var_p == NULL)
31     exit(4);                   // Abbruch
32 delete m_var_p;
33 return (0);
34 }
35
```

Bild 8.7 Klassenspezifische Überlagerung

Natürlich müssen die Methoden zur Überlagerung von *new* und *delete* Klassenmethoden sein. Schließlich können sie nicht an ein Objekt gebunden werden, sondern allokieren selbst Objekte oder löschen sie wieder.

8.4.2 Verwaltung von Feldern

Eine zweite Variante existiert für das Verwalten von Feldern. Beide Operatoren, *new* und *delete*, gibt es in einer Feldvariante. Beim Anlegen eines Feldes wird der Operator *new* mit der Gesamtgröße als Parameter aufgerufen.

Überlagerung der Speicherverwaltung für die Klasse

Die Gesamtgröße erhält man, wenn man die Typgröße mit der Elementanzahl multipliziert. Abhängig von der Implementierung können Felder zusätzlich Speicherplatz benötigen. Hier wäre die Gesamtgröße um einen systemabhängigen Anteil vergrößert. Da dieser Fall vorkommt, hat man die Allokierung von Einzelvariablen und Feldvariablen getrennt schreibbar gemacht.

```
01 // Überlagerung von new[] und delete[]
02 // Klassenmethoden
03 // Datei: klnewf.cpp
04 #include <iostream.h>
05 #include <stddef.h>
06
07 class nklasse
08 {
09 double d[3];               // 24 Bytes
10 public:
11 // Klassenmethoden
12 static void *operator new [](size_t sz)
13 { // Formel für sz: sizeof(nklasse)*Anzahl +x
14   cout << "Angegebene Größe ist: "<< sz << endl;
15   cout << "Anzahl: Größe/sizeof(): " <<
16       sz/sizeof(nklasse)<<endl;
17   cout << "Ergänzung: (x) "<<sz%sizeof(nklasse) <<endl;
18   return (::new nklasse[sz]); // Aufruf globales new[]
19 }
20 static void operator delete [](void *dp, size_t sz)
21 {
22   cout << "Wert im Destruktor: " << sz << endl;
23   ::delete [] dp;       // globales delete
24 }
25 };
26 // Testrahmen
27 int main ()
28 {
29 nklasse *m_var_p;
30
31 cout << "\n\n\nProgramm-Start\n\n" << endl;
32 cout<<"Größe eines Objektes: "<<sizeof(nklasse)<<endl;
33 m_var_p = new nklasse[13];
34 delete [] m_var_p;
35 return (0);
36 }
```

Bild 8.8 Überlagerung der Feldallokierung

8 Der Klassen-Gültigkeitsbereich

Der Destruktor kann in beiden Fällen, für Einzelobjekte oder Felder von Objekten, einen zweiten Parameter besitzen. Wird er definiert, füllt ihn der Compiler beim Aufruf mit der Größenangabe eines einzelnen Objektes (Bild 8.8).

```
01  // Überlagerung von "new" für feste Adressen
02  // Datei: festadr2.cpp
03
04  #include <iostream.h>
05  #include <stdio.h>
06  class mmio
07  {
08  int i,j;
09  public: mmio (int x = 0) { i = j = x; }
10  ~mmio () {cout <<"\nBye Bye !"<<endl; }
11  static void* operator new (size_t, void * vp,char)
12          { return vp; }
13  };
14
15  int main ()
16  {
17  mmio *mp = new ((void *)0x10L,'c') mmio;
18  delete mp;               // ruft Destruktor oder
19  // mp ->mmio::~mmio();   // expliziter Aufruf möglich
20  return (0);
21  }
22
23
```

Bild 8.9 Operator new mit Plazierungssyntax

8.4.3 Plazierungssyntax

Die dritte (und letzte) Variante der Speicherverwaltungsoperatoren dient der Behandlung von Spezialfällen. Hier kann die Allokierungsfunktion beliebig viele Parameter erhalten. In diesem Falle ändert sich auch die Aufrufsyntax. Da eine der Aufgaben sein kann, einen Parameter mit einer festen Adresse mitzugeben und damit einen Ort im Speicher zu spezifizieren, spricht der Standard auch von einer Plazierungs-Syntax (placement form).

Im Beispiel (Bild 8.9) wird vor dem anzulegenden Typ in einer Klammer eine Anzahl von Parametern aufgelistet. Diese Parameter werden an die immer vorhandene Größenangabe angehängt. Ihre Bedeutung und der Aufbau der Parameter ist abhängig vom definierenden Programmierer, also nicht standardisiert.

Eine Möglichkeit wäre, eine feste Adresse zu übergeben, falls ein Peripheriegerät über einen Satz von Speicherstellen (MMIO/ memory mapped io) zu adressieren ist, wie dies bei vielen Workstations gemacht wird. Im PC-Bereich dominiert der getrennte Adreßbereich für die Ein- und Ausgabe.

Hier treffen wir auch auf eine der ganz seltenen Möglichkeiten, selbst einen Destruktor zu rufen. Im Normalfall würde der Destruktor von *delete* gerufen. Da aber hier keine wirkliche Speicherverwaltung stattfindet, könnte man anstelle von *delete* auch direkt den Konstruktor rufen. Wie gesagt, dies ist ein völlig unüblicher Spezialfall.

Im Beispiel wurde keine richtige Speicherverwaltung geschrieben. Daher kann auch die Ausgabe mit Objekten (cout) nicht verwendet werden, da dabei intern die Speicherverwaltung benutzt wird.

8.5 Makros in der Klasse

In Klasse können auch Makros definiert werden. Im Kapitel über die Klasse haben wir bereits die Definition von Methoden in Makroform kennengelernt. Innerhalb einer Klasse wurden dazu die Methodendefinitionen anstelle der Deklarationen geschrieben.

Die zweite Variante der Makros in C++ konnte dabei mit dem Schlüsselwort *inline* außerhalb der Klasse aber noch in der Informationsdatei definiert werden.

8.5.1 Ausblick

In vielen Beispielen haben wir die neue Form der E/A-Bibliothek mit *cout* und *cin* schon benutzt. Im nächsten Kapitel können wir uns nun diese Bibliothek näher ansehen, nachdem wir in den vergangenen Kapiteln viele der dazu notwendigen Kenntnisse zusammengetragen haben.

8 Der Klassen-Gültigkeitsbereich

9 Serielle Ein- und Ausgabe in C und C++

Es gehörte zu den Grundsatzentscheidungen von Brian W. Kernighan und Dennis M. Ritchie, den Entwicklern von C, eine klare Trennung zwischen den Aufgaben einer Sprache und den Aufgaben eines Betriebssystems einzuhalten.

So ist stets das Betriebssystem für die Bedienung der angeschlossenen Geräte zuständig. Ein Programm, das eine Ein- oder Ausgabe durchführen will, muß sich daher an das Betriebssystem wenden, ihm einen Auftrag erteilen und das Ergebnis abholen.

Konsequenterweise wurde daher die Kommunikation mit dem Betriebssystem in eine Bibliothek ausgelagert, die jeder C-Programmierer gut kennt: die Standard-IO-Bibliothek. Sprachelemente sind für die Ein- und Ausgabe nicht vorgesehen.

Diese klare Trennung hat entscheidend dazu beigetragen, daß C eine hochportable Sprache wurde und heute auf praktisch allen Plattformen zu finden ist. Natürlich ist diese C-Bibliothek von UNIX geprägt. Aber für C stellen die Compilerhersteller auf allen anderen Systemen Anpassungsbibliotheken bereit, die die minimal notwendige Umgebung für C-Programme nachbilden.

9.1 Die Standard-Ein- und Ausgabe-Bibliothek

Die Ein- und Ausgabe unter C erwartet ein Kanalmodell. Eine Datei oder ein Gerät werden über einen seriell zu betreibenden Kanal angesprochen. Die Kanäle sind gepuffert und passen die serielle Kommunikation gegenüber dem Programm selbständig an blockorientierte Geräte, wie die Festplatten, an.

Drei dieser Kanäle werden durch die jeweilige Ablaufumgebung des Programms automatisch geöffnet und, soweit sie nicht beim Aufruf umgelenkt werden, mit der Tastatur für die Eingabe sowie mit dem Bildschirm für die Ausgabe und einem Fehlerkanal verbunden.

Die Kanäle werden in einer Verbindungstabelle aus FILE-Strukturen verwaltet. Jeder offene Kanal kann daher über den Index dieser Verbindungstabelle oder über die Adresse des Tabellenelements angesprochen werden.

Neben den drei Kanälen kennt jedes C-Programm eine Parameterversorgung und einen Rückgabestatus (Bild 9.1).

In den betriebssystemnahen Aufrufen des UNIX-Systems werden die Indizes verwendet, in einer späteren Form stets die Adressen der Tabelleneinträge (bei fopen, fread,...).

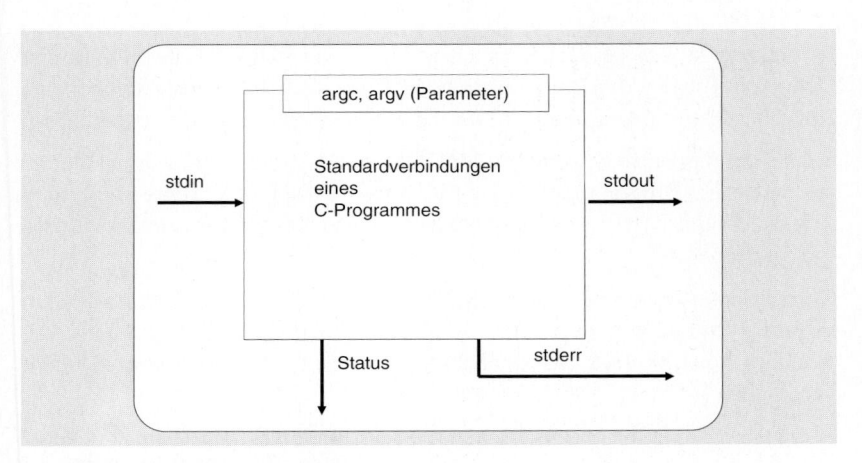

Bild 9.1 Schnittstellen eines C-Programmes

Die Namen *stdin*, *stdout* und *stderr*, die die drei vorgegebenen Kanäle bezeichnen, sind letztlich symbolische Namen für die Adressen der ersten drei FILE-Einträge mit den Indizes 0, 1 und 2.

Diese drei Kanäle haben insbesondere die Eigenschaft, daß sie der Benutzer des Programms beim Aufruf umlenken kann, sodaß die tatsächliche Ein- oder Ausgabe mit Geräten oder Dateien geschehen kann, die unabhängig vom Programmtext sind. Zumindest bei UNIX sind alle drei Kanäle umlenkbar.

Da diese drei Verbindungen standardmäßig existieren, braucht der Programmierer sie im Normalfall nicht zu eröffnen oder zu schließen. Weiter kann man eine Vielzahl von Funktionen aufrufen, die einen der Standardkanäle automatisch verwenden, sodaß die Angabe des Kanals beim Aufruf wegfallen kann.

Die notwendige Dienstleistung, die Kanäle zu öffnen und nach Programmablauf zu schließen, übernimmt eine Standardumgebung, die auch für den Aufruf der main()-Funktion sorgt.

Grenzen der C-Bibliothek

Mit diesen Grundelementen ausgerüstet, konnte man sehr schnell einfache, funktionierende Programme schreiben. Für viele war es beim Erlernen von C das erste und verblüffend einfache Programm: Hello World (Bild 9.2).

```
01 // Das weltbekannte "Hello World"
02 // Datei: hello_c.cpp
03
04 #include <stdio.h>
05
06 int main ()
07 {
08 printf ("\nHello World!\n");
09 return 0;
10 }
11
```

Bild 9.2 Das Basis-Beispiel von C

9.2 Grenzen der C-Bibliothek

Die sicherlich bekannteste Funktion ist printf(). Leider schleichen sich bei der Benutzung von printf() immer wieder Fehler ein, die schwer zu entdecken sind (Bild 9.3).

```
01 // Probleme mit printf()
02 // Datei: printf.c
03
04 // Die Deklaration der C-Funktion in <stdio.h>
05 extern int printf ( const char * format, ... );
06
07 int main ()
08 {
09 // Problematische Fehler
10 printf ( "\n%i/%i\n", 17 );
11 printf ( "%f\n", 17 );
12 printf ( "%i\n", 17, 18 );
13 return 0;
14 }
```

Bild 9.3 Fehlermöglichkeiten bei printf()

147

9 Serielle Ein- und Ausgabe in C und C++

Der Grund liegt im interpretativen Verhalten der printf()-Funktion. Erst während der Laufzeit wird der Formatstring von printf() gelesen und ausgewertet. Pro erkanntem Fluchtsymbol "%" wird ein nachfolgender Parameter erwartet. Hier wird die Möglichkeit von C benutzt, eine beliebige Anzahl von Parametern an eine Funktion zu übergeben.

Nebenbei bemerkt ist dies auch der Grund, warum in C die Parameter von rechts nach links übergeben werden. Damit liegt der erste Parameter beim Aufruf der Funktion immer in einem genau definierten Abstand zum Stackpointer (Stapelzeiger) unabhängig davon, wie viele Parameter übergeben wurden. Und deshalb wird in C auch das Aufräumen des Stacks vom aufrufenden Programm besorgt. Nur der Aufrufer weiß, wie viele Parameter tatsächlich übergeben wurden.

Die im Bild 9.3 gezeigten Fehler wird der Compiler zumeist nicht anzeigen. Hier handelt es sich um nicht-syntaktische Probleme, für die der Syntaxchecker (sei es im Compiler oder im Programm *lint* unter UNIX) im Grunde nicht zuständig ist. Wegen der Häufigkeit der gezeigten Tippfehler gibt es dennoch Implementierungen, die zumindest eine Warnung ausgeben.

In C++ ist ein solches Verhalten aus verschiedenen Gründen nicht mehr akzeptabel. Der Hauptgrund liegt in der fehlenden Typsicherheit und der damit fehlenden Überprüfung durch den Compiler.

Ein anderer Grund ist die notwendige, uneinheitliche Handhabung für Basis-Datentypen und private Datentypen. Es kann für printf() keine Erweiterung geben, die in der Lage wäre, ein Objekt einer Klasse auszugeben. Schließlich ist der Quellcode Ihrer Standard-Bibliothek seit langem compiliert und nicht änderbar.

Was wir daher benötigen, ist eine typsichere und für Basisdatentypen und Klassen einheitliche Ein- und Ausgabe.

In C++ wird daher ein Umlernen notwendig. Eine neue und anders geartete Klassenbibliothek wird die beiden Anforderungen erfüllen.

9.3 Die IO-Klassenbibliothek

Beginnen wir auch hier mit der einfachen Ausgabe eines Textes. Der Text soll zwischen zwei Zeilenvorschüben ausgegeben werden.

Die IO-Klassenbibliothek

Anstelle der bisher verwendeten Informationsdatei *stdio.h* wird nun die neue *iostream.h* mit eingelesen. Die Ausgabe des Textes kann jetzt mit Hilfe eines Ausgabeobjektes *cout* und verschiedener, überlagerter Operatoren bewerkstelligt werden.

9.3.1 E/A-Objekte und überlagerte Operatoren

Vor jeden Standardkanal setzt man in C++ ein Ein- bzw. Ausgabeobjekt. Die Ausgabeobjekte für die Kanäle *stdout* und *stderr* heißen *cout* und *cerr*. Sie sind Objekte der Klasse *ostream_withassign* (serielle Ausgabe mit Zuweisung). Das Eingabeobjekt heißt *cin* und hat die Klasse *istream_withassign* (serielle Eingabe mit Zuweisung) (Bild 9.4).

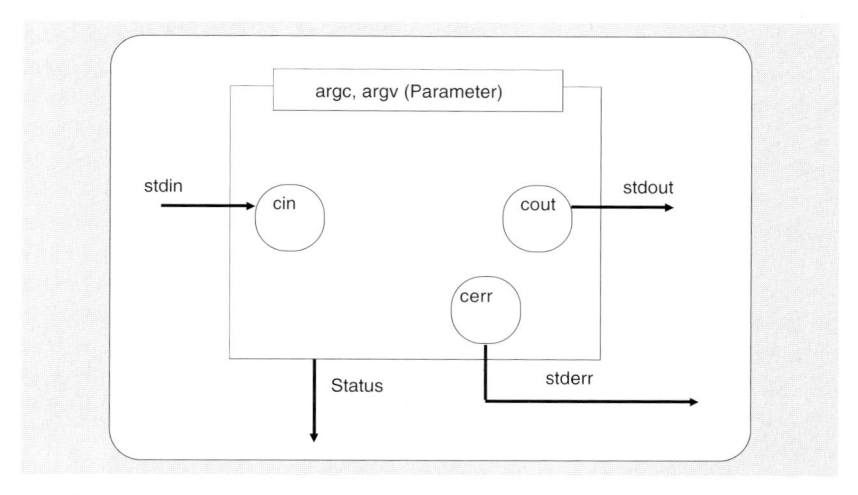

Bild 9.4 Aufbau des C++-Programmes

Der Aufbau dieser Objekte ist nicht ganz einfach, da sie mit Hilfe einer ganzen Klassenbibliothek aufgebaut werden. Die benutzten Klassen stehen dabei in einem hierarchischen Verhältnis zueinander, das erst im Kapitel über die Vererbung besprochen werden kann. Für die Anwendung spielt aber die genaue Kenntnis des internen Aufbaus keine Rolle.

Die Klassenbibliothek kennt eine ganze Anzahl voneinander abgeleiteter Klassen. Für dieses Kapitel, das sich mit den Grundlagen der neuen Klassenbibliothek beschäftigt, genügt es, die Eingabeklasse *istream* und die Ausgabeklasse *ostream* zu kennen. Von diesen Klassen werden dann bei Bedarf die Klassen mit der zusätzlichen Zuweisung abgeleitet.

9 Serielle Ein- und Ausgabe in C und C++

Sehen wir uns erst einmal das Eingangsbeispiel an. Genauso, wie bisher die Standardkanäle automatisch zur Verfügung standen, können wir automatisch die drei E/A-Objekte benutzen. Wie immer wird die Ablaufumgebung für deren Existenz sorgen.

"Hello World" sieht nun so aus (Bild 9.5).

```
01 // Hello World mit C++
02 // Datei: hello.cpp
03
04 // Informationsdatei der Klassenbibliothek
05 #include <iostream.h>
06
07 // Testrahmen
08 int main ()
09 {
10 // Ausgabe mit dem Objekt cout und überlagerten Operatoren
11 cout << '\n' << "Hello World !" << '\n';
12 return 0;
13 }
14
```

Bild 9.5 Das altbekannte Beispiel mit cout

Im Beispielprogramm "Hello World" wird eine Programmzeile geschrieben, die mit dem Objekt *cout* beginnt. Das danach folgende Symbol "<<" wird nicht in seiner ursprünglichen Bedeutung des bitweisen Verschiebens benutzt, sondern ist für die Klasse *ostream* (und die davon abgeleitete Klasse *ostream_-withassign*) überlagert.

Der auf den Operator folgende Operand ist ein einzelnes Zeichen, eine Zeilenschaltung. Als Zeichenkonstante steht es in einfachen Anführungszeichen.

Die Methode, die den Ausgabeoperator überlagert, wird beim Aufruf an das *cout*-Objekt gebunden, erhält einen Parameter des Typs *char* und liefert ein Objekt der Klasse *ostream* per Referenz zurück. Die Rückgabe ist notwendig, um eine Kette von Ausgaben zu ermöglichen. Der überlagerte "<<" Operator liefert ein Ergebnis, das für den jeweils nächsten Operator verwendet werden kann.

Zeichenkonstante bilden übrigens einen der Unterschiede zu ANSI-C. Eine Zeichenkonstante würde in C in einem *int* gespeichert, in C++ in einem *char*. Prüft man dies mit sizeof() nach, sieht man den Größenunterschied.

In der Folge übergeben wir an den Aufruf der nächsten Methode einen C-Text. Da anhand der Operanden unterschiedliche Funktionen identifiziert werden können, liegt der Schluß nahe, daß der Operator "<<" mehrfach überlagert wurde.

9.3.2 Aufbau der E/A-Objekte

Jedes dieser E/A-Objekte besteht im Grunde aus drei Teilen: einem Puffer, einem Statusteil (*ios*) sowie einem Implementierungsteil. Der Puffer speichert die Ein- oder Ausgaben zwischen. Der Statusteil merkt sich den momentanen Betriebszustand des Objektes und der Implementierungsteil stellt die höherwertigen Methoden und überlagerten Symbole bereit (Bild 9.6).

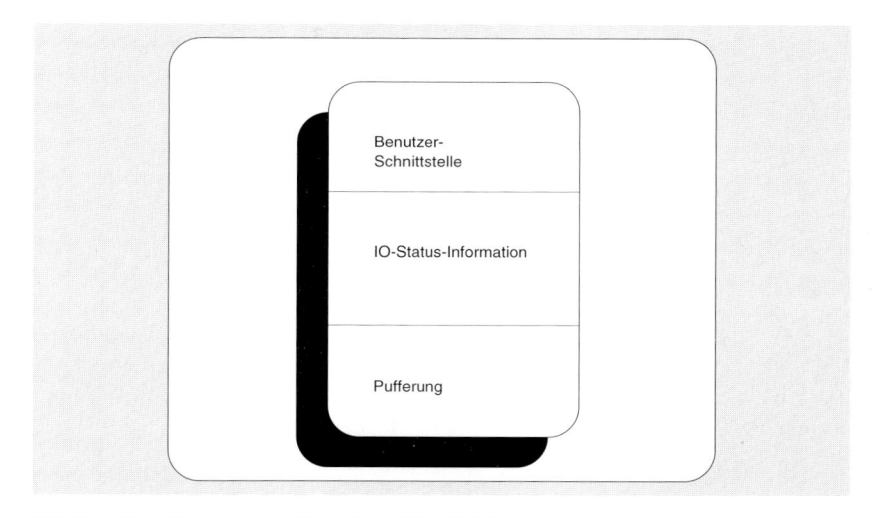

Bild 9.6 Grundlegender Aufbau eines E/A-Objektes

9.3.3 Aufbau der überlagerten Operatoren

Für alle Basisdatentypen wurden in der Standardbibliothek jeweils eine Ausgabemethode geschrieben, so daß alle aus C bekannten Datentypen sofort mit Hilfe der C++-Ausgabe bearbeitet werden können. Im Bild 9.7 sehen Sie einen Auszug aus der *ostream*-Klassendefinition.

Jede Methode gehört zur Ausgabeklasse, erhält seinen spezifischen Parameter und liefert ein Objekt der eigenen Klasse per Referenz zurück. Die Frage ist, welches Objekt wird zurückgeliefert? Die Antwort kann nur sein, daß das Objekt zurückgeliefert wird, an das die Methoden gebunden werden.

9 Serielle Ein- und Ausgabe in C und C++

```
01 ostream & operator<< (short);
02 ostream & operator<< (unsigned short);
03 ostream & operator<< (int);
04 ostream & operator<< (unsigned int);
05 ostream & operator<< (long);
06 ostream & operator<< (unsigned long);
07 ostream & operator<< (float);
08 ostream & operator<< (double);
09 ostream & operator<< (long double);
10
11 ostream & operator<< (const char );
12
13 ostream & operator<< (const signed char *);
14 ostream & operator<< (const unsigned char *);
15
16 ostream & operator<< (void *);
17
```

Bild 9.7 Überlagerungen von operator<<

Da die Aufrufe in einer Kette hier von links nach rechts abgearbeitet werden, liefert die erste Ausgabe das Objekt, an das es gebunden wird, zurück und stellt es der nachfolgenden Operation zur Verfügung. So wird dann für alle Operationen einer Kette *cout* oder *cerr* durchgereicht.

Wichtig für den Anwender ist es zu wissen, daß die überlagerten Operatoren stets eine formatierte Ein- oder Ausgabe durchführen. Für das Bearbeiten von unformatierten Operationen stehen andere Methoden bereit, die wir ebenfalls besprechen werden.

Eine Besonderheit ist die Ausgabe einer Adresse. Ein Zeiger auf *char* wird als Zeiger auf den Beginn eines Textes gesehen, wie in C üblich. Will man nun die Adresse ausgeben, die der Zeiger beinhaltet, dann muß man den Inhalt auf den typlosen Zeiger konvertieren. Eine typlose Adresse wird im Normalfall hexadezimal angezeigt. Die Form der Adreßdarstellung hängt von der jeweiligen Implementierung ab (Bild 9.8).

9.3.4 Der Status der E/A-Objekte

Die Idee des Statusteils eines E/A-Objektes ist es, permanent eine Vielzahl von Steuerbits und Informationen bereitzuhalten, um sie bei jeder folgenden Operation anzuwenden.

Die IO-Klassenbibliothek

```
01 // Ausgabe eines Zeigers
02 // Datei: zadr.cpp
03
04 #include <iostream.h>
05
06 int main ()
07 {
08 char * cp = "Ausgabetext\n";
09
10 cout << cp << endl;          // Ausgabe des Textes
11 cout << (void *) cp << endl;// Ausgabe der Adresse in cp
12 return 0;
13 }
14
```

Bild 9.8 Ausgabe von Adressen

Der Statusteil der E/A-Objekte wird in der Klasse *ios* beschrieben. Jedes E/A-Objekt enthält auch ein Statusobjekt dieser Klasse. Es gibt zwei Statusbereiche.

```
01 // Betriebszustands-Bits
02 enum io_state
03      {
04      goodbit  = 0x00,    // nichts gesetzt: OK
05      eofbit   = 0x01,    // am Dateiende
06      failbit  = 0x02,    // letzte Operation: Fehler
07      badbit   = 0x04,    // ungültige Operation
08      hardfail = 0x80     // nicht behebbar
09      };
10 // Auswertungen des Status
11 int   rdstate();         // Hole Status
12 int   eof();             // wahr am Dateiende
13 int   fail();            // wahr bei Fehler der Operation
14 int   bad();             // wahr bei belibigem Fehler
15 int   good();            // wahr falls OK
16 void clear(int = 0);     // setzen des Zustandes
17      operator void * (); // wahr falls OK
18 int   operator! ();      // wahr falls Fehler
19
```

Bild 9.9 Interner Zustand der E/A-Objekte

9 Serielle Ein- und Ausgabe in C und C++

Die beiden Statusbereiche sind der Betriebszustand (Bild 9.9) des Objektes und die voreingestellte Formatierung. Für jeden der beiden Bereiche sind in der Informationsdatei iostream.h die möglichen Werte mit Hilfe symbolischer Namen in Aufzählungstypen vereinbart.

9.3.5 Der Betriebszustand

Der Betriebszustand entscheidet darüber, ob ein Objekt benutzbar ist oder nicht.

Der Betriebszustand speichert Informationen über die letzte Operation. Weiter wird vermerkt, ob das Dateiende erreicht wurde und ob ein nicht behebbarer Fehler aufgetreten ist. Insgesamt stehen vier Bits zur Verfügung. Ist kein Bit gesetzt, gilt das Objekt als betriebsbereit.

Der interne Bit-Code kann mit einer Anzahl von Testmethoden (fail(), eof(), bad(), good()) näher bestimmt werden. Die Testmethoden liefern dabei ein boolesches Ergebnis zurück. Besondere Abfragen sind der überlagerte NOT-Operator ("!") und eine spezielle Typkonvertierung vom E/A-Objekt hin zu einem typlosen Zeiger (Bild 9.10).

```
01  // Test des Betriebszustandes
02  // Datei: eatest1.cpp
03
04  #include <iostream.h>
05
06  int main ()
07  {
08    cout << "\nTextausgabe!" << "\n";
09    if (cout)                    // if OK
10      cout << "Erste Ausgabe in Ordnung" << "\n";
11    if (!cout)                   // if not OK
12      cerr << "COUT fehlgeschlagen";
13    return 0;
14  }
15
```

Bild 9.10 Test der Ausgabeoperation

Die gespeicherte Information kann auch als Ganzes ausgelesen oder gezielt gesetzt werden. Das Auslesen geschieht mit rdstate() und das Setzen mit clera(). Der Vorgabewert für den Parameter ist dabei 0, was alle Bits löscht. Damit kann man einen behandelten Fehler zurücksetzen.

Die IO-Klassenbibliothek

Im Fehlerfall blockiert das E/A-Objekt, so daß keine weiteren Operationen mehr möglich sind. Nach dem Beheben des Fehlers kann der Zustand wieder rückgesetzt werden. Danach kann das Objekt wieder benutzt werden.

Im Fehlerfall empfiehlt es sich außerdem, bei den vorgegebenen E/A-Objekten eine Synchronisation mit dem normalen C-E/A-System anzufordern. Die Objekte benutzen ja immer noch die gewohnten E/A-Kanäle aus C (Bild 9.11).

Möchte man im Programm die Namen der Aufzählungskonstanten benutzen, die den Betriebszustand anzeigen, muß man den Gültigkeitsbereich mit angeben. Die Konstanten sind in der Klasse *ios* definiert.

```
01  // Test des Betriebszustandes
02  // Datei: eatest2.cpp
03
04  #include <iostream.h>
05
06  int main ()
07  {
08      cout << "\nTextausgabe!" << "\n";
09      if (!cout)                // if not OK
10      {
11          cerr << "COUT fehlgeschlagen";
12          if (cout.rdstate() & ios::eofbit)
13              cerr << "Am Ende angekommen." << "\n";
14          cout.clear();          // lösche Fehlerbits
15          cout.sync_with_stdio(); // synchronisiere mit stdio
16      }
17      return 0;
18  }
19
```

Bild 9.11 Behandlung eines Fehlerzustandes

In Zukunft wird das System des internen Fehlerzustandes umgestellt auf den Auswurf von Fehlervariablen, die im Kapitel über exceptions/synchrone Signalbehandlung besprochen wird. Aus Kompatibilität zum existierenden Code wird die bisherige Fehlererkennung weiter unterstützt.

9.3.6 Formatierung

Neben dem Betriebszustand wird im Objekt ein Formatierungszustand gespeichert, der für die Darstellung notwendige Informationen beinhaltet. Die meisten Informationen gelten dabei auf Dauer. Nur die aktuelle Feldgröße ist davon ausgenommen.

9 Serielle Ein- und Ausgabe in C und C++

Ein Satz von Formatierungsbits, die Anzahl der gewünschten Nachkommastellen und ein Füllzeichen werden gespeichert.

Die Formatierungsinformationen können entweder mit Methoden oder mit sogenannten Manipulatoren verändert werden. Methoden erfordern den üblichen Aufruf mit einem Objekt und einem Punkt, wohingegen Manipulatoren in eine Kette von Ausgabeanweisungen wie Werte eingefügt werden können.

Den Manipulatoren ist ein eigener Abschnitt gewidmet.

Die Formatierungsbits sind in einer Aufzählung in der Klasse *ios* definiert. Jeder Name entspricht dabei einer Bitposition, sodaß mehrere Bits gleichzeitig gesetzt sein können (Bild 9.12).

```
01  // Bits des Formatierungs-Status
02  enum
03  {
04      skipws     = 0x0001,  // white space überlesen (E)
05      left       = 0x0002,  // linksbündig (A)
06      right      = 0x0004,  // rechtsbündig (A)
07      internal   = 0x0008,  // Füllzeichen nach VZ oder Basis
08      dec        = 0x0010,  // dezimal
09      oct        = 0x0020,  // oktal
10      hex        = 0x0040,  // hexadezimal
11      showbase   = 0x0080,  // Basis anzeigen (A)
12      showpoint  = 0x0100,  // Dezimalpunkt immer anzeigen
13      uppercase  = 0x0200,  // Hex mit Großbuchstaben
14      showpos    = 0x0400,  // '+' bei Bedarf anzeigen
15      scientific = 0x0800,  // 1.2345E2 Darstellung
16      fixed      = 0x1000,  // 123.45 feste Anzahl Stellen
17      unitbuf    = 0x2000,  // Einzelausgaben
18      stdio      = 0x4000   // stdout, stderr synchronisieren
19  };
20
```

Bild 9.12 Formatierung von Ausgaben

Für diese Bits ist im E/A-Objekt eine Eigenschaft reserviert, die die Bits speichern kann. Zur Bearbeitung gibt es die Methoden flags(), setf() und unsetf(). Flags() mit einem *long*-Parameter setzt absolut alle Bits im internen Formatspeicher. Ohne Parameter aufgerufen liefert flags() den momentanen Wert.

Mit setf() lassen sich einzelne Bits des Formatspeichers setzen. Die als Parameter angegebenen Bits werden mit dem momentanen Wert verodert. Zurückgeliefert wird der vor der Operation bestehende Wert (Bild 9.13).

Die IO-Klassenbibliothek

```
01 // Test von flags und setf()
02 // Datei: xflags1.cpp
03
04 #include <iostream.h>
05
06 int main ()
07 {
08   cout << "\x1b[2J";
09   cout.flags(0x2001);      // Alle Bits setzen
10   cout << cout.flags()<< "\n";   // alle Bits holen
11   cout.setf(ios::hex);     // zusätzlich hex
12   cout.unsetf(ios::hex);   // nur hex zurücknehmen
13   cout << cout.flags() << "\n";  // wieder alter Wert
14   return 0;
15 }
16
```

Bild 9.13 Setzen und Löschen von Formatflags

Setf() kann optional einen zweiten Parameter erhalten. Der zweite Parameter gibt dann eine Arbeitsgruppe an (Bild 9.14).

```
01 // Konstante für den Gruppenparameter: setf(bits,gruppe)
02 static  const long basefield;    // dec | oct | hex
03 static  const long adjustfield;  // left | right | internal
04 static  const long floatfield;   // scientific | fixed
05
```

Bild 9.14 Gruppenkonstante für setf()

Die Gruppe gibt an, welche Bits vor der Operation zu löschen sind. In jeder Gruppe darf zu einem gegebenen Zeitpunkt immer nur ein Bit gesetzt werden (Bild 9.15).

Ein wenig Vorsicht ist bei der Angabe von Gruppen anzuraten. Die Gruppenbits werden zumeist auch dann gelöscht, wenn das zu setzende Bit nicht zur angegebenen Gruppe gehört.

Zum Setzen und Abfragen des Füllzeichens und der Anzahl von Nachkommastellen gibt es die Methoden setfill() und precision(): Beim Setzen wird wieder der vorher eingestellte Wert zurückgeliefert und kann gespeichert werden. Wird eine der genannten Methoden ohne Parameter gerufen, liefert sie die momentane Einstellung zurück (Bild 9.16).

9 Serielle Ein- und Ausgabe in C und C++

```
01 // Test von flags und sflags()
02 // Datei: xflags2.cpp
03
04 #include <iostream.h>
05
06 int main ()
07 {
08   cout << "\x1b[2J";
09   cout << cout.flags()<< "\n";       // alle Bits holen
10   cout.setf(ios::hex,ios::basefield);// zusätzlich hex
11   cout.unsetf(ios::hex);              // nur hex zurücknehmen
12   cout.setf(ios::oct);                // oktal setzen
13   cout.setf(ios::hex,ios::basefield);// umschalten
14   cout << cout.flags() << "\n";       // wieder alter Wert
15   return 0;
16 }
17
```

Bild 9.15 Setzen von Gruppenbits

Im Beispiel wird nach dem Setzen der Nachkommastellen die Konstante mit drei Stellen angezeigt.

```
01 // Arbeiten mit Methoden
02 // Datei: eaform1.cpp
03
04 #include <iostream.h>
05 #include <iomanip.h>
06
07 int main ()
08 {
09   char alt_f = cout.fill('*');        // Setze Füllzeichen
10   cout << "Füllzeichen: " << cout.fill() << "\n";
11   int p = cout.precision(3);          // setze Stellen
12   cout << 3.14159;
13   return 0;
14 }
15
```

Bild 9.16 Füllzeichen und Nachkommastellen

So bleibt nur noch eine spezielle Behandlungsmethode zu erwähnen: width(). Sie unterscheidet sich von allen anderen dadurch, daß sie nicht gespeichert wird, sondern durch jede E/A-Operation zurückgesetzt wird. Damit gilt die Breiteneinstellung nur für die folgende Operation.

Unformatierte Ein- und Ausgabe

Bei der Ausgabe gilt dabei, daß eine längere Ausgabe nicht abgeschnitten wird, eine kürzere Ausgabe jedoch die angegebene Breite einnimmt.

Bei der Eingabe begrenzt width() die zu bearbeitenden Zeichen auf die angegebene Länge. Damit lassen sich Überläufe von Feldern verhindern. Wie beim Einlesen von Texten üblich, wird erst nach einer Zeilenschaltung zugewiesen (Bild 9.17).

```
01 // Ausgabebreite
02 // Datei: breite1.cpp
03
04 #include <iostream.h>
05
06 int main()
07 {
08   char feld[10];
09   cout.width(10);
10   cout << "Hallo, sehr geehrte Leser!"<< "\n";
11   cout << "|";
12   cout.width(10);
13   cout << 5 << "|" << "\n";
14   cin.width(5);       // Gesamtlänge mit '\0'
15   cout << "Bitte Text eingeben: ";
16   cin >> feld;
17   cout << "Ergebnis: " << feld << "\n";
18   cin >> feld;        // Rest zuweisen
19   cout << feld;
20   return 0;
21 }
22
```

Bild 9.17 Setzen der Ausgabebreite

9.4 Unformatierte Ein- und Ausgabe

Neben den überlagerten Schiebeoperatoren existieren eine ganze Anzahl von Methoden zur unformatierten Ein- und Ausgabe, zum Setzen und Lesen der aktuellen Dateizeigerposition, zur Statusabfrage des Kanals sowie zum möglichen Zurückstellen eines Zeichens in den Eingabestrom (bis maximal vier Zeichen möglich).

Beim Zurückstellen wird ein bereits gelesenes Zeichen wieder an die Eingabe übergeben. Die nachfolgende Eingabeoperation wird das gleiche Zeichen noch einmal lesen.

9 Serielle Ein- und Ausgabe in C und C++

Will man beispielsweise in einer Routine eine Zahl einlesen und konvertieren, muß man das Ende der Zahl an einem Buchstaben erkennen, der keine Ziffer ist. Allerdings könnte der begrenzende Buchstabe bereits wieder zu einem Text gehören. Die Zahlenroutine wird daher den gelesenen Buchstaben in die Eingabe zurückstellen.

Eine Übersicht über alle Methoden für eine unformatierte Ein- und Ausgabe finden Sie im Bild 9.18 zusammengestellt.

```
01 // Unformatierte Eingabe
02
03 istream & get   (  signed char*, int, char = '\n');
04 istream & get   (unsigned char*, int, char = '\n');
05 istream & read  (  signed char*, int);
06 istream & read  (unsigned char*, int);
07
08 istream & getline (  signed char*, int, char = '\n');
09 istream & getline (unsigned char*, int, char = '\n');
10
11 istream &   get (streambuf &, char = '\n');
12
13 istream &   get(unsigned char &);
14 istream &   get(  signed char &);
15
16 int         get();
17 int         peek();      // Nur lesen, nicht entfernen
18 int         gcount();    // Anzahl Zeichen, letzte Operation
19 istream &   putback(char);  // in die Eingabe zurückstellen
20
21 istream &   ignore(int = 1, int = EOF);
22
23 // Ausgabe-Operationen
24 ostream &   seekp(streampos);
25 ostream &   seekp(streamoff, seek_dir);
26 streampos   tellp();
27
28 ostream & put(char);
29 ostream & write (const   signed char *, int);
30 ostream & write (const unsigned char *, int);
31
```

Bild 9.18 Methoden für unformatierte E/A

Im zugehörenden Beispiel (Bild 9.19) wird Zeichen für Zeichen eingelesen und wieder ausgegeben. Der Parameter der get()-Methode erscheint auf den ersten Blick etwas merkwürdig. Wie kann hier eine Eingabe in die Variable x passieren? Ganz einfach, der Formalparameter ist eine Referenz.

Wichtig für das obige Beispiel sind wieder die Fehlerabfragen. Entweder stellen wir ein E/A-Objekt direkt in eine *if*-Abfrage oder wir wenden den "!"-Operator (not) an.

Die Fehlerbehandlung finden Sie am Schluß des Kapitels noch einmal zusammengefaßt.

```
01 // Ein- und Ausgabe
02 // Datei: kopie1.cpp
03
04 #include <iostream.h>
05
06 int main ()
07 {
08 char x;
09
10 while (1)
11   {
12    cin.get (x);           // unformatiert lesen
13    if (cin)               // falls O.K.
14     {
15      cout.put (x);        // unformatiert schreiben
16      if (!cout)           // falls nicht O.K.
17       break;
18     }
19    else
20     break;
21   }
22 return 0;
23 }
```

Bild 9.19 Unformatierte Ein- und Ausgabe

9.5 Manipulatoren

In der bisherigen Diskussion haben wir Methoden verwendet, um E/A-Objekte zu manipulieren oder deren Status abzufragen. Für eine Vielzahl von Fällen gibt es daneben spezielle Konstrukte, die Manipulatoren, die innerhalb einer E/A-Kette wie ein Wert bzw. eine Variable geschrieben werden können.

161

9.5.1 Manipulatoren ohne Parameter

Die Manipulatoren sind Namen für Zustandsänderungen, die innerhalb einer Kette von überlagerten Operatoren benutzt werden können. Manipulatoren ohne Parameter werden in der Datei iostream.h beschrieben, Manipulatoren mit Parametern in der Datei iomanip.h.

Jeder Programmierer kann für eigene Zwecke selbst Manipulatoren schreiben.

Die vordefinierten Manipulatoren ohne Parameter für beide Klassen *istream* und *ostream* sind die Zahlenbasismanipulatoren für dezimal, hexadezimal und oktal.

Im Beispiel (Bild 9.20) wird eine Eingabe mit hexadezimalen Zeichen (ohne eigene Kennung 0x davor) erwartet und verschieden ausgegeben.

```
01  // Manipulatoren für istream und ostream
02  // Datei: manip1.cpp
03
04  #include <iostream.h>
05
06  int main ()
07  {
08     int i;
09     cout << "\x1b[2J";
10
11     cout << "Gib Zahl in Hex: ";
12     cin >> hex >> i;
13
14     cout << "Ergebnis: (dez) " << i << endl;
15     cout << "Ergebnis: (hex) " << hex << i << endl;
16     cout << "Ergebnis: (oct) " << oct << i << endl;
17
18     return 0;
19  }
20
```

Bild 9.20 Manipulatoren für istream und ostream

Die Manipulatoren lassen sich bequem in eine Operatoren-Kette einfügen. Sie bewirken aber nichts anderes, als intern die entsprechenden Formatierungsbits zu setzen. Das gleiche Resultat ließe sich auch mit Hilfe der Bitsetze-Funktion setf() erzielen.

Für Objekte der Klasse *ostream*, die Ausgabeobjekte, sind drei weitere Manipulatoren definiert. Mit "endl" kann man den Puffer leeren und eine Zeilenschaltung anhängen, mit "ends" wird eine '\0' angehängt und schließlich leert "flush" den Ausgabepuffer (Bild 9.21).

```
01 // Manipulatoren für ostream
02 // Datei: manip2.cpp
03
04 #include <iostream.h>
05
06 int main ()
07 {
08 int i = 99;
09 cout << "\x1b[2J";
10
11 cout << "Ergebnis: (dez) " << i;
12 cout << flush;
13 cout << "\nErgebnis: (hex) " << hex << i << endl;
14 cout << "Ergebnis: (oct) " << oct << i << endl;
15 cout << "Hallo" << ends << endl;
16
17 return 0;
18 }
19
```

Bild 9.21 Manipulatoren für die Ausgabe

Das explizite Leeren des Ausgabepuffers ist oft nicht notwendig. Die Objekte der Klasse *istream* sind an Objekte der Ausgabeklasse *ostream* gebunden. (Damit ist nicht die implizite Bindung der Methoden gemeint, sondern nur, daß die Eingabeobjekte wissen, daß sie mit Ausgabeobjekten zusammenarbeiten.) Existiert eine solche Bindung oder Zuordnung, dann werden vor jeder Eingabe die zugeordneten Objekte mit einem Leeren der Puffer beauftragt. Damit erscheint jeder Führungstext sicher vor einer Eingabe.

Bleibt nur ein Manipulator zu besprechen, der die Eingabe beeinflußt:

Als Voreinstellung werden bei einer Eingabe führende Leerzeichen, Tabulatoren oder Zeilenschaltungen entfernt (white space). Dieses Entfernen kann auch mit einem Manipulator "ws" eingeschaltet werden, falls es nicht sowieso schon vorgegeben ist.

Ohne "ws" würden führende Leerzeichen als eigener Text gewertet (Bild 9.22).

9 Serielle Ein- und Ausgabe in C und C++

```
01 // Manipulator für istream
02 // Datei: manip3.cpp
03 #include <iostream.h>
04 int main ()
05 {
06 char feld[100];
07 cout << "\x1b[2J";
08 cin.unsetf(ios::skipws);
09 cout << "Gib Text ein: " ;
10 cin >> feld;
11 cout << feld << endl;
12 cout << "Gib Text ein (ws): " << endl;
13 cin >> ws >> feld;
14 cout << feld << endl;
15 return 0;
16 }
17
```

Bild 9.22 Eingabesteuerung mit "ws"

9.5.2 Manipulatoren mit Parameter

Manipulatoren mit einem Parameter werden dazu benutzt, Nachkommastellen, Füllzeichen oder Bits im internen Formatspeicher zu setzen.

Wieder übernehmen hier Manipulatoren Aufgaben, die man auch mit Hilfe der Methoden erfüllen kann.

Mit setw() wird die Feldbreite der Ausgabe oder Eingabe voreingestellt. Damit bewirkt der Manipulator setw() das gleiche, das man mit der Methode width() auch erreichen könnte. Das Füllzeichen setzt man mit setfill(), die Nachkommastellen mit setprecision(), die Zahlenbasis mit setbase() und schließlich kann man mit setiosflags() sowie resetiosflags() einzelne Statusbits beeinflussen (Bild 9.23).

Alle Formatangaben werden wieder gespeichert und stehen für weitere Operationen zur Verfügung. Die Ausnahme ist setw(), der jedesmal neu gesetzt werden muß.

Die Einstellung einer Ausgabebreite dient übrigens nur als Minimalangabe. Sollte der Ausgabetext die angegebene Ausgabebreite überschreiten, wird wie bei der Formatierung in C die Ausgabe automatisch vergrößert.

Manipulatoren sind zusätzlich zu den gleichwertigen Methoden vorhanden, sie lassen sich jedoch in eine E/A-Kette wie Werte einstreuen.

Manipulatoren

```
01 // Manipulatoren mit Parametern
02 // Datei: manip4.cpp
03
04 #include <iostream.h>
05 #include <iomanip.h>
06
07 int main ()
08 {
09 int i;
10 cout << "\x1b[2J" << endl;
11
12 cout << setw(40) << "Gib Zahl in Hex: ";
13 cin >> hex >> i;
14 cout << setfill('*');
15 cout << "Ergebnis: (dez) " << setw(10) << i << endl;
16 cout << "Ergebnis: (hex) " << setw(10) << hex <<
17         i << endl;
18 cout << "Ergebnis: (oct) " << setw(10) << oct <<
19         i << endl;
20 cout << setiosflags(ios::hex) << "Nun 17 in hex.: " <<
21         17 << endl;
22 cout << resetiosflags(ios::hex) << "Nun 17 in dez.: "
23         << 17 << endl;
24 cout << setbase(8) << "Nun 17 in oct.: " << 17 << endl;
25 cout << setprecision(3) << "3 Nachkommastellen: " <<
26         3.14159 << endl;
27 return 0;
28 }
29
```

Bild 9.23 Manipulatoren mit Parameter

Bei Eingaben kann die Begrenzung der Eingabebreite jedoch eine weit wichtigere Aufgabe übernehmen. Das Ziel von Eingaben ist oft ein Textfeld. Eine Überschreitung der zulässigen Länge hätte katastrophale Folgen für die hinter dem Feld liegenden Variablen.

Mit setw() kann nun hier die maximal zu übertragende oder zu berücksichtigende Zeichenanzahl voreingestellt werden. Die angegebene Länge beinhaltet das schließende '\0'-Zeichen, sodaß die Feldgröße als Parameter verwendet werden kann. Vergleichen Sie dazu die Zeilen 9 und 13 im Bild 9.24.

9 Serielle Ein- und Ausgabe in C und C++

```
01  // Manipulatoren mit Parametern
02  // Datei: manip5.cpp
03
04  #include <iostream.h>
05  #include <iomanip.h>
06
07  int main ()
08  {
09    char feld[10];
10    cout << "\x1b[2J" << endl;
11
12    cout << "Gib langen Text: ";
13    cin >> setw(10) >> feld;
14    cout << "Ergebnis: " << feld << endl;
15    cout << "Feldadresse: " << (void *)feld << endl;
16    return 0;
17  }
18
```

Bild 9.24 Begrenzung der Eingabelänge

9.6 Integration von Klassen

Eine der wichtigsten Eigenschaften des E/A-Systems ist es, daß eigene Klassen in gleichartiger Form in das E/A-System integriert werden können. Dies und die Typsicherheit bei der Verwendung waren die beiden ausschlaggebenden Gesichtspunkte für die neue Ein- und Ausgabe.

Dazu können wir jedoch keine Methoden schreiben. Bisher erfolgten die E/A-Operationen stets mit bekannten Datentypen, für die vordefinierte Methoden zur Verfügung standen. Die E/A-Bibliothek ist jedoch fertig übersetzt und somit nicht anpaßbar an neue, selbst definierte Klassen. Die Lösung ist jedoch einfach. Wenn es nicht mit Methoden funktioniert, dann können wir noch die befreundeten Funktionen bemühen.

Diese Funktionen benötigen den Zugang auf den privaten Bereich des Objektes, das ausgegeben werden soll. Schließlich befinden sich zumeist die Eigenschaften mit den momentanen Werten im privaten Bereich. Funktionen mit Zugangserlaubnis kennen wir als befreundete Funktionen.

Eine befreundete E/A-Funktion erhält beide Operanden als Parameter. In der Deklaration der Funktion in der Klasse müssen wir das Schlüsselwort *friend* vor die Deklaration setzen, um auszudrücken, daß es sich nicht um eine Methode handelt (Bild 9.25).

Integration von Klassen

```
01 // E/A mit Klassen
02 // Datei: ioratio1.h
03 #include <iostream.h>
04
05 // Definition der Klasse
06 class ratio
07 {
08 public:                                // Anwenderbereich
09     ratio (int z=0, int n=1);          // Konstruktor
10 ratio operator+(const ratio &op2);// function member
11 friend ostream & operator << (ostream &, const ratio &);
12 private:                               // Spezialistenbereich
13 int zaehler;                           // Eigenschaften
14 int nenner;
15 };
```

Bild 9.25 Klasse mit überlagerter Ausgabe

Die Deklaration einer Methode oder einer Funktion innerhalb einer Klasse ist gleichbedeutend mit einer Zugriffslizenz auf den privaten Teil der Klasse. Unsere neue Funktion darf also wie gewünscht auf Zähler und Nenner zugreifen.

Da ein Zugriff auf den privaten Bereich des E/A-Objektes nicht notwendig ist, muß die E/A-Funktion nur mit der eigenen, neuen Klasse befreundet sein. Die Funktion erhält zwar ein E/A-Objekt, benutzt es aber nur aus der Sicht eines Anwenders als Ganzes. Nur die Elemente der eigenen Klasse müssen gelesen oder beschrieben werden können.

Letztlich führen wir die Ein- oder Ausgabe eines unbekannten Objektes auf die Ein- oder Ausgabe bekannter Grundelemente zurück.

In der Implementierung entfallen das Schlüsselwort *friend* und auch die Bereichsangabe bei der befreundeten Funktion. Bereichsangaben stehen nur bei Methoden (Bild 9.26).

Innerhalb der befreundeten Ausgabe-Funktion des Beispiels stehen uns nun ein Ausgabeobjekt und ein Objekt der eigenen Klasse zur Verfügung. Und das erhaltene Ausgabeobjekt benutzen wir, um getrennt den Zähler, einen Schrägstrich und den Nenner auszugeben. Das Ergebnis der Ausgabeoperatoren ist ein Objekt der Klasse *ostream*, wie in der überlagerten Deklaration gezeigt. Die Rückgabe des letzten Ausgabeoperators wird wiederum innerhalb der befreundeten Funktion zurückgegeben, um die Kette aufrechtzuerhalten.

9 Serielle Ein- und Ausgabe in C und C++

```
01 // Grundlagen des Klassenbegriffs - Initialisierung
02 // Datei: ioratio1.cpp
03
04 #include "ioratio1.h"
05
06 // Konstruktor
07 ratio::ratio (int z, int n)
08 {
09 zaehler =z;
10 nenner = n;
11 }
12
13 // Teil-Implementierung der Methoden / function members
14 ratio ratio::operator+ (const ratio &op2)
15 {
16 ratio hilf;
17 hilf.zaehler = zaehler*op2.nenner+op2.zaehler*nenner;
18 hilf.nenner = op2.nenner * nenner;
19 return hilf;
20 }
21 ostream & operator << (ostream &o, const ratio &rr)
22 {
23 return o << rr.zaehler<<'/' << rr.nenner;
24 }
25
```

Bild 9.26 Implementierung der Überlagerung

Im Anwenderprogramm schließlich wird eine Ausgabekette ausprobiert (Bild 9.27).

Eigene Ausgabefunktionen werden sinnvollerweise für die meisten eigenen Klassen geschrieben.

Mit den befreundeten Funktionen haben wir einen zweiten Mechanismus kennengelernt, mit dem Operatoren überlagert werden können.

9.7 Ersteller eigener Manipulatoren

Eigene Ausgabeoperatoren sind für viele eigene Klassen eine Selbstverständlichkeit. Weit seltener werden eigene Manipulatoren geschrieben.

Ersteller eigener Manipulatoren

```
01  // Grundlagen des Klassenbegriffs - Anwendung
02  // Datei: miorat1.cpp
03
04  #include "ioratio1.h"
05
06  // Testrahmen
07  int main ()
08  {
09     ratio RObj1(1,2), RObj2(1,4), RObj3(0,1);
10
11     RObj3 = RObj1 + RObj2;
12     cout << "Ergebnis: " << RObj3 << "\n";
13     return 0;
14  }
15
```

Bild 9.27 Anwendung eigener E/A-Operatoren

9.7.1 Manipulatoren ohne Parameter

Ein Manipulator ist ein Syntaxelement, das innerhalb einer Ausgabekette benutzt werden kann. Beispiele für vordefinierte Manipulatoren haben wir bereits kennengelernt: z.B. hex oder dec.

Mit Hilfe eigener Manipulatoren kann man spezielle Ausgabeformate, Druckersteuerungen oder ähnliches realisieren.

Schreiben wir dazu einen Satz eigener Manipulatoren ohne Parameter.

Zur Realisierung von Manipulatoren sind in der Klassenbibliothek bereits überlagerte Operatoren definiert, die als Parameter Adressen von Funktionen erwarten. Die Schnittstelle einer dieser Funktionen erwartet ein Objekt der Klasse *ostream* als Parameter und als Ergebniswert.

Eine zweite Überlagerung erwartet eine Funktion, die als Parameter und als Ergebniswert ein Objekt der Klasse *ios* besitzt (Bild 9.28).

Die beiden Methoden sind im Bild 9.28 im Kommentar angegeben. Da sie Teil der normalen Informationsdatei iostream.h sind, brauchen sie normalerweise nicht getrennt deklariert werden.

Nur zur Demonstration wurde in der return-Anweisung einmal mit und ohne Klammerung gearbeitet.

Ein Manipulator ohne Parameter kann als globale Funktion geschrieben werden. Der Name der globalen Funktion stellt eine Adresse dar. Die Adresse kann als Parameter der überlagerten Operatorfunktion benutzt werden.

9 Serielle Ein- und Ausgabe in C und C++

```
01 // Eigene Manipulatoren - ohne Parameter
02 // emanip1.cpp
03
04 #include <iostream.h>
05 // Diese Operatoren sind in der Stream-Bibliothek:
06 // ostream & operator<< (ostream & (*fu)(ostream &));
07 // ostream & operator<< (ios & (*fu) (ios &));
08
09 // Manipulatorfunktionen
10 ostream & fett (ostream & o)
11 {
12 return (o << " FETT ");
13 }
14 ostream & normal (ostream & o)
15 {
16 return o << " NORMAL ";
17 }
18
19 int main ()
20 {
21 cout << fett << "Mein Text" << normal << endl;
22 return 0;
23 }
24
```

Bild 9.28 Aufbau eigener Manipulatoren (ohne P.)

Im Beispiel wird eine Druckersteuerung simuliert. Die Funktionen fett() und normal() sollen die entsprechenden Steuersequenzen an einen speziellen Drucker senden. (Der Fall tritt bei Programmen unter einem Betriebssystem nur ein, wenn kein Treiber zur Verfügung steht.)

Die Implementierung des überlagerten Operators ist im Grunde einfach. Intern wird nur die übergebene Funktion indirekt aufgerufen und das eigene Objekt als Parameter übergeben (Bild 9.29).

Durch diese etwas trickreiche Schreibweise lassen sich viele statusverändernde Operationen sowohl als Methode aufrufen oder innerhalb einer Ausgabekette benutzen.

```
01 // Operator << für Manipulatoren
02 // Datei: emanip2.cpp
03
04 #include <iostream.h>
05
06 ostream & ostream::operator<< (ostream & (*fu)(ostream &))
07 {
08   return (*fu) (*this);
09 }
10
```

Bild 9.29 Mögliche Implementierung

9.7.2 Manipulatoren mit einem Parameter

Für die Generierung von Manipulatoren mit einem Parameter ist der Aufwand noch etwas größer. Tragen wir in die Ausgabekette einen Manipulator mit Parameter ein, dann müssen wir uns Gedanken machen, was hinter diesem Manipulator steckt. Ein Manipulator ohne Parameter war eine Funktion. Die Frage ist, ob dies weiterhin möglich ist.

Ausgeben können wir bisher entweder vordefinierte Basisdatentypen oder mit Hilfe einer befreundeten Funktion auch Objekte. Somit muß ein Manipulator mit einem Parameter sinnvollerweise ein Objekt liefern, da Basisdatentypen auch ohne diesen Aufwand ausgegeben werden könnten. Weiter müssen wir berücksichtigen, daß der Manipulator Teil einer E/A-Kette ist, also ein passendes *ostream-* oder *istream-*Objekt als Ergebnis liefern muß.

Im einfachsten Fall erzeugen wir mit Hilfe eines Konstruktors ein anonymes Objekt einer eigenen Klasse, für die es eine E/A-Überlagerung gibt.

Dies ist einer der seltenen Fälle, in denen der Programmierer selbst einemAufruf eines Konstruktors schreibt. Hier hat der Konstruktor keine Bindung an ein vorhandenes Objekt. Ein Konstruktoraufruf ohne Bindung, bei dem *this* durch den Compiler den Wert NULL erhält, führt zum automatischen Anlegen von Speicherplatz. Um das Entfernen des Speicherplatzes und den Aufruf eines möglicherweise vorhandenen Destruktors wird sich der Compiler automatisch kümmern.

Wir haben hier nebenher eine Spezialität aller Konstruktoren kennengelernt. Sie prüfen intern, ob sie bereits Speicherplatz besitzen und legen ihn an, falls noch keiner reserviert wurde. Obwohl Konstruktoren syntaktisch nichts zurückliefern, wird doch intern die Adresse eines angelegten Speicherplatzes gemeldet.

9 Serielle Ein- und Ausgabe in C und C++

Zur Bearbeitung des Objektes benötigen wir nun eine Klasse, einen Konstruktor und die überlagerte Aus- oder Eingabefunktion. Im Beispiel (Bild 9.30) sind die notwendigen Teile selbst geschrieben.

```
01  // Eigene Manipulatoren - mit Parameter
02  // Datei: emanip3.cpp
03
04  #include <iostream.h>
05
06  class meiner
07  {
08  int x;
09  public:
10  meiner (int i)
11        {
12        x = i;
13        }
14  friend ostream &operator<< (ostream &o, meiner &m);
15  };
16
17  ostream & operator<< (ostream &o, meiner & m)
18  {
19  return o << " >>" << m.x << "<< ";
20  }
21
22  int main ()
23  {
24  cout << meiner(5) << "Schlußtext" << endl;
25  return 0;
26  }
27
```

Bild 9.30 Eigener Manipulator mit Parameter

In vorhandenen Implementierungen der Klassenbibliothek finden sich auch Makros, die die Arbeit erleichtern.

Makros erzeugen eine allgemeine Klasse, die für alle Manipulatoren mit einem bestimmten Parametertyp verwendet werden kann. Der Konstruktor für das notwendige Objekt erhält dabei als Parameter die Adresse der eigentlichen Ausgabefunktion sowie den beim Aufruf des Manipulators übergebenen Parameter.

Ersteller eigener Manipulatoren

Hier wurde vermieden, für jeden Manipulator eine eigene Klasse schreiben zu müssen. Die erzeugte Klasse kann so um den Preis eines etwas komplizierteren Aufbaus mehrfach genutzt werden. Die Makros werden im Bild 9.31 in der Zeile 14 verwendet.

Derzeit verwenden die gängigen Compiler im PC-Bereich Makros. In Zukunft werden Codeschablonen (templates) Erleichterungen bringen. Ein Blick in die jeweilige Compiler-Dokumentation ist dabei sicher notwendig. Templates finden Sie auch in einem nachfolgenden Kapitel näher beschrieben.

Es sei noch angemerkt, daß der Bereich der Ein- und Ausgabe im Fluß ist. Die endgültigen Festlegungen des Standards werden geringfügig von den hier besprochenen Details abweichen.

```
01 // Eigene Manipulatoren - mit Makros
02 // Datei: emanip4.cpp
03
04 #include <iostream.h>
05 #include <iomanip.h>
06
07 ostream & gib_p (ostream & o, int n)
08 {
09   for (int i = 0; i < n; i++)
10     o << '.';
11   return o;
12 }
13
14 OMANIP(int) punkte (int i)
15 {
16   return OMANIP(int) (gib_p,i);
17 }
18
19 int main ()
20 {
21   cout << punkte(5) << "Schlußtext" << endl;
22   return 0;
23 }
24
```

Bild 9.31 Arbeiten mit vordefinierten Makros

9.8 Arbeiten mit Dateien

Die bisher besprochene Ein- und Ausgabe befaßte sich mit seriellen E/A-Geräten, die klassischerweise Terminals waren. Es gehört angesichts der heute üblichen graphischen Oberflächen keine große prophetische Begabung dazu, die Bedeutung dieser Terminals schwinden zu sehen.

Bleiben wird der Umgang mit Dateien. Die E/A-Klassenbibliothek kennt eine weitere Ausbaustufe (oder korrekter Vererbungsstufe), die die Dateibearbeitung unterstützt.

```
01  // Arbeiten mit Dateien
02  // Datei: iodat1.c
03
04  #include <iostream.h>
05  #include <fstream.h>
06  #include <iomanip.h>
07  #include <stdlib.h>
08
09  int main ()
10  {
11    char ch;
12    fstream fp ("iodat1.cpp",ios::binary | ios::in);
13    if (!fp)
14      {
15        cerr << "\nFehlerhafte Dateieröffnung.\n";
16        exit (1);
17      }
18    cout << "\x1b[2JBeispiel für Datei-E/A\n\n";
19    while (fp)              // Bis Fehlermeldung (EOF)
20      {
21        fp.get(ch);         // ohne Fehlerüberprüfung
22        cout.put(ch);
23      }
24    return 0;
25  }
26
```

Bild 9.32 Kopieren einer Datei

Die Bearbeitung von Dateien mit Hilfe der E/A-Klassenbibliothek reiht sich in eine ganze Anzahl von Dateibearbeitungsschnittstellen ein. Neben der klassischen C-Schnittstelle, die die eigentliche UNIX-Schnittstelle war, wurden im Rahmen der Standardisierungsbemühungen andere Schnittstellen, wie z.B. POSIX aufgesetzt. Manche Betriebssysteme wie Windows95/Windows NT kennen eine proprietäre Schnittstelle.

Es bleibt dem Anwender überlassen zu entscheiden, welche er nun verwenden will.

Zur Bearbeitung von Dateien benötigen wir eine neue Informationsdatei: *fstream.h*. Sie enthält alle zusätzlichen Definitionen für den Umgang mit Dateien.

Da es sich nun nicht mehr um einen vordefinierten Kanal handelt, legen wir zuerst ein neues E/A-Objekt selbst an. Die Klasse ist *fstream*, der Objektname ist beliebig (Bild 9.32).

Als Parameter für den Konstruktor übergeben wir den Namen in einer Schreibweise, die dem Betriebssystem verständlich ist. Hier wurde ein einfacher DOS-Name verwendet. Genauso gut könnte der Name auch eine Laufwerkskennung oder eine Serverangabe enthalten.

Der zweite Parameter ist ein Bitmuster, das durch eine Oder-Verknüpfung gewonnen wird. Die Konstanten sind in der Klasse *ios* enthalten, die die mögliche Zustände der E/A-Objekte beschreibt. Es ist daher notwendig, dem Compiler die Herkunft oder den Definitionsbereich der Konstanten durch den Bereichsoperator mitzuteilen.

Im Bild 9.33 sind die möglichen Werte aufgetragen.

```
01  // Datei/Kanal eröffnen zum ...
02  enum open_mode
03  {
04      in       = 0x01,       // zum Lesen
05      out      = 0x02,       // zum Schreiben
06      ate      = 0x04,       // am Ende weitermachen
07      app      = 0x08,       // append / Anhängen am Ende
08      trunc    = 0x10,       // Löschen falls vorhanden
09      nocreate = 0x20,       // Nicht neu anlegen
10      noreplace= 0x40,       // Nicht überschreiben
11      binary   = 0x80        // binär (nicht Text) Datei
12  };
13
```

Bild 9.33 Eröffnungsmodi eines Kanals

Die Eröffnung wird wieder durch einen überlagerten Operator in einer *if*-Abfrage geprüft. Zuerst wird an den Standard-Ausgabekanal eine ANSI-Steuersequenz gesendet, um den Bildschirm zu löschen.

In einer Bedingungsschleife wird dann die eigentliche Ausgabe durchgeführt. Als Test dient wieder die Status-Abfrage des Dateiobjektes. Hier wird implizit eine Typkonvertierung durchgeführt. Ausgehend vom E/A-Objekt wird auf einen Typ gewandelt, den die *while*-Abfrage versteht (also *int* oder *void* *). Ich habe schon darauf hingewiesen, daß eine genaue Darstellung im Kapitel über Typkonvertierungen zu finden ist.

Für die Ein- und Ausgabe werden jeweils die unformatierten Methoden verwendet.

9.8.1 Zuweisung von E/A-Objekten

Eine andere Bearbeitungsvariante zeigt das nächste Dateibearbeitungs-Beispiel (Bild 9.34). Aus programmtechnischen Gründen wurde das E/A-Objekt mit dem Standardkonstruktor initialisiert. Innerhalb eines Blockes der *if*-Abfrage wird nun die Methode open() auf das E/A-Objekt angewandt. Die Syntax entspricht dem Wertkonstruktor.

Das Beispiel verwendet übrigens nicht das Gegenstück zu open(), die Methode close(). Das überlassen wir hier dem Destruktor. Schließlich ist es seine Aufgabe, die Aufräumungsarbeiten zu übernehmen.

Interessanter ist eine andere Stelle im Programm. In vielen C-Programmen wurde im eigentlichen Programm nicht auf eventuelle Dateibearbeitungen Rücksicht genommen. Der Kernalgorithmus verwendete stets einen Standardkanal. Nur in der ersten Phase des Programms wurde festgestellt, ob der Benutzer einen Dateinamen angegeben hatte und mit Hilfe der Funktion freopen() eine Anpassung des Standardkanals vorgenommen.

Im Beispiel wird dieses Programmiererverhalten nachgestellt. Allerdings kennen wir nun kein freopen() mehr, das in C-Programmen den Standardkanal neu gesetzt hat. Hier genügt eine einfache Zuweisung des neu definierten Objekts an das verwendete Standardobjekt.

Diese eine Zuweisung unterscheidet die Klassen *istream* und *istream_withassign* voneinander. Dies gilt sinngemäß auch für die Ausgabeklassen *ostream_withassign* und *ostream*.

```
01 // Arbeiten mit Dateien
02 // Datei: iodat2.c
03
04 #include <iostream.h>
05 #include <fstream.h>
06 #include <iomanip.h>
07 #include <stdlib.h>
08
09 int main (int argc, char *argv[])
10 {
11 char ch;
12 fstream fp;
13 if (argc == 2)
14   {
15    fp.open (argv[1],ios::binary | ios::in);
16    if (!fp)
17      {
18       cerr << "\nFehlerhafte Dateieröffnung.\n";
19       exit (1);
20      }
21    else
22       cin = fp;        // Zuweisung
23   }
24 cout << "\x1b[2JBeispiel für Datei-E/A\n\n";
25
26 // Allgemeiner Programmteil mit Standard-Kanälen
27 while (cin)                // Bis Fehlermeldung (EOF)
28    {
29     cin.get(ch);           // ohne Fehlerüberprüfung
30     cout.put(ch);
31    }
32 return 0;
33 }
34
```

Bild 9.34 Zuweisung von E/A-Objekten

9.9 Persistenz der Objekte

Objekte haben sehr verschiedene Lebensdauern. Lokale Objekte werden am Ende der Funktion vom Destruktor abgebaut und der Speicher wird vom Endecode freigegeben.

Globale Objekte beginnen als erstes beim Start des Programmes zu leben und werden erst nach der Rückkehr aus der main()-Funktion entfernt.

Bleiben noch die Objekte, deren Lebensdauer der Programmierer mit Hilfe der dynamischen Speicherverwaltung selbst bestimmt.

Alle Lebensdauern haben eines gemeinsam: Die maximale Lebensdauer kann die Programmdauer nicht übersteigen. Oft wären Objekte sinnvoll, die auch zwischen Programmaufrufen existieren. Dazu ist natürlich eine Interaktion mit dem Dateisystem notwendig. Nur dort steht Speicherplatz zur Verfügung, dessen Inhalt das Abschalten des Rechners überlebt.

Die Persistenz, die Lebenszeit auf Dauer, benötigt ein Zusammenspiel zwischen der Objekterzeugung, dem Objektabbau und dem Dateisystem. Als persistente Objekte kommen zuerst einmal die globalen Objekte in Frage.

Will man die Persistenz realisieren, kann man von sehr unterschiedlichen Denkansätzen ausgehen.

- Das Objekt handhabt die eigene Speicherung.
- Das Objekt wird über seinen Speicherplatz informiert.
- Das Objekt meldet seinen Inhalt mit Hilfe einer Methode. Die Speicherung wird außerhalb des Objektes vorgenommen.
- Das Objekt weiß gar nicht, daß es gespeichert wurde, da der Programmierer ein physikalisches Abbild in eine Datei schreibt.

Die eigene Speicherverwaltung setzt entsprechende Aktionen des Konstruktors und des Destruktors voraus. Das Problem hier ist die Eindeutigkeit. Ein Objekt benötigt eine eindeutige Kennung, die zum Speichern und Restaurieren benötigt wird. Im Extremfall erhält jedes Objekt eine eigene Datei oder zumindest einen eigenen Datensatz in einer relationalen Datei. Objektorientierte Datenbanken lösen das Problem durch eine eigene Verwaltung.

Im Beispiel werden wir für ein einzelnes Objekt, einen Aufrufzähler, eine eigene Datei anlegen.

Die zweite Variante, bei der das Objekt beim Aufruf des Wertkonstruktors über seinen Speicherort informiert wird, setzt ebenfalls eine eindeutige Kennung pro Objekt voraus. Bei globalen Objekten kann die Kennung aus dem Programmnamen und der eigenen Adresse bestehen. Eine Neuübersetzung bringt dann aber Probleme mit sich.

Die dritte Variante, bei der das Objekt seinen Zustand nach außen meldet, kennt man unter dem Begriff der Serialisierung. Eine Möglichkeit wäre, den eigenen Zustand in einem Textstring zu konvertieren und mit Hilfe einer Methode diesen String einem Auftraggeber zur Verfügung zu stellen.

Persistenz der Objekte

```
01 // Persistente Objekte
02 // Datei: persi1.cpp
03
04 #include <fstream.h>
05
06 class counter            // Klasse mit save / restore
07 {
08 long count;
09 void save(fstream &o){ o<<count;}
10 void restore (fstream &o) {o >>count;}
11 public:
12 counter();
13 ~counter();
14 void operator++() {count++;}
15 friend ostream & operator << (ostream &o, counter & c)
16 { return o << c.count; }
17 };
18
19 counter zaehlobjekt; // globaler Zähler
20
21 counter::counter()
22 {
23 fstream fp("c:/persist.dat", (ios::in | ios::binary));
24 if (!fp)
25     {
26     cout << "fp.open fehlgeschlagen\n\n";
27     }
28 else
29     {
30     cout << "fp.open gutgegangen\n\n";
31     zaehlobjekt.restore(fp);
32     ++zaehlobjekt;
33     }
34 }
35
36 counter::~counter()
37 {
38 fstream fp("c:/persist.dat",ios::out);
39 zaehlobjekt.save(fp);
40 }
41
42 // Ausgabe des Aufrufzählers
43 int main ()
44 {
45 cout << zaehlobjekt;
46 return 0;
47 }
48
```

Bild 9.35 Demonstration der Persistenz

Das letzte der erwähnten Verfahren kommt gänzlich ohne Mithilfe des Objektes aus. Mit Hilfe des *sizeof*-Operators kann ein Anwender die Größe des Objektes ermitteln und mit einer binären Schreiboperation in einer Datei speichern.

Im Beispiel (Bild 9.35) soll einmal die erste Form benutzt werden, die den eigenen Speicherplatz selbst kennt. Im gezeigten, einfachsten Fall ist dies ein Dateiname im Code. Es kann genauso gut ein Dateiname und ein Offset innerhalb einer Datei sein oder der Name einer Datenbank und der Primärschlüssel.

Die definierte Klasse kennt zwei spezielle Methoden, save() und restore(), die den Inhalt, einen Aufrufzähler, speichern oder restaurieren. Die Methoden sind privat, da sie nur innerhalb des Konstruktors oder Destruktors gerufen werden.

Falls beim Start des Programmes die Speicherdatei vorhanden ist, wird der Inhalt eingelesen, falls nicht, wird die Datei erzeugt.

Der Destruktor schreibt dann den momentanen Inhalt in die Datei zurück.

Bei jedem Aufruf sieht man den inkrementierten Aufrufzähler als Ausgabe.

9.10 Fehlerbehandlung für Ein- und Ausgabe

Bei der Ein- und Ausgabe gibt es eine Vielzahl von Fehlermöglichkeiten. Zumindest beim Lesen einer Datei ist es ganz normal, einen bestimmten "Fehler" zu erkennen, das Dateiende.

Die Fehlerbehandlung wird über den internen Betriebszustand bearbeitet, der Teil der Statusklasse *ios* ist. Der Betriebszustand kennt vier Bedingungen: alles in Ordnung, am Ende angekommen, fehlgeschlagen und harter Fehler. Die Unterscheidung der beiden letzten Angaben ist abhängig von der Umgebung. Im allgemeinen wird man nach einem harten Fehler nicht weiterarbeiten können, nach einem Fehlschlag ist möglicherweise ein erneutes Aufsetzen möglich.

Die verschiedenen Statusabfragen und Tests sind im abschließenden Beispiel zusammengefaßt (Bild 9.36).

Die Abfrage des Objektstatus geschieht im Beispiel entweder mit dem "!"-Operator oder mit der Methode fail(). Daneben wäre noch eine direkte Abfrage eines Objektes als Argument von *if* möglich. Diese Abfrage werden wir in einem eigenen Kapitel über Typkonvertierung noch einmal beleuchten.

Fehlerbehandlung für Ein- und Ausgabe

```
01 // Behandlung von E/A-Fehlern
02 // Datei: ioerr1.cpp
03 #include <stdlib.h>
04 #include <iostream.h>
05 int main ()
06 {
07 int x, error;
08 char feld[200];
09 cout << "\x1b[H\x1b[2J" << flush;
10 cout << "Demonstration der Fehlerbehandlung\n";
11 do
12 {
13   cout << "\nGeben Sie eine Zahl ein : ";
14   cin >> x;
15   if (!cin)                      // entspricht: cin.fail()
16   {
17     cerr << "\nFehlerzustand: ";
18     error = cin.rdstate();       // Fehlerzustand prüfen
19     if (error & ios::goodbit)
20       cerr << "GOODBIT";
21     if (error & ios::eofbit)
22       cerr << "EOFBIT";
23     if (error & ios::failbit)
24       cerr << "FAILBIT";
25     if (error & ios::badbit)
26       cerr << "BADBIT";
27     cerr << " erkannt.\n";
28     cin.clear(0);                // Kein Lesen ohne clear
29     x = cin.sync();              // Leeren der Puffer
30   }
31   else
32     break;                       // Einlesen erfolgreich
33 }
34 while (1);                       // Ende von do-while
35 cout << "\nGeben Sie einen Text ein: ";
36 cin >> feld;                     // Texteingabe
37 if (cin.fail())
38 {
39   cout << "\nFehlerzustand: " << cin.rdstate() << "\n";
40   cin.clear();                   // clear (0) ist default
41   cin.sync ();
42 }
43 cout << "\nZahlen-Ergebnis : " << x;
44 cout << "\nText-Ergebnis   : " << feld << endl;
45 return 0;
46 }
47
```

Bild 9.36 Handhabung von Fehlerzuständen

9 Serielle Ein- und Ausgabe in C und C++

Falls der Fehlerzustand gemeldet wurde, wird er in der Zeile 18 gelesen und danach Bit für Bit ausgewertet.

Beachten Sie beim Zugriff auf die Konstanten der Klasse *ios*, daß stets der Bereich mit angegeben wurde. Natürlich geschieht die Auswertung des *ios::goodbit* nur der Vollständigkeit halber. Wäre es gültig, würden wir nie in die Fehlerabfrage laufen.

Das Quittieren der Fehler geschieht in zwei Stufen. Zuerst wird die Bibliothek zurückgesetzt. Dazu dient die Methode clear(). Der übergebene Parameter enthält entweder ein Bitmuster mit den Bits, die zurückzusetzen sind, den Wert 0 für alle Bits oder der Parameter bleibt leer. Im letzen Fall wird die Vorbesetzung des Parameters wirksam, die 0 ist.

Der folgende Aufruf der Methode sync() leert die Eingangspuffer des benutzten Standard-Kanals. Erst danach steht das Eingabeobjekt wieder für weitere Operationen zur Verfügung.

Am Schluß des Kapitels steht wieder der schon häufiger gegebene Hinweis, daß sich die Sprache und ihre Bibliotheken nach wie vor ändern. Ein Buch mit seinen vielen Beispielen kann derzeit Wissen und eine gewisse Erfahrung vermitteln, wird aber in Details nicht genau die Entwicklung des Standards wiederspiegeln können.

Werfen Sie daher auch bei der E/A-Bibliothek einen Blick in die aktuelle Dokumentation Ihres Compilers.

9.10.1 Ausblick auf das nächste Kapitel

Bei der Diskussion der Ein- und Ausgabe unter C++ haben wir uns auf die Anwendung konzentriert. Den internen Aufbau der Bibliothek konnten (und brauchten) wir nicht näher untersuchen, da dies für die Anwendung nicht zwingend notwendig war. Im Laufe der Entwicklung der Bibliothek hat sich der interne Aufbau außerdem geändert und wird sich mit dem Standard erneut ändern.

Es wurde nur erwähnt, daß die Bibliothek intern aus einer ganzen Sammlung von Klassen besteht, die untereinander in Beziehung stehen.

Das folgende Kapitel wird die Beziehungen betrachten, die der Programmierer in seinem Code statisch formulieren kann. Ein späteres Kapitel wird dann noch die dynamische Verbindung von Klassen zeigen.

10 Statische Klassenbeziehungen

Mit dem Klassenbegriff haben wir eine erstaunliche Verbesserung der Programmgliederung erreicht. Wir konnten sicher sein, daß die Trennung zwischen Spezialist und Anwender eingehalten wird. Klassen existieren aber im Normalfall nicht alleine in einem Programm. Die Objektorientierte Programmierung geht davon aus, daß man Klassen auf unterschiedliche Weise untereinander in Bezug setzen kann. Klassen werden wenn möglich mehrfach verwendet. Die Gliederung des gesamten Programms wird dadurch noch einmal stark verbessert.

Mit einer strengeren Gliederung der Programme mit Hilfe von Klassenbeziehungen schrumpft die Kluft zwischen Programmierer, Programmdesigner und Anwenderspezifikation erheblich. Das bedeutet aber für den Programmierer, daß er in Zukunft weit mehr als bisher sein Augenmerk auch auf Designprobleme richten muß.

Klassenbeziehungen existieren in zwei unterschiedlichen Grundarten. Die Sprache bietet Unterstützung für die statische Modellierung von Klassenbeziehungen an. Statische Beziehungen ergeben sich auf Grund des Quelltextes des Programmierers.

Im Gegensatz dazu ergeben sich die dynamischen Beziehungen aus der Aufruffolge der Methoden. Insbesondere Rückruffunktionen (callbacks) eignen sich für eine dynamische Modellierung. Den dynamischen Beziehungen ist ebenfalls ein eigenes Kapitel gewidmet.

Die statischen Klassenbeziehungen stellen die Art und Weise dar, wie Klassen bei der Definition anderer Klassen wiederverwendet werden können.

10.1 Statische Beziehungsarten

Die statischen Beziehungen existieren generell in zwei Varianten. Es gibt die Vererbungs- und die Benutzungsbeziehung. Wie immer gibt es eine Vielzahl von Begriffen für diese Beziehungen. Statt Vererbung spricht man auch von

10 Statische Klassenbeziehungen

Spezialisierung, von einer Abstraktion oder einer "is a relationship" (X ist so etwas wie Y); anstelle der Benutzung verwendet man Aggregation oder "has a relationship" (A enthält B).

10.2 Benutzungsbeziehungen

Eine Benutzungsbeziehung entsteht immer dann, wenn eine Eigenschaft einer Klasse ein Objekt oder ein Verweis auf ein Objekt ist. Verweise können die konventionellen Zeiger auf Objekte oder die neuen Objektreferenzen sein.

Eine Benutzungsbeziehung kann verwendet werden, wenn einzelne Klassen zusammengesetzt etwas Neues ergeben. Ein einfaches Beispiel ist eine Fertigteil-Hauswand. Eine Hauswand könnte Objekte wie Fenster, Tür und Klingelknopf benutzen, um den Aufbau zu beschreiben. Die verwendeten Klassen stehen dabei untereinander in keinem logischen Zusammenhang.

```
01 // Klasse Datum
02 // Datei: datum1.h
03
04 #ifndef datum1_h
05 #define datum1_h
06
07 class datum
08 {
09 public:
10 datum (int t = 1, int m = 1, int j = 1990);
11 datum ( const datum & dat);
12 datum & operator= (const datum & dat);
13 void anzeige();
14 // ...
15 private:
16 int tag;
17 int monat;
18 int jahr;
19 };
20 #endif
21
```

Bild 10.1 Auszug aus der Klasse "datum"

Der neue Begriff der "Hauswand" entsteht durch eine sinnvolle Kombination von Objekten, die getrennt vorliegen und auch getrennt benutzt werden können.

Ein anderes, ebenfalls einfaches Beispiel kann eine Datumsangabe in einer beliebigen Klasse sein. Bauen wir für das kommende Beispiel zuerst eine Datums-Klasse auf (Bild 10.1).

Die Datums-Klasse verwaltet ein Datum, das in vielen Klassen zur Speicherung von Datumsangaben verwendet werden kann.

Beispiele zur Verwendung sind Geburtsdatum, Erscheinungsdatum oder, bei Waren, Verfallsdatum.

```
01 // Buchidentifikation
02 // Datei: buch1.h
03 #ifndef datum1_h
04 #include "datum1.h"
05 #endif
06
07 #ifndef buch1_h
08 #define buch1_h
09
10 class buch_id
11 {
12 public:
13 buch_id (const char *ti, const char *a, const char *i,
14          int t, int m, int j,
15          int t1, int m1, int j1);
16 buch_id (const buch_id & b);
17 buch_id & operator = (const buch_id &);
18 // ...
19 private:
20 char titel[50];
21 char autor[40];
22 char isbn[15];
23 datum erschein;          // Objekt als Eigenschaft
24 datum abgabe;            // Objekt als Eigenschaft
25 };
26 #endif
27
```

Bild 10.2 Ein Objekt als Klasseneigenschaft

Diese Datumsklasse soll in einer anderen Klasse benutzt werden, die ein Buch verwaltet. Hier speichern wir das Erscheinungsdatum des Buches und das Abgabedatum für den Autor als Eigenschaften. Die Klasse *buch_id* enthält somit zwei Eigenschaften, die Datumsangaben sind (Bild 10.2).

10 Statische Klassenbeziehungen

Damit stehen wir vor dem Problem, daß beim Anlegen eines Buchobjektes auch zwei Datumsobjekte mit angelegt werden müssen, die Teil des Buchobjektes sind. Somit müssen beim Anlegen eines Buchobjektes insgesamt drei Konstruktoren ablaufen, nämlich der eigentliche Konstruktor der Klasse *buch_id* sowie die Konstruktoren für die beiden Datumsobjekte im Buch.

```
01 // Implementierung der Klasse buch
02 // Datei: buch1.cpp
03
04 #include <string.h>
05 #include "buch1.h"
06
07 buch_id::buch_id (const char *ti, const char *a,
08                  const char *i,
09                  int t, int m, int j,
10                  int t1, int m1, int j1) :
11                  erschein (t,m,j),
12                  abgabe (t1,m1,j1)
13 {
14 strcpy (titel,ti);
15 strcpy (autor,a);
16 strcpy (isbn, i);
17 }
18 buch_id::buch_id (const buch_id & br) :
19         erschein (br.erschein),
20         abgabe (br.abgabe)
21 {
22 strcpy (titel,br.titel);
23 strcpy (autor,br.autor);
24 strcpy (isbn, br.isbn);
25 }
26 buch_id & buch_id::operator = (const buch_id & br)
27 {
28 erschein = br.erschein;
29 abgabe = br.abgabe;
30 strcpy (titel,br.titel);
31 strcpy (autor,br.autor);
32 strcpy (isbn,br.isbn);
33 return *this;
34 }
35
```

Bild 10.3 Methoden der Buchklasse

In der Klassendefinition des Buches finden wir keinen Hinweis auf den Aufruf mehrerer Konstruktoren. Die Steuerung des Aufrufes mehrerer Konstruktoren liegt in der Implementierungsdatei der Buch-Klasse (Bild 10.3).

Die Bearbeitung der einzelnen Buch-Objekte unterscheidet sich, je nachdem, ob wir Konstruktoren der Oberklasse schreiben oder deren normale Methoden. Die Konstruktoren der Buchverwaltung benötigen eine Spezifikation, welche Konstruktoren für die einzelnen Objekt-Elemente aufzurufen sind. Allerdings rufen wir die Konstruktoren nicht selbst auf. Wir geben jedoch dem Compiler eine Liste der zu initialisierenden Elemente.

Diese Syntax haben wir bereits bei der Besprechung der normalen Konstruktoren kennengelernt. Bei den besprochenen Beispielen haben wir jedoch zumeist auf die Initialisierung durch den Compiler verzichtet und die Initialisierung durch eine selbst geschriebene Zuweisung im Konstruktor ersetzt.

Für die Datums-Klasse werden zwei Konstruktoren geschrieben sowie eine Zuweisung, um das Bearbeiten in normalen Methoden zu zeigen. Dazu schreiben wir auch in der Buch-Klasse eine Zuweisung und benutzen darin explizit die Zuweisung des Datums (Bild 10.4).

```
01 // Methoden der Klasse datum
02 // Datei: datum1.cpp
03
04 #include "datum1.h"
05
06 datum::datum (int t, int m, int j)
07 {
08   tag = t;
09   monat = m;
10   jahr = j;
11 }
12 datum::datum (const datum & d)
13 {
14   tag = d.tag;
15   monat = d.monat;
16   jahr = d.jahr;
17 }
18 datum & datum::operator =(const datum & d)
19 {
20   tag = d.tag;
21   monat = d.monat;
22   jahr = d.jahr;
23   return *this;
24 }
25
```

Bild 10.4 Teilimplementierung der Datums-Klasse

10 Statische Klassenbeziehungen

Nun müssen wir nicht nur jeweils eine Methode betrachten, sondern auch deren Zusammenspiel mit anderen Methoden.

Der große Unterschied zwischen Konstruktoren und normalen Methoden liegt darin, daß bei Konstruktoren eine Liste der zu initialisierenden Objekt-Elemente angegeben und die Bearbeitung dem Compiler überlassen wird, wohingegen in den normalen Methoden der Programmierer explizit die Methoden der Datumsklasse benutzt, um die Objekt-Elemente zu bearbeiten.

Werden nach einem Konstruktor in der Objektliste mehrere Objekt-Elemente zur Initialisierung angegeben, dann wird diese Liste von links nach rechts abgearbeitet.

Mit der Benutzungsbeziehung oder Aggregation bietet sich eine elegante Benutzungsmöglichkeit für Klassen an. Große, komplexe Klassen lassen sich häufig durch vordefinierte Klassenkomponenten zusammenstellen.

```
01 // Testrahmen für Aggregation
02 // Datei: Aggrega1.cpp
03
04 #include "buch1.h"
05
06
07 int main ()
08 {
09 buch_id cplus ("Von C zu C++",
10                "Walter Herglotz",
11                "3-89578-031-6",
12                1,4,1996,
13                1,2,1996);
14
15 return 0;
16 }
17
```

Bild 10.5 Objekt einer aggregierten Klasse

Im Testrahmen (Bild 10.5) wird nur ein Objekt der aggregierten Klasse angelegt. Die aktuellen Parameter werden an die formalen Parameter des Konstruktors weitergereicht, der sie seinerseits wieder als aktuelle Parameter für den Aufruf der beiden Datumskonstruktoren benutzt.

10.3 Vererbungsbeziehung

Bei der Benutzung konnten wir Eigenschaften als Objekte ausprägen. Anders wird es nun bei der Vererbung. Die Elemente der verwendeten Klasse werden ein integraler Bestandteil der neuen Klasse werden. An die Stelle des Zusammensetzens eigenständiger Klassen tritt nun eine Erweiterung von Basis-Klassen zu neuen, abgeleiteten Klassen.

In den neuen Klassen werden die geerbten Klassen vollständig aufgenommen, sodaß nach außen für den Anwender eine völlig neue Klasse entstanden ist. Da die Elemente nun logisch zur neuen Klasse gehören, gibt es auch keinen Objekt-Namen mehr für die verwendeten Elemente.

10.3.1 Begriffe der Vererbung

Wie immer sollten wir vorab einen Blick auf die verwendeten Begriffe werfen. Eine Klasse kann sich auf eine vorhandene, allgemeinere Klasse beziehen. Die allgemeinere Klasse heißt Basisklasse oder Superklasse. Die neue, speziellere Klasse nennen wir die abgeleitete Klasse oder die Subklasse. Mit einer Vererbung erfolgt eine Wiederverwendung vorhandener Klassen.

Es gibt hier zwei generelle Sichtweisen. Die eine Sichtweise kommt aus der OOA/OOD (Objektorientierte Analyse und Design). Hier hat man in der Realität vorhandene Objekte vor Augen, sucht Gemeinsamkeiten und bildet daraus in einem ersten Schritt Klassen. In einem Folgeschritt versucht man durch Abstraktion aus den vorhandenen Klassen allgemeine Klassen zu finden. Somit ist die allgemeinere Klasse die Superklasse, da sie logisch abstrakter ist.

Die andere Denkrichtung ist eher die Denkrichtung der Programmierer. Hier geht man davon aus, daß man eine Verallgemeinerung zuerst konstruiert. Man könnte als Beispiel eine allgemeine Klasse für serielle Schnittstellen schreiben. Diese Klasse stellt dann die Basisklasse dar. Ein tatsächlich eingesetzter Baustein wird dann durch eine davon abgeleitete Klasse beschrieben, die die speziellen Eigenarten des Bausteins berücksichtigt.

Der Vorgang der Benutzung ist dann die Abstraktion oder Ableitung, je nach Sicht. Die verwendete Sprachregelung zeigt somit auch an, wie sich der Sprecher selbst sieht. Wir wollen hier von Basisklassen und abgeleiteten Klassen sprechen.

Eine Klasse kann eine andere Klasse erben und damit den existierenden Code wiederverwenden. In einem abgeleiteten Objekt ist die Basisklasse enthalten und zumeist um den Unterschied ergänzt. Beim Schreiben einer abgeleiteten

10 Statische Klassenbeziehungen

Klasse kümmert sich der Programmierer typischerweise nur um den Unterschied zwischen der Aufgabe der neuen Klasse und der Funktionalität der geerbten Klasse.

Unabhängig von der Art der Benutzung stehen wir vor einem syntaktischen Problem. Wir müssen beim Anlegen eines Objektes, das sich aus mehr als einer Klasse zusammensetzt, dafür sorgen, daß alle Teilobjekte korrekt initialisiert werden.

10.3.2 Das grundlegende Vererbungsbeispiel

Im Beispiel soll als Basisklasse ein Mensch angelegt werden. Dieser Mensch wird natürlich wesentlich einfacher gehalten als in Wirklichkeit. Er dient dann als Grundlage für die Definition eines Urlaubers.

```
01  // Basisklasse
02  // Datei: mensch.h
03
04  #include <iostream.h>
05
06  class mensch
07  {
08    char * vorname;
09    char * nachname;
10  public:
11    mensch (char *v, char *n);
12    ~mensch();
13    friend ostream & operator << (ostream &, mensch &)
14  };
15
```

Bild 10.6 Definition einer Basisklasse

Unser Mensch besteht nur aus seinen beiden Namen. Als einzige Bearbeitungsfunktion wird der Ausgabeoperator überlagert (Bild 10.6).

Da die Namen unterschiedlich lang sein können, wird der Konstruktor dynamisch Speicherplatz anfordern und den erhaltenen Speicher mit den übergebenen Werten vorbesetzen.

Aus Gründen der Einfachheit werden wir die weiteren Konstruktoren und Methoden erst später nachtragen. Was wir aber sofort benötigen, ist der Destruktor. Zum Anzeigen dient der überlagerte Ausgabeoperator (Bild 10.7).

Vererbungsbeziehung

Ganz allgemein sind Basisklassen sehr oft sehr einfach. Sie stellen ja im Rahmen einer Ableitungshierarchie den abstraktesten Teil dar und benötigen zumeist nur wenige Details (sprich Eigenschaften).

Mit zunehmender Spezialisierung oder Vererbungstiefe wachsen die Klassen in ihrem Datenumfang immer mehr an.

```
01 // Implementierung für mensch
02 // Datei: mensch.cpp
03
04 #include <iostream.h>
05 #include <string.h>
06 #include "mensch.h"
07
08 mensch::mensch (char * v, char * n)
09 {
10   vorname = new char [strlen (v) +1];
11   nachname = new char [strlen (n) +1];
12   strcpy (vorname, v);
13   strcpy (nachname, n);
14 }
15
16 mensch::~mensch ()
17 {
18   delete [] vorname;
19   delete [] nachname;
20 }
21
22 ostream & operator << (ostream & os, mensch & m)
23 {
24   return os << m.nachname << ", " << m.vorname;
25 }
26
```

Bild 10.7 Implementierung des Basis-Menschen

In professionellen Versionen des Beispiels würde man die Basisklassendefinition in eine bedingte Übersetzung einschließen.

10.3.3 Aufbau der abgeleiteten Klasse

Die abgeleitete Klasse (oder Sub-Klasse) kümmert sich ausschließlich um den Unterschied zwischen der neuen Klasse und der bereits vorhandenen Klasse. Die abgeleitete Klasse stellt sozusagen nur das Delta dar. Welche Klasse oder

191

10 Statische Klassenbeziehungen

auch Klassen beim Aufbau der abgeleiteten Klasse benutzt werden sollen, gibt eine Liste hinter der eigentlichen Klassendefinition an. Im momentanen Beispiel ist dies nur die Basisklasse *mensch*.

Ein Schlüsselwort, *public* oder *private*, gibt die Art des Einschlusses der Basisklasse an (Bild 10.8). Wie so oft in C und C++ hat ein Schlüsselwort eine Bedeutung, die vom Kontext abhängt. *Public* und *private* haben also nichts mit der Steuerung innerhalb einer Klasse zu tun. Die Art der Vererbung legt fest, was der spätere Anwender eines Objektes der neuen Klasse sehen und benutzen kann. Aber davon gleich mehr.

```
01 // Urlauber-Klasse
02 // Datei: urlaub.h
03
04 #include "mensch.h"
05
06 class urlauber : public mensch
07 {
08 char * reiseziel;
09 float budget;
10 public:
11 urlauber (char * uv, char *un, char *ur, float b);
12 ~urlauber();
13 friend ostream & operator << (ostream &, urlauber &);
14 };
15
```

Bild 10.8 Urlauber mit Basisklasse

Innerhalb der abgeleiteten Klasse können wir ganz normal die gewünschten Methoden deklarieren. Dabei können sowohl Methoden deklariert werden, deren Namen eindeutig sind und nur in dieser Klasse vorkommen, es können aber auch Methodennamen verwendet werden, die schon in der Basisklasse vorkamen. Wenn die Schnittstelle insgesamt gleich ist, dann erhalten wir eine Überlagerung der Methoden.

Eine Besonderheit stellt unser Wertkonstruktor dar. Wenn ein Objekt der abgeleiteten Klasse angelegt und initialisiert werden soll, dann müssen alle vorhandenen Eigenschaften, also auch die der Basisklasse, vorbesetzt werden. Die Liste der Parameter im Wertkonstruktor umfaßt hier auch den Vornamen und den Nachnamen. In vielen praktischen Fällen kann die Liste der Parameter recht lang werden.

Vererbungsbeziehung

Die Frage stellt sich, wie denn die Eigenschaften der Basisklasse initialisiert werden können. Schließlich sind sie privat in Bezug auf die Basisklasse. Niemand, auch nicht die abgeleitete Klasse, kann direkt die Eigenschaften ändern. Dies können nur die Konstruktoren und Methoden der Basisklasse. Zur Initialisierung oder Bearbeitung müssen wir daher ausschließlich die Basisklassenmethoden verwenden.

Im Fall des Konstruktors der abgeleiteten Klasse bedeutet dies, daß auch der Konstruktor der Basisklasse aufgerufen werden muß. Dazu wird im Kopf des Konstruktors der abgeleiteten Klasse eine Liste der zu initialisierenden Basis-Klassen angegeben (Bild 10.9).

```
01 // Urlauber Implementierung
02 // Datei: urlaub.cpp
03
04 #include <iostream.h>
05 #include <string.h>
06 #include "urlaub.h"
07
08 urlauber::urlauber(char *uv, char *un, char *uz, float bu)
09                         : mensch (uv, un)
10 {
11 reiseziel = new char [strlen (uz) +1];
12 strcpy (reiseziel, uz);
13 budget = bu;
14 }
15 urlauber::~urlauber()
16 {
17 delete [] reiseziel;
18 }
19 ostream & operator << (ostream & os, urlauber & ur)
20 {
21 return os << (mensch)ur << " nach: " <<
22          ur.reiseziel << endl;
23 }
24
```

Bild 10.9 Urlauber-Methoden

Beachten Sie den Unterschied zwischen Aggregation und Vererbung, der bei den Konstruktoren deutlich sichtbar wird. Bei der Aggregation wurde eine Objektliste im Kopf des Konstruktors angegeben, hier steht der Name der Klasse.

10 Statische Klassenbeziehungen

Im Hauptprogramm wird der Anwender im Idealfall nichts von einer Vererbung sehen. Der Anwender benutzt die Klasse *urlauber*, ohne sich um weitere Details zu kümmern. Die Basisklasse sollte daher in der Informationsdatei der abgeleiteten Klasse schon eingelesen werden, damit dies im Hauptprogramm nicht mehr notwendig ist (Bild 10.10).

```
01  // Testrahmen der Vererbung 1
02  // Datei:urmain1.cpp
03
04  #include "urlaub.h"
05
06  int main ()
07  {
08     cout << "\x1b[2J" << "Demo für Vererbung\n\n" << endl;
09     urlauber meier ("Hans","Meier", "Las Palmas",3300.50);
10     cout << "Urlauber: " << meier;
11     return 0;
12  }
13
```

Bild 10.10 Testrahmen für abgeleitete Klasse

Mit dem bisherigen Beispiel konnten wir die Grundlagen der Vererbung einführen. Im folgenden sollen nun zuerst einige Begriffe der Vererbung näher erläutert werden, um danach noch einmal auf das dann erweiterte Vererbungsbeispiel zurückzukommen.

10.3.4 Offene Vererbung

Die Vererbungsbeziehung existiert in zwei Varianten. Die eine Variante erbt eine Klasse und stellt die Schnittstelle der geerbten Klasse dem eigenen Anwender zur Verfügung. Hier spricht man von einer offenen Vererbung. Der Benutzer eines Objektes der abgeleiteten Klasse hat damit die Summe der öffentlichen Methoden zur Verfügung. Er kann auf ein abgeleitetes Objekt sowohl die Methoden der Basisklasse als auch die Methoden der abgeleiteten Klasse anwenden.

Die neue Schnittstelle für den Anwender eines abgeleiteten Objektes ist die Menge der Basisklassenmethoden sowie der Methoden der abgeleiteten Klasse.

Natürlich bleiben die privaten Teile beider Klassen für den Anwender tabu.

10.3.5 Geschlossene Vererbung

Das Gegenstück ist die geschlossene Vererbung. Hier sind die öffentlichen Methoden der Basisklasse dem Anwender der abgeleiteten Klasse nicht zugänglich. Nur die Methoden der abgeleiteten Klasse können die Basisklassenmethoden verwenden, als wären sie ein Teil der abgeleiteten Klasse.

Die abgeleitete Klasse stellt ihrem Anwender eine völlig neue Schnittstelle zur Verfügung und verdeckt vollkommen die Methoden der Basisklasse.

Ein klassisches Beispiel für ein Design, das mit geschlossener Vererbung realisiert werden könnte, ist das ISO-7-Schichtenmodell der Kommunikation. Jede einzelne Schicht benutzt ausschließlich die Verfahren der logisch tiefer gelegenen Schicht und bietet der jeweils übergeordneten Schicht eine neue Schnittstelle an.

10.3.6 Einfach-Vererbung

Eine weitere grundlegende Unterteilung der möglichen Vererbungsarten erhält man bei der Diskussion, ob innerhalb eines Vererbungs- oder Abstraktionsschrittes genau eine Basisklasse benutzt werden kann oder mehrere. Kann man nur eine Basisklasse erben, spricht man von Einfach-Vererbung, bei mehreren möglichen Basisklassen von Mehrfach-Vererbung.

Das Ergebnis der möglichen Vererbungen können wir auch graphisch darstellen. Benutzt man innerhalb einer beliebigen Vererbungshierarchie nur die einfache Vererbung, erhält man als Bild der Klassenhierarchie eine Baumstruktur.

Bäume sind, wie wir aus Erfahrung wissen, gut zu handhaben. Deshalb gibt es auf unseren Festplatten einen Dateibaum und in Multitasking-Systemen zumeist einen Prozeßbaum.

Ein Baum kann in einer EDV-Anlage relativ einfach verwaltet werden.

Auch das Layout der Objekte ist einfach. Beginnend vom abstraktesten Teil einer Vererbungskette werden einfach die neuen Eigenschaften der abgeleiteten Klassen immer wieder an das bisherige Ende angefügt. Der Zeiger *this* zeigt innerhalb eines abgeleiteten Objektes immer auf den Beginn des abgeleiteten Objektes, der auch Beginn der jeweiligen geerbten Teilobjekte ist. Dies erleichtert auch dem Compiler die Verwaltung.

In den ersten Jahren von C++ gab es ausschließlich die einfache Vererbung.

10.3.7 Mehrfach-Vererbung

In einem Vererbungsschritt können mehrere Basisklassen von der abgeleiteten Klasse geerbt werden. In diesem Fall erhalten wir als Bild einen azyklisch gerichteten Graphen. (Dies ist ein graphisches Gebilde, das sich sozusagen selbst in den Schwanz beißen kann.) Diese Art der Vererbung ist nicht so weit verbreitet wie die einfache Vererbung, da sie einige Probleme aufwirft.

Zum einen kann ein solcher Graph sich sozusagen im Kreise drehen. Eine abgeleitete Klasse kann bei der Vererbung Basisklassen benutzen, die ihrerseits bereits die abgeleitete Klasse erben. Diesen Fehlerfall muß der Compiler erkennen und als Fehler ausweisen.

Ein anderer Problemfall kann der Mehrfacheinschluß von Basisklassen werden. Gehen wir auf ein bereits bekanntes Beispiel ein. Jede E/A-Klasse hat ein Objekt der Klasse *ios* geerbt, das den Status des Kanals beinhaltet. Einmal angenommen, wir möchten mit Hilfe der Mehrfachvererbung aus einer Klasse *ostream* und einer Klasse *istream* eine Klasse *iostream* definieren, die sowohl für Eingabe wie Ausgabe benutzt werden kann.

```
01 // Vererbungsmechanismus der E/A-Klassen
02 // Datei: EA1.h
03
04 class istream : virtual public ios
05 {
06 //...
07 };
08
09 class ostream : virtual public ios
10 {
11 //...
12 };
13
14 class iostream : public istream, public ostream
15 {
16 //..
17 };
18
```

Bild 10.11 Vorausschau mit virtual

Wer soll nun den Status eines Objektes der neuen Klasse beschreiben? Sowohl die geerbte Klasse *istream* wie auch die geerbte Klasse *ostream* tragen in sich ein Statusobjekt, sodaß in *iostream* zwei Statusobjekte vorhanden sind. Sicher ist dies eines zuviel.

Für diesen Fall kennt C++ den Mechanismus des virtuellen Einschlusses. Vielleicht wäre auch der Begriff des bedingten Einschlusses sinnvoll. Hier kann man bei der Definition der Klasse, die *ios* erbt, also sowohl bei *istream* wie auch *ostream*, die möglicherweise später einmal problematische Klasse *ios* bedingt erben. Dies geschieht mit dem Schlüsselwort *virtual* (scheinbar). Dies teilt dem Compiler mit, daß die genannte Klasse in allen späteren Vererbungsstufen pro Objekt nur einmal vorkommen darf. Die Steuerung muß bei allen Basisklassen erfolgen (Bild 10.11).

Damit ist in jeder der relativen Basisklassen *istream* und *ostream ios* einmal enthalten. Aber auch die mehrfach abgeleitete Klasse *iostream* enthält *ios* nun nur noch einmal. Die vollständigen Klassendefinitionen finden Sie übrigens in der normalen Informationsdatei *iostream.h*.

Die Problematik wird sicher deutlich. Hier muß in einer Voraussicht ein Problem an einer Stelle angesprochen werden, wo dieses Problem noch gar nicht existiert. Solange man den Zugriff auf die Quellen der Basisklassen besitzt, mag dies noch vertretbar sein. In der Praxis werden aber oft fertige Klassenbibliotheken verwendet, die nur in übersetzter Form vorliegen. Hier kann man nachträglich schlecht in die fertige Klassenhierarchie eingreifen.

Es mag eine persönliche Einschätzung sein, aber der Nutzen der Mehrfachvererbung in einer Compiler-orientierten Sprache scheint mir deutlich niedriger zu sein als in einer interpretativen Sprache. Mein Vorschlag: Die Mehrfachvererbung sollte nicht überstrapaziert werden.

10.3.8 Die fünf Funktionalitäten

In der Klassendefinition haben wir gesehen, daß eine Klasse im Normalfall fünf Funktionalitäten bereitstellen sollte. Dies waren die drei Konstruktoren, der Destruktor und die Zuweisung. Da diese Funktionalitäten nun einige weitere Kenntnisse erfordern, sollen sie nun als Teil des vollständigen Basisbeispiels näher betrachtet werden.

Definieren wir daher zuerst die Basisklasse *mensch* neu (Bild 10.12).

Die Definition der Methoden der Basisklasse *mensch* entspricht den bekannten Randbedingungen für Konstruktoren und Methoden mit dynamischer Speicherverwaltung.

Der Standard-Konstruktor legt in diesem Beispiel ebenfalls geringfügig Speicherplatz für einen leeren String an, um in den anderen Methoden nicht den Sonderfall eines leeren Objektes abprüfen zu müssen.

10 Statische Klassenbeziehungen

```
01 // Basisklasse
02 // Datei: mensch.h
03
04 #include <iostream.h>
05
06 class mensch
07 {
08 char * vorname;
09 char * nachname;
10 public:
11 mensch();
12 mensch (char *v, char *n);
13 mensch (const mensch &m);
14 ~mensch();
15 mensch & operator= (const mensch &m);
16 friend ostream & operator << (ostream &, mensch &)
17 };
18
```

Bild 10.12 Die Basisklasse: fünf Funktionalitäten

Als Vertreter der normalen Methoden wurden die Zuweisung und die Ausgabeüberlagerung deklariert.

```
01 // Urlauber-Klasse
02 // Datei: urlaub2.h
03
04 #include "mensch2.h"
05
06 class urlauber : public mensch
07 {
08 char * reiseziel;
09 float budget;
10 public:
11 urlauber();
12 urlauber (char * uv, char *un, char *ur, float b);
13 urlauber( const urlauber & u);
14 ~urlauber();
15 urlauber & operator= (const urlauber & u);
```

Bild 10.13 Erweiterte Urlauberklasse

Vererbungsbeziehung

Mit dieser geänderten Basisklasse können wir nun die neue Urlauberklasse definieren. Hier werden nun ebenfalls alle fünf Funktionalitäten deklariert (Bild 10.13).

Bemerkenswert ist wieder der Wertkonstruktor, der die gesamten Werte für die Vorbesetzung als Parameter erhält.

Bei der Definition der neuen Urlauber-Methoden sehen wir bei den Konstruktoren wieder die Liste der aufzurufenden Basiskonstruktoren, die hier nur aus dem Aufruf des passenden Konstruktors der Basisklasse *mensch* besteht. Den Aufruf des Wertkonstruktors kennen wir schon.

Bei der Definition des Standard-Konstruktors wird, wie bei der Definition des Destruktors auch, der Aufruf der entsprechenden Basisklassenmethoden weggelassen, da keine Parameter zu übergeben sind. Der Compiler wird auch ohne Angabe die zugehörigen Basisklassenmethoden finden und aufrufen.

Der Anwender kann in der Anwendungsdatei wie gewohnt davon ausgehen, daß er nur die Methoden der Urlauberklasse kennen muß, um sein Problem zu beschreiben (Bild 10.14).

```
01 // Testrahmen der Vererbung 1
02 // Datei:urmain2.cpp
03
04 #include "urlaub2.h"
05
06 int main ()
07 {
08   cout << "\x1b[2J" << "Demo für Vererbung\n\n" << endl;
09   urlauber meier ("Hans","Meier", "Las Palmas",3300.50);
10   cout << "Urlauber 1: " << meier << endl;
11   urlauber meier2(meier);      // Test des Kopierkonstruktors
12   cout << "Urlauber 2: " << meier2;
13   return 0;
14 }
15
```

Bild 10.14 Erweitertes Anwenderprogramm

Sehen wir uns nun noch die beiden Implementierungsdateien der Klassen an. Zuerst folgt die Implementierung der Basisklasse *mensch* (Bild 10.15) und danach die Implementierung der abgeleiteten Urlauberklasse (Bild 10.16).

10 Statische Klassenbeziehungen

```
01 // Implementierung für mensch
02 // Datei: mensch2.cpp
03
04 #include <iostream.h>
05 #include <string.h>
06 #include "mensch2.h"
07 mensch::mensch()
08 {
09 vorname = new char [1]; *vorname = '\0';
10 nachname = new char [1]; *nachname = '\0';
11 }
12 mensch::mensch (char * v, char * n)
13 {
14 vorname = new char [strlen (v) +1];
15 nachname = new char [strlen (n) +1];
16 strcpy (vorname,v);
17 strcpy (nachname, n);
18 }
19 mensch::mensch (const mensch & m)
20 {
21 vorname = new char [strlen (m.vorname) +1];
22 nachname = new char [strlen (m.nachname) +1];
23 strcpy (vorname,m.vorname);
24 strcpy (nachname,m.nachname);
25 }
26 mensch::~mensch ()
27 {
28 delete [] vorname; delete [] nachname;
29 }
30 mensch & mensch::operator= (const mensch & m)
31 {
32 if (this != &m)
33    {
34    delete [] vorname; delete [] nachname;
35    vorname = new char [strlen (m.vorname) +1];
36    nachname = new char [strlen (m.nachname) +1];
37    strcpy (vorname,m.vorname);
38    strcpy (nachname,m.nachname);
39    }
40 return *this;
41 }
42 ostream & operator << (ostream & os, mensch & m)
43 {
44 return os << m.nachname << ", " << m.vorname;
45 }
46
```

Bild 10.15 Erweiterte Basisklasse

```
01 // Urlauber Implementierung
02 // Datei: urlaub2.cpp
03
04 #include <iostream.h>
05 #include <string.h>
06 #include "urlaub2.h"
07
08 urlauber::urlauber()
09 {
10 reiseziel = new char [1];
11 *reiseziel = '\0';
12 }
13 urlauber::urlauber(char *uv, char *un, char *uz, float bu)
14                   : mensch (uv, un)
15 {
16 reiseziel = new char [strlen (uz) +1];
17 strcpy (reiseziel, uz);
18 budget = bu;
19 }
20 urlauber::urlauber(const urlauber & u) : mensch (u)
21 {
22 reiseziel = new char [strlen(u.reiseziel)+1];
23 strcpy (reiseziel, u.reiseziel);
24 }
25 urlauber::~urlauber()
26 {
27 delete [] reiseziel;
28 }
29 urlauber & urlauber::operator=(const urlauber & u)
30 {
31 mensch::operator= (u); // Expliziter Basis-Aufruf
32 delete reiseziel;
33 reiseziel = new char [strlen(u.reiseziel)+1];
34 strcpy (reiseziel, u.reiseziel);
35 return *this;
36 }
37 ostream & operator << (ostream & os, urlauber & ur)
38 {
39 return os << (mensch)ur << " nach: " <<
40         ur.reiseziel << endl;
41 }
42
```

Bild 10.16 Erweiterter Urlauber, Implementierung

10.4 Automatische Typwandlungen

Schreibt man die Methoden der abgeleiteten Klasse, so benutzt man dabei auch die Methoden der Basisklasse. Ein gutes Beispiel dafür ist die Zuweisung. In der überlagerten Zuweisung wurde explizit der Aufruf der Basisklassenzuweisung angegeben.

10.4.1 Typwandlung für Zeiger

Wie wird dabei der Zeiger *this* gehandhabt? Innerhalb der Urlaubermethoden steht uns ein *this*-Zeiger als Zeiger auf Urlauber zur Verfügung. Innerhalb der Basisklassenmethoden verweist *this* auf das aktuelle Objekt der Klasse *mensch*.

Hier muß beim Aufruf der Basisklassenmethoden eine Typwandlung stattfinden. Dem Zeiger in der Basisklasse wird der Inhalt eines Zeigers der Urlauberklasse zugewiesen.

```
01 // Typkonvertierung für Zeiger
02 // Datei: typk1.cpp
03
04 #include <iostream.h>
05 #include "urlaub2.h"
06
07 int main ()
08 {
09 mensch * mein_this;
10 mensch meier ("Egon","Meier");
11 urlauber huber ("Hans","Huber", "Mallorca", 4321.78);
12 mein_this = &meier;
13 cout << "Ausgabe mit Zeiger" << endl;
14 cout << (*mein_this);
15 mein_this = &huber;
16 cout << "\nUnd nun den Urlauber???" << endl;
17 cout << (*mein_this);
18
19 return 0;
20 }
21
22
```

Bild 10.17 Nachstellen der Typkonvertierung

In einem expliziten Beispiel kann man den Vorgang nachstellen. Im Beispiel (Bild 10.17) wird ein Zeiger auf die Basisklasse definiert. Daneben gibt es ein Objekt der Klasse *mensch* und ein Objekt der Klasse *urlauber*. Die Frage ist nun, ob man einem Basisklassenzeiger die Adresse eines Objektes einer von der Basisklasse abgeleiteten Klasse zuweisen darf und was man danach damit tun kann.

Die Zuweisung von Adressen von Objekten abgeleiteter Klassen an einen Basisklassenzeiger ist möglich und erlaubt. Man kann sich ja vorstellen, daß durch die Vererbung in jedem abgeleiteten Objekt auch ein Basisklassenobjekt steckt. Somit kann der Compiler herausfinden, wo dieses Basisklassenobjekt im Speicher liegt und die ermittelte Adresse zuweisen.

Gibt man mit dem Ausgabeoperator das Objekt aus, auf das der Zeiger verweist, dann wird natürlich in diesem Fall das Objekt *meier* angezeigt.

```
01
02 Ausgabe mit Zeiger
03 Meier, Egon
04 Und nun den Urlauber???
05 Huber, Hans
06
```

Bild 10.18 Ausgabe des Typkonvertierungsbeispiels

Weist man nun dem Basisklassenzeiger die Adresse des abgeleiteten Objektes zu und gibt dann wiederum das Objekt aus, auf das der Zeiger verweist, dann wird nun erneut die Basisklassenmethode aufgerufen und gibt den Basisklassenanteil des abgeleiteten Objektes aus. Im Beispiel ist dies eben der Name des Herrn Huber.

Das zugrundeliegende Verfahren kennen wir; es ist die frühe Bindung. Auf Grund des Datentyps des Objektes oder des Zeigers wird während der Übersetzung herausgefunden, welche Methode zu benutzen ist. Benutzt man zum Zugriff Basisklassenzeiger, dann werden immer Basisklassenmethoden gerufen.

10.4.2 Typwandlung für Referenzen

An einer zweiten Stelle hilft uns der Compiler mit einer Typwandlung. Sehen wir uns dazu den Aufbau des Kopierkonstruktors an. Als Parameter erhält der Kopierkonstruktor wie immer eine Referenz auf ein Objekt der eigenen Klasse. Damit steht als Parameter ein Urlauberobjekt zur Verfügung.

Das Basisobjekt im Urlauber muß ebenfalls mit seinem Kopierkonstruktor initialisiert werden. Dazu wird der Kopierkonstruktor wieder in der Aufrufliste spezifiziert. Aber woher kommt das Basisklassenobjekt, das per Referenz an den Kopierkonstruktor übergeben werden soll? Es kommt wieder aus einer Typwandlung.

Der formale Parameter des Basisklassenkonstruktors ist eine Referenz auf *mensch*. Beim Anlegen muß die Referenz initialisiert werden. Dazu dient uns die Referenz auf einen *urlauber*.

```
01  // Typkonvertierung für Referenzen
02  // Datei: typk2.cpp
03
04  #include <iostream.h>
05  #include "urlaub2.h"
06
07  int main ()
08  {
09  mensch    meier ("Egon","Meier");
10  urlauber huber ("Hans","Huber", "Mallorca", 4321.78);
11  mensch & mein_ref1 = meier;
12  mensch & mein_ref2 = huber;
13
14  cout << "Ausgabe mit Referenz" << endl;
15  cout << mein_ref1;
16  cout << "\nUnd nun den Urlauber???" << endl;
17  cout << mein_ref2;
18
19  return 0;
20  }
21
22
```

Bild 10.19 Typwandlung mit Referenzen

Im Typkonvertierungsbeispiel (Bild 10.19) wird die Referenz mit einem Objekt der abgeleiteten Klasse initialisiert. Auch das ist möglich. Die Ausgabe braucht nicht wiederholt zu werden. Die Ausgabe des Zeiger- und des Referenzenbeispiels sind bis auf den Führungstext gleich.

10.5 Zugriffssteuerung mit protected

C++ ist über die Jahre gewachsen und hat über das Internet sowohl Betreuung als auch eine Vielzahl von Anregungen erfahren. In der Diskussion zeigte sich bei der Implementierung einer großen Klassenbibliothek für eine graphische Oberfläche, daß es wünschenswert wäre, den Zugriff auf die Eigenschaften der Basisklassen innerhalb der Methoden einer abgeleiteten Klasse zu erleichtern. Bisher müssen ja zur Veränderung der Basisklassen-Eigenschaften stets die zugehörigen Methoden gerufen werden.

Das Ergebnis der längeren Diskussion war, daß man eine neue Schutzstufe innerhalb der Klassendefinition einführte, die der abgeleiteten Klasse Zugriffsrechte auf die darin enthaltenen Elemente einräumte. Dieser dritten Schutzstufe neben private und public gab man den Namen *protected*, obwohl im Grunde der Zugangsschutz aufgeweicht wurde.

```
01 // Arbeiten mit protected
02 // Datei: protect1.h
03
04 class Basis
05 {
06 public:                    // öffentliche Schnittstelle
07 Basis() {};
08 ~Basis() {};
09 Basis & operator = (Basis &);
10 protected:                 // für abgeleitete Klassen
11 int xx;
12 long methode_p();
13 private:                   // Klassen intern
14 int pp;
15 };
16
17 class Abgeleitet : public Basis
18 {
19 public:
20 Abgeleitet();
21 Abgeleitet & operator=(Abgeleitet &);
22 private:
23 int zz;
24 };
25
26
```

Bild 10.20 Arbeiten mit protected

10 Statische Klassenbeziehungen

Bjarne Stroustrup erzählt in seinem Buch "Design und Entwicklung von C++", wie die Geschichte ausging. Nach Jahren der Implementierung stellten die Entwickler der Oberfläche fest, daß man ganz gut ohne die speziell eingeführte Schutzstufe auskommen konnte. Aber nun konnte man sie auch nicht mehr entfernen, ohne vorhandenen Code zu gefährden.

In der Basisklasse werden, wenn man den direkten Zugriff aus einer abgeleiteten Klasse heraus erlauben will, einzelne Elemente in einen Bereich gestellt, der mit *protected* eingeleitet wird (Bild 10.20).

Für den Anwender der Basisklasse hat dieser Bereich die gleichen Eigenschaften wie der private Bereich. Er sieht nach wie vor ausschließlich die Elemente von Basis, die dort in der öffentlich zugänglichen Schnittstelle eingetragen sind.

Anders verhält sich die Situation, wenn eine Klasse die Basisklasse erbt. In diesem Fall verhält sich der *protected*-Bereich, als wäre er für die abgeleiteten Methoden *public* (Bild 10.21 und 10.22).

Dieses Schlüsselwort *protected* ist, wie man sehen kann, nicht optimal, da es die sinnvolle Kapselung zugunsten einer angenommenen Geschwindigkeitsverbesserung beim Zugriff aus abgeleiteten Klassen heraus durchlöchert.

Man kann daraus auch den Schluß ziehen, daß man diese Möglichkeit von C++ nur in seltenen Fällen anwenden sollte.

```
01 // Zugriff auf geerbte protected Elemente
02 // Datei: protec1.cpp
03
04 #include "protec1.h"
05
06 Abgeleitet::Abgeleitet ()
07 {
08    zz = 88;         // private: Abgeleitet
09    xx = 99;         // protected: Basis
10 // ...
11 }
12 // ... weitere Methoden
13
```

Bild 10.21 Zugriff auf *protected*-Elemente

Im Testrahmen wird nur ein Objekt der abgeleiteten Klasse angelegt. Dabei laufen beide Konstruktoren. Im Konstruktor der abgeleiteten Klasse wird dabei auf ein als *protected* deklariertes Element der Basisklasse zugegriffen.

```
01 // Zugriff auf protected
02 // Datei: mprotec1.cpp
03
04 #include "protec1.h"
05
06 int main()
07 {
08    Abgeleitet A_Obj;         // Konstruktoren laufen
09
10    return 0;
11 }
12
```

Bild 10.22 Testrahmen für *protected*

Eine Frage bleibt für den *protected*-Bereich noch zu klären. Wie verhalten sich diese Bereiche innerhalb einer mehrstufigen Vererbungshierarchie?

10.5.1 Mehrstufige Vererbung und protected

Dazu kann man ein sehr einfaches Beispiel einer Klassenhierarchie schreiben, das nur Konstruktoren implementiert. Innerhalb eines jeden Konstruktors soll auf den eigenen *protected*-Bereich sowie alle geerbten Bereiche zugegriffen werden.

Im Testrahmen werden nur Objekte der jeweiligen Klassen angelegt. Implizit laufen dann alle notwendigen Konstruktoren.

Es zeigt sich, daß im Falle einer vollständigen offenen Vererbungskette alle Konstruktoren auf die *protected*-Elemente der Klasse *basis* zugreifen können. Innerhalb einer offenen Vererbung werden daher die *protected*-Bereiche bei einem Vererbungsschritt in den *protected*-Bereich der abgeleiteten Klasse übernommen.

Anders ist das Verhalten, wenn man eine Klasse mit einem *protected*-Bereich geschlossen (*private*) erbt. Hier wird der geerbte *protected*-Bereich so behandelt, als würde er in in den privaten Bereich der abgeleiteten Klasse übernommen. Er steht also in einer höheren Ableitungsstufe nicht mehr für einen Zugriff zur Verfügung.

```
01 // protected über mehrere Stufen
02 // Datei: protec2.h
03
04 class basis
05 {
06 public:
07 basis ();
08 protected:
09 int p_basis;
10 private:
11 int xx;
12 };
13
14 class abgeleitet1 : public basis
15 {
16 public:
17 abgeleitet1();
18 protected:
19 int p_abgeleitet1;
20 private:
21 int xx;
22 };
23
24 class abgeleitet2 : public abgeleitet1
25 {
26 public:
27 abgeleitet2();
28 protected:
29 int p_abgeleitet2;
30 private:
31 int xx;
32 };
33
```

Bild 10.23 Klassenhierarchie mit protected

Den Zugriff kann man gut im Bild 10.24 in der Zeile 16 sehen. Mit dem *protected*-Bereich kennen wir nun alle Schutzbereiche der Klassen.

```
01 // protected über mehrere Stufen
02 // Datei: protec2.cpp
03 #include "protec2.h"
04
05 basis::basis ()
06 {
07 xx = p_basis = 99;
08 }
09 abgeleitet1::abgeleitet1()
10 {
11 xx = p_abgeleitet1 = p_basis = 88;
12 }
13 ,
14 abgeleitet2::abgeleitet2()
15 {
16 xx = p_abgeleitet1 = p_abgeleitet2 = p_basis = 66;
17 }
18
19 int main ()
20 {
21 basis b1;
22 abgeleitet1 a1;
23 abgeleitet2 a2;
24 return 0;
25 }
26
```

Bild 10.24 Testen des Zugriffes auf protected

10.6 Halbtransparenter Zugriff auf Basisklassenelemente

In den bisherigen Überlegungen zum Aufbau des Schutzkonzeptes wurden stets ganze Bereiche mit Hilfe der Schlüsselworte *public*, *protected* und *private* in ihrem Verhalten gesteuert. Neben dieser generellen Methode erlaubt C++ auch die gezielte Freigabe von einzelnen Basisklassenelementen für Anwendungen auf abgeleitete Objekte.

Nehmen wir als Beispiel noch einmal die beiden Klassen *mensch* und *urlauber*. Zur Demonstration reduzieren wir den Umfang und deklarieren zusätzlich in der Basisklasse eine Methode, die in der Lage ist, den Nachnamen und den Vornamen in einem Objekt der Basisklasse zu setzen (Bild 10.25).

Diese neue Methode müssen wir natürlich noch implementieren. Die Methode setname() erhält zwei Text-Parameter und speichert sie in den vorhandenen Objekteigenschaften.

10 Statische Klassenbeziehungen

```
01 // Basisklasse
02 // Datei: mensch.h
03
04 #include <iostream.h>
05
06 class mensch
07 {
08 char * vorname;
09 char * nachname;
10 public:
11 mensch (char *v, char *n);
12 ~mensch();
13 friend ostream & operator << (ostream &, mensch &)
14 void setname(char *n, char *v);
15 };
16
```

Bild 10.25 Reduzierte Basisklasse

Da im Konstruktor die Eigenschaften dynamisch angelegt wurden, müssen zuerst die reservierten Speicherplätze freigegeben werden. Danach können sie neu angefordert und mit den neuen Namen gefüllt werden.

```
01 // Urlauber-Klasse
02 // Datei: urlaub2.h
03
04 #include "mensch3.h"
05
06 class urlauber : private mensch
07 {
08 char * reiseziel;
09 float budget;
10 public:
11 mensch::setname;
12 urlauber (char * uv, char *un, char *ur, float b);
13 ~urlauber();
14 friend ostream & operator << (ostream &, urlauber &);
15 };
16
```

Bild 10.26 Abgeleitete Klasse mit Einzel-Freigabe

Die gezielte Möglichkeit, Basisklassenelemente an den Benutzer eines Objektes der abgeleiteten Klasse weiterzureichen, steht in der Definition der abgeleiteten Klasse zur Verfügung. Sinn ergibt diese halbtransparente Weitergabe aber nur im Falle einer geschlossenen Vererbung.

Die abgeleitete Klasse erbt die Basisklasse daher mit dem Schlüsselwort *private*. Innerhalb der abgeleiteten Klasse wird dann über eine Bekanntgabe eines Namens der Basisklasse der Name dem späteren Anwender zur Verfügung gestellt (Bild 10.26 / Zeile 11).

Die verwendete Syntax ist dabei keine Deklaration des Namens. Es genügt die vollständige Angabe des Bereiches und des Namens.

Innerhalb der abgeleiteten Klasse stehen die öffentlichen Eigenschaften der Basisklasse zur Verfügung. Nur diese können somit für den Fall der geschlossenen Vererbung gezielt an den Anwender weitergereicht werden.

```
01 // Urlauber Implementierung
02 // Datei: urlaub2.cpp
03
04 #include <iostream.h>
05 #include <string.h>
06 #include "urlaub3.h"
07
08 urlauber::urlauber(char *uv, char *un, char *uz, float bu)
09                 : mensch (uv, un)
10 {
11 reiseziel = new char [strlen (uz) +1];
12 strcpy (reiseziel, uz);
13 budget = bu;
14 }
15 urlauber::~urlauber()
16 {
17 delete [] reiseziel;
18 }
19 ostream & operator << (ostream & os, urlauber & ur)
20 {
21 return os << (mensch)ur << " nach: " <<
22           ur.reiseziel << endl;
23 }
24
```

Bild 10.27 Normale Implementierung des Urlaubers

Die Implementierung des Urlaubers zeigt in diesem Zusammenhang keine Besonderheiten (Bild 10.27).

10 Statische Klassenbeziehungen

```
01 // Implementierung für mensch
02 // Datei: mensch3.cpp
03
04 #include <iostream.h>
05 #include <string.h>
06 #include "mensch3.h"
07 mensch::mensch (char * v, char * n)
08 {
09 vorname = new char [strlen (v) +1];
10 nachname = new char [strlen (n) +1];
11 strcpy (vorname,v);
12 strcpy (nachname, n);
13 }
14 mensch::~mensch ()
15 {
16 delete [] vorname; delete [] nachname;
17 }
18 ostream & operator << (ostream.& os, mensch & m)
19 {
20 return os << m.nachname << ", " << m.vorname;
21 }
22 void mensch::setname(char *n, char *v)
23 {
24 delete [] nachname;
25 delete [] vorname;
26 vorname = new char [strlen (v) +1];
27 nachname = new char [strlen (n) +1];
28 strcpy (vorname,v);
29 strcpy (nachname, n);
30 }
31
```

Bild 10.28 Basisklasse mit neuer Methode

Im Anwendungsprogramm wird schließlich der Zugriff des Anwenders auf eine einzelne Methode der Basisklasse gezeigt. Alle anderen öffentlichen Methoden der Basisklasse bleiben für den Anwender gesperrt (Bild 10.29).

```
01 // Typkonvertierung für Referenzen
02 // Datei: typk3.cpp
03
04 #include <iostream.h>
05 #include "urlaub3.h"
06
07 int main ()
08 {
09 urlauber huber ("Hans","Huber", "Mallorca", 1999.99);
10
11 cout << "Ausgabe des Urlaubers" << endl;
12 cout << huber;
13 huber.setname("Hueber","Egon");
14 cout << huber;
15
16 return 0;
17 }
18
19
```

Bild 10.29 Durchgriff auf Basisklassenmethode

10.7 Vererbungsmechanismen

In den verschiedenen Sprachen der OOP werden unterschiedliche Grundkonzepte bezüglich der Vererbung benutzt. In Interpretersprachen, wie Smalltalk, geht man für alle möglichen Datentypen von einem Basisdatentyp aus. Diese Objektbasisklasse definiert für alle möglichen Klassen grundlegende Methoden und damit Operationen.

Da in einem solchen System jede Klasse mit jeder anderen durch Beziehungen verbunden ist, da jede neue Klasse von der allgemeinen Klasse abgeleitet wird, kann man hier einfach allgemeingültige (generische) Methoden schreiben, die unabhängig vom jeweiligen Typ funktionieren.

C++ steht als compilerorientierte Sprache dazu in einem deutlichen Gegensatz. Hier werden einzelne, unabhängig voneinander existierende Vererbungsketten aufgebaut, die der Programmierer vollständig unter Kontrolle hat. Es gibt in C++ keine allgemeingültigen Methoden.

Dies wird von Autoren, die mehr aus der Smalltalk-Ecke kommen, gelegentlich als Manko angesehen. Die Welt der Compiler fordert nun einmal eine möglichst weitgehende Typprüfung zur Übersetzungszeit. Nur diese Überprüfung sichert eine weitgehende Fehlerüberprüfung. Die Idee typunabhängiger Methoden paßt somit nicht ins grundlegende Konzept.

Trotzdem werden wir bei den Codeschablonen (templates) eine typsichere Unterstützung für Probleme finden, die mehreren Klassen gemeinsam sind.

10.7.1 Grundsäulen der OOP

Im Laufe der bisherigen Kapitel haben wir Schritt für Schritt von C aus die Techniken und Merkmale von C++ erarbeitet. Mit Klassen, Objekten und Vererbung haben wir bereits viele Themen der Objektorientierten Programmierung behandelt.

Doch was bedeutet eigentlich OOP (Objektorientierte Programmierung)?

OOP besteht aus drei großen Säulen: dem Klassenkonzept, der Vererbung und der Polymorphie.

Die ersten beiden Konzepte haben wir kennengelernt. So bleibt nur die dritte Säule übrig, die das folgende Kapitel näher beleuchtet.

11 Polymorphie

Mit der Polymorphie sind wir bei der dritten großen Säule der OOP angelangt. Die ersten beiden waren die Kapselung durch Klassen sowie die hierarchische Wiederverwendung in der Vererbung.

Die Polymorphie (griech. poly - viel, morphein - Gestalt) beschreibt die Fähigkeit, an unterschiedliche Objekte gleichnamige Botschaften zu senden, die abhängig vom Objekt zu unterschiedlichen Reaktionen führen. Nehmen wir als Beispiel die Botschaft drucke_dich(). Objekte unterschiedlicher Klassen werden unterschiedlich auf diese Aufforderung reagieren, sofern die Methode in der jeweiligen Klasse implementiert worden ist.

Alle Vorarbeiten, die wir in den bisherigen Kapiteln zusammengetragen haben, werden in der Polymorphie benutzt, um dieses sehr flexible und dynamische Konzept einzuführen.

11.1 Varianten der Polymorphie

Die Polymorphie existiert in zwei Varianten, der statischen Variante, die durch eine Überlagerung von Funktionen realisiert wird, und einer dynamischen, die mit Hilfe von allgemeinen Zeigern auf unterschiedliche Objekte zugreift. Die erste Variante kennen wir längst, der zweiten widmet sich dieses Kapitel.

Bei der statischen Variante werden Funktionsnamen oder Operatorsymbole überlagert. Ein Plus-Zeichen funktioniert dank der Überlagerung korrekt unabhängig davon, ob es zwischen Basisdatentypen oder Objekten einer Klasse geschrieben wurde. Bei einem Methodenaufruf wird anhand des Typs des gebundenen Objektes vom Compiler herausgefunden, welche Methode er rufen soll. Er ruft die Methode, die zu der Klasse gehört, mit der das Objekt definiert wurde.

Dieses Zugriffsverfahren, bei dem der Compiler zur Übersetzungszeit die Zuordnung von Objekt und Methode durchführt, nennt man die frühe Bindung.

Die Problematik wird dann wesentlich spannender, wenn wir den Zugriff auf ein Objekt dynamisch durchführen wollen. Bei vielen Programmen entscheidet sich erst zur Laufzeit, auf welches Objekt man in einer Programmzeile

11 Polymorphie

zugreifen können muß. Analog zu *new* und *delete*, die die Probleme der Speicherreservierung zur Laufzeit bewältigt haben, benötigen wir nun ein Verfahren, das den Zugriff auf Objekte auch dann erlaubt, wenn wir erst zur Laufzeit erfahren, welches Objekt und welche Art von Objekten wir bearbeiten sollen.

Eine solche Dynamik ist gerade bei interaktiven Programmen üblich, bei denen der Benutzer durch Auswahl entscheidet, was nun zu tun ist. Ein anderer Fall sind generische (allgemeingültige, typunabhängige) Algorithmen.

Will man erst während der Laufzeit entscheiden, mit welchem Objekt jetzt zu arbeiten ist, dann werden alle Zugriffe auf Objekte indirekt mit einem Zeiger erfolgen müssen. Zeiger kann man nach Bedarf mit der Adresse des gewünschten Objektes laden und somit entscheiden, mit welchem Objekt gearbeitet wird.

11.1.1 Voraussetzungen für Polymorphie

Daher benötigen wir allgemeine Zeiger, die man mit Adressen verschiedener Variablentypen laden kann, und wir benötigen eine Möglichkeit, trotz der Verwendung eines allgemeinen Zeigers typgenau zugreifen zu können.

Schließlich will man ja die Methode aufrufen, die zu dem Objekt paßt, das wir mit Hilfe des Zeigers ausgewählt haben.

Wir stehen hier vor der Aufgabe, zwei Dinge zu integrieren, die sich eigentlich entgegenstehen. Die Typsicherheit verlangt eine exakte Angabe des Datentyps, und ein allgemeiner Zugriff muß und will diese exakte Typangabe eigentlich gar nicht verwenden.

Die Voraussetzungen können wir wieder von C ausgehend schaffen.

11.2 Allgemeine Zeiger in C

In C war es klar, welchen Zeigertyp man verwendet, wenn man Adressen verschiedener Variablen speichern können will: den typlosen Zeiger. Einem typlosen Zeiger darf man beliebige Adressen zuweisen. Umgekehrt gilt dies nicht mehr. Einem typisierten Zeiger darf man keinesfalls ohne ausdrückliche Typkonvertierung den Inhalt eines typlosen Zeiger zuweisen.

Der Grund ist einfach: Hat man einen typisierten Zeiger, hat man zwei Informationen: die Adresse der bezogenen Variablen und deren Typ. Bei einer Zuweisung an einen typlosen Zeiger vergißt man ein Stück der vorhandenen Information. Im umgekehrten Fall müßte der Compiler logisch eine Typinformation hinzuerfinden.

```
01  // Allgemeine Zeiger in C
02  // Datei:allgzei1.cpp
03
04  #include <iostream.h>
05  int main ()
06  {
07    void * vp;            // Allgemeiner Zeiger
08    int i = 6;
09    float f = 2.7;
10    double d = 3.14159;
11    vp = &i;              // kann beliebige Adressen
12    vp = &f;              // aufnehmen.
13    vp = &d;
14
15    // i = *vp;            // Nur, wie greift man zu?
16    return 0;
17  }
18
```

Bild 11.1 Allgemeiner Zeiger in C

Hat man einen typlosen, allgemeinen Zeiger mit der Adresse einer beliebigen Variablen, dann taucht die Frage auf, was macht man nun damit? Denn ohne explizite Typwandlung kann man mit einem typlosen Zeiger nicht zugreifen (Bild 11.1).

Will man für Listen oder andere allgemeingültige Datenstrukturen die Möglichkeit schaffen, beliebige Elemente verwalten zu können, dann hat man zu einem ganz erheblichen Aufwand gegriffen. Da der Zeiger auf verschiedene Strukturen, denn nur die kommen dafür in Frage, zeigen kann, mußte die Unterscheidungsinformation explizit in den Strukturen aufgenommen werden.

In allen Strukturen muß dann diese Information am gleichen Ort liegen, sinnvollerweise am Beginn. Der Inhalt dieses Elements erlaubt dann während der Laufzeit die notwendige Unterscheidung. Jede Strukturvariable, die an diesem Auswahlverfahren teilnehmen will, muß unbedingt korrekt mit der Unterscheidungsinformation vorbelegt werden.

11 Polymorphie

Auf Grund der vorhandenen Unterscheidungsinformation, die man bei der Programmerstellung für alle Module in einer Designrichtlinie festlegen muß, kann der Programmierer dann eine explizite Typwandlung vornehmen. Denn bei jedem Zugriff mit dem typlosen Zeiger muß der Programmierer explizit den gewünschten Typ spezifizieren (Bild 11.2).

```
01 // Allgemeine Zeiger in C
02 // Datei:allgzei2.cpp
03
04 #include <iostream.h>
05 struct xx
06 {
07 int tag;          // Typinformation
08 double x;
09 };
10 struct yy
11 {
12 int tag;          // Typinformation
13 float y;
14 };
15 int main ()
16 {
17 void * vp;        // Allgemeiner Zeiger
18 xx s1 = {1,2.76789};
19 yy s2 = {2,3.5234};
20 vp = &s2;
21 switch (*(int *)vp)
22 {
23 case 1:
24       cout << ((xx *)vp)->x << endl;
25       break;
26 case 2:
27       cout << ((yy *)vp)->y << endl;
28       break;
29 default:
30           break;
31 }
32 return 0;
33 }
34
```

Bild 11.2 Typauswertungen mit allg. Zeiger in C

Noch viel unangenehmer als die mühsame Programmerstellung ist die Pflege des Programms. An jeder Stelle, an der eine Typauswertung stattfindet, muß bei einem neuen, zusätzlichen Typ ins Programm eingegriffen und der neue Typ mit eingebaut werden.

Auch das ist zumindest aufwendig und sehr fehleranfällig. Die Lesbarkeit einer solchen umfangreichen Konstruktion ist sicher auch nicht unbedingt optimal.

11.3 Arbeiten mit Zeigern in C++

In C++ wird das mühsame und fehleranfällige Arbeiten mit einer Typermittlung zur Laufzeit durch die Programmierumgebung automatisiert. Insbesondere beim Aufruf von Methoden wird die Automatik viel Arbeit abnehmen.

Zeiger dienen in C++ nicht nur zum Zugriff auf Daten, sondern auch zum Aufruf von Methoden. Dabei muß allerdings eine Möglichkeit bestehen, die typgenaue Methode zu finden.

Sehen wir uns zuerst das Arbeiten mit Zeigern und früher Bindung an. Danach betrachten wir den dynamischen Fall der Polymorphie.

11.3.1 Frühe Bindung und indirekter Methodenaufruf

Verwenden wir wieder das einfache *ratio*-Beispiel, um die frühe Bindung im Zusammenhang mit dem Zugriff über Zeiger zu sehen.

```
01 // Zugriff mit Zeigern
02 // Datei: ratioz1.h
03 #include <iostream.h>
04 class ratio
05 {
06 int zaehler, nenner;
07 public:
08 ratio(int z=0, int n=1) {zaehler =z; nenner =n;}
09 void print() {cout << zaehler << "/" << nenner; }
10 };
11
```

Bild 11.3 Kleine ratio-Klasse für Zeigerzugriff

Im Beispiel (Bild 11.3) wird ein Zeigerfeld des Typs "Zeiger auf ratio" angelegt. In alle Feldelemente wird die Adresse eines neuen, dynamisch angelegten Objektes eingetragen.

Entscheidend für die frühe Bindung ist nun der Aufruf der print()-Methode. Die Bindung benötigt eine Adresse und einen Typ. Die Adresse, die dann an den *this*-Zeiger weitergereicht wird, kommt aus dem Feldelement. Der Typ,

11 Polymorphie

der bestimmt, welche der möglichen print()-Methoden ausgewählt wird, kommt aus dem Typ des Zeigers. Damit wird beim print()-Aufruf immer ein print() für ein Objekt der Klasse *ratio* gerufen.

So wie beim Zugriff mit dem Punkt-Operator der Typ des Objektes die Klasse bestimmt hat, bestimmt nun der Typ des Zeigers die Klasse, aus der die Methode ausgewählt wird. Im Beispiel (Bild 11.4) ist dies wieder einmal *ratio*.

```
01  // Zugriff mit Zeigern
02  // Datei: mratioz.cpp
03
04  #include "ratioz.h"
05
06  int main ()
07  {
08      ratio *zfeld[10];
09      int i;
10      cout << "\x1b[2J";         // Bildschirm löschen
11      for (i=0;i< 10;i++)        // Adressen von Objekten
12          zfeld[i] = new ratio;
13      for (i=0; i< 10; i++)
14          {
15          cout << i << " : ";
16          zfeld[i]->print();     // frühe Bindung
17          cout << endl;
18          }
19      for (i=0; i<10;i++)
20          delete zfeld[i];       // Speicher zurückgeben
21      return 0;
22  }
23
```

Bild 11.4 Zugriff mit Zeigern, frühe Bindung

11.3.2 Allgemeine Zeiger und frühe Bindung

Beim Thema "Vererbung" haben wir gesehen, daß der Compiler automatisch in der Lage ist, Typanpassungen im Zusammenhang mit Basisklassenzeigern (oder auf Basisklassenreferenzen) zu machen.

Einem Basisklassenzeiger konnten wir die Adressen beliebiger Objekte zuweisen, die mit Hilfe abgeleiteter Klassen definiert wurden. Ein Basisklassenzeiger ist somit zumindest in Bezug auf eine Klassenhierarchie ein allgemeiner Zeiger.

Arbeiten mit Zeigern in C++

In C haben wir allgemeine Zeiger und eine interne Typinformation benutzt, um die passende Bearbeitung auszuwählen. Führen wir nun in C++ zuerst einmal einen allgemeinen Zeiger und den Zugriff auf eine Vererbungshierarchie ein.

Mit der Basisklasse schaffen wir die Möglichkeit, einen allgemeinen Zeiger auf Basisklassenobjekte und Objekte, deren Klasse offen abgeleitet wurde, zu definieren. Der Zeiger kann die Adressen beliebiger Objekte der Vererbungshierarchie aufnehmen.

Die Definition der Basisklassenzeiger ist kein Problem. Allerdings bleibt die Frage, wie zugegriffen wird (Bild 11.5).

```
01 // Basisklassenzeiger
02 // Datei: Basisz1.cpp
03
04 class Basis {};
05 class Abgel1 : public Basis {};      // offene
06 class Abgel2 : public Abgel1 {};     // Vererbung !
07
08 int main()
09 {
10   Basis B;
11   Abgel1 A1;
12   Abgel2 A2;
13
14   Basis * bp;        // Basisklassen-Zeiger
15   bp = &B;
16   bp = &A1;          // möglich bei offener Vererbung
17   bp = &A2;          // möglich bei offener Vererbung
18
19   return 0;
20 }
21
```

Bild 11.5 Basisklassenzeiger in C++

In einem umfangreicheren Beispiel soll der Zugriff mit Hilfe von Basisklassenzeigern einmal ausprobiert werden (Bild 11.6).

Die abgeleitete Klasse stellt ebenso wie die Basisklasse eine print()-Methode zur Verfügung.

Ein Feld aus allgemeinen Zeigern nimmt nun die Adressen von Objekten verschiedenen Typs auf. Wenn man alle Objekte ausgeben will, muß man für alle Objekte die print()-Methode rufen.

11 Polymorphie

Im Beispiel gilt die frühe Bindung. Damit wird für alle Ausgaben die Basisklassenmethode print() verwendet, auch dann, wenn die gespeicherte Adresse auf ein abgeleitetes Objekt zeigt.

Ob das der Wunsch des Programmieres war? Vermutlich wäre es hier eher beabsichtigt gewesen, das Objekt anzuzeigen, auf das man gerade zeigt. Dazu benötigen wir die späte Bindung, also die Polymorphie.

```
01 // Frühe Bindung
02 // Datei: poly1.cpp
03
04 #include <iostream.h>
05
06 class basis              // Für Basisklassenzeiger
07 { double x;
08 public:
09 basis (double d = 3.14159) {x = d; }
10 void print() { cout << x; }
11 };
12
13 class abgeleitet : public basis
14 { int y;
15 public:
16 abgeleitet(int i = 77) {y = i;}
17 void print() { cout << y; }
18 };
19
20 int main()
21 {
22 basis *bfeld[10];          // Feld für allgemeine Zeiger
23 basis **bzeiger = bfeld;   // Zeiger auf Feldelemente
24 bfeld[0] = new basis;
25 bfeld[1] = new abgeleitet; // Zuweisung verschiedener
26 bfeld[2] = new basis;      // Adreßtypen an Feldvariable
27 bfeld[3] = new abgeleitet;
28 bfeld[4] = NULL;           // Endekennung
29 while (*bzeiger != NULL)
30         { (*bzeiger++)->print(); // Alle Objekte ausgeben
31         cout << endl;      // immer: basis::print()
32         }
33 bzeiger = bfeld;           // Aufräumen der dynamischen
34 while (*bzeiger != NULL)   // Objekte
35         delete *bzeiger++;
36 return 0;
37 }
```

Bild 11.6 Zugriffe mit Basisklassen-Zeigern

11.3.3 Allgemeine Zeiger für späte Bindung

Im Gegensatz zur statischen Ermittlung des Typs zur Übersetzungszeit wird beim Zugriff mit polymorphen Methoden zur Laufzeit ermittelt, welche Methode auf ein Objekt angewandt wird.

Es geht im Grunde darum, auf der einen Seite allgemeine Zeiger zu definieren und trotzdem auf der anderen Seite das typgenaue Zugreifen mit dem allgemeinen Zeiger möglich zu machen. Da der allgemeine Zeiger keine Typinformation trägt, muß sie während der Laufzeit aus vorhandenen Daten gewonnen werden. Entweder per Hand in C oder, wie wir gleich sehen werden, vollautomatisch in C++.

Schauen wir uns ein bekanntes Beispiel an, das wegen seiner interaktiven Bedienung die dynamische Bindung voraussetzt. Anhand des realen Beispiels können wir dann eine kleine Simulation schreiben.

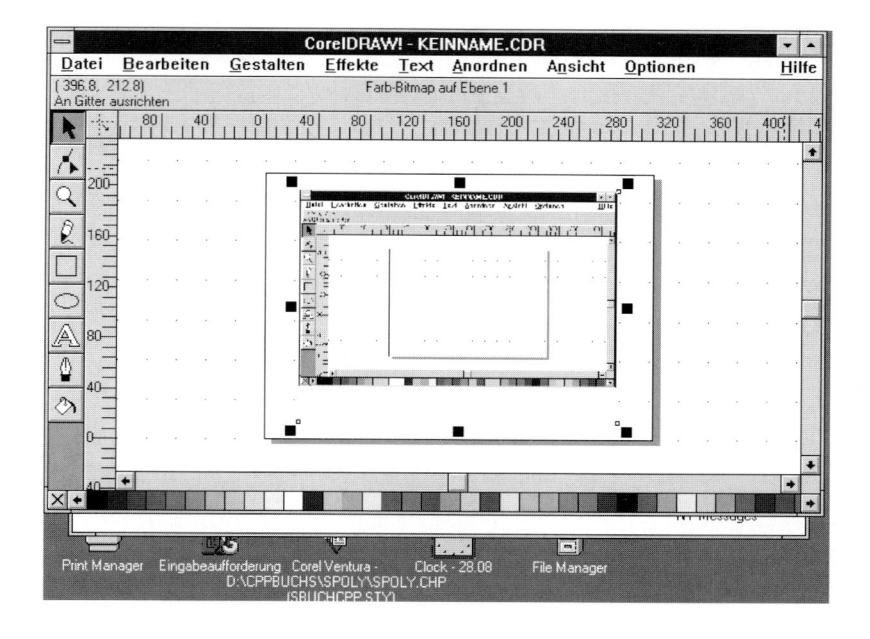

Bild 11.7 Ein typisches Graphikprogramm

11 Polymorphie

Viele Leser werden irgendeine Art von Graphikprogramm kennen. Diese Programme besitzen alle eine Werkzeugleiste. Klickt man mit der Maus auf das Werkzeug "Kreis", kann man einen neuen Kreis auf der Arbeitsfläche erzeugen, klickt man auf "Text", kann man einen Text anlegen (Bild 11.7).

Meist gibt es eine kleine Anzahl dieser Werkzeuge, die für verschiedene graphische Grundelemente bereit stehen. Als Programmierer sieht man sofort, daß das Anklicken ein dynamischer Vorgang ist. Und damit ist die Erzeugung eines neuen Kreises eine Aufgabe für den Operator *new*, der ein Objekt der Klasse Kreis anlegen muß. Und genauso wird ein *new* auch ein Rechteck oder eine Linie anlegen können, vorausgesetzt, wir haben die entsprechenden Klassen bereitgestellt.

Die Typen der einzelnen Objekte stehen dabei (vorläufig) in keinem logischen Zusammenhang. Texte, Kreise oder Linien sind eigenständige Typen, die nicht logisch durch Spezialisierung oder Verallgemeinerung zueinander in Beziehung stehen, wie bei der Vererbung.

Mit jedem Anklicken eines Werkzeuges soll ein neues Objekt entstehen, das verwaltet werden muß. Um es einfach zu machen, sollte ein Zeigerfeld genügen. In Wirklichkeit wären sicher Listen besser geeignet.

11.3.4 Basisklassen bei Vererbung und Polymorphie

Um die Möglichkeiten zu nutzen, die uns die allgemeinen Zeiger innerhalb einer Vererbung bieten, müssen wir das Problem der Verwaltung unterschiedlicher Objekte damit lösen, daß wir eine wie immer geartete Basisklasse einführen. Diese Basisklasse muß nicht, wie bei der Vererbung, die größte Allgemeinheit beschreiben, sondern sie ist eine reine syntaktische Notwendigkeit.

Basisklassen innerhalb der Vererbung stellen eine logische Abstraktion dar; Basisklassen für Polymorphie sind dagegen nur aus technischen Gründen vorhanden. Die Suche nach einer Abstraktion wird daher zumeist fehlschlagen.

In unserem Beispiel wäre es daher nicht zwangsläufig sinnvoll, eine Linie aus Punkten zusammenzusetzen oder ein Rechteck aus Linien.

Mit einem Basisklassenzeiger können wir nun ein Zeigerfeld definieren, das die Adressen aller unserer Kreise, Texte oder Linien aufnehmen kann.

Die Frage bleibt noch zu beantworten, wie der Methodenaufruf funktioniert. Dank der frühen Bindung wird die Entscheidung, welche Methode zu rufen ist, der Compiler zur Übersetzungszeit treffen. Und dies geschieht immer auf Grund des Zeigertyps.

Mischen wir, wie im Bild 11.2, in einer Tabelle Adressen von Objekten der Basisklasse und abgeleiteten Objekten, dann sehen wir immer nur die Ausgaben der Basisklassenmethode. Die Ausgabemethode der abgeleiteten Klasse wird nie verwendet, auch wenn im Feld die Adresse eines Objektes der abgeleiteten Klasse steht.

Grundlegende Voraussetzung für die Verwendung von Basisklassenzeigern ist die offene Vererbung. Nur dann kann der Compiler die Adresse korrekt ermitteln und den Typ wandeln.

```
01 // Polymorphe Methoden
02 // Datei: Basisz2.h
03
04 #include <iostream.h>
05 class Basis
06 {
07 int b;
08 public:
09 Basis(int i = 5) { b = i; }
10 virtual void print() { cout << b; } // hier: virtual
11 };
12
13 class Abgel1 : public Basis
14 {
15 int a1;
16 public:
17 Abgel1 (int i = 6) { a1 = i; }
18 void print() { cout << a1; }      // virtual wäre möglich
19 };
20
21 class Abgel2 : public Abgel1
22 {
23 int a2;
24 public:
25 Abgel2 (int i = 7) { a2 = i; }
26 void print () { cout << a2; }     // virtual wäre möglich
27 };
```

Bild 11.8 Polymorphe Methode und Vererbung

11.4 Objekte mit Typinformation

Zwar haben wir nun allgemeine Zeiger in C++ eingeführt, aber der entscheidende Unterschied der späten Bindung während der Laufzeit wurde noch nicht erreicht. Mit später Bindung soll ja die zum ausgewählten Objekt passende Methode gerufen werden, und nicht die Methode, die zum Zeiger paßt.

11 Polymorphie

Die Lösung liegt in einem Automatismus, den uns die Sprache zur Verfügung stellt.

In der Basisklasse werden vom Programmierer einzelne Methoden (oder auch alle) als dynamisch bindbar gekennzeichnet. Dies geschieht mit dem Schlüsselwort *virtual* als Attribut (Bild 11.8).

Das veranlaßt den Compiler zu drei Tätigkeiten. Die Klasse wird implizit um eine Typinformation erweitert. Die Typinformation wird zumeist aus einem Zeiger bestehen. Es wären Implementationen denkbar, die hier sogar einen Verweis auf ein Metaobjekt einfügen. (Metaobjekte sind objektbeschreibende Objekte, die eine Vielzahl von Informationen tragen könnten.)

Nun gilt nicht mehr, daß die Größe eines Objektes mit einer gleichartigen Struktur übereinstimmt. Objekte sind größer.

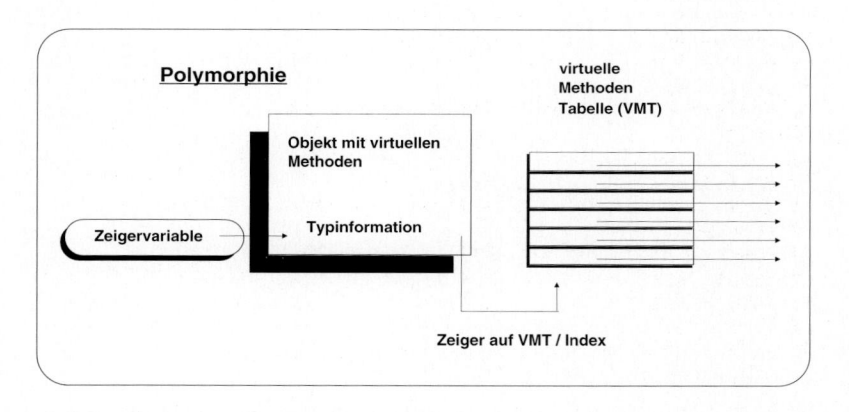

Bild 11.9 Prinzipieller Zugriff auf die VMT

Weiter werden für die dynamisch bindbaren Methoden Adreßtabellen angelegt, die die Adressen aller Varianten der Methoden und ihrer Überlagerungen in den abgeleiteten Klassen aufnehmen. Diese Tabellen werden automatisch in der Entwicklungsumgebung gepflegt. Man nennt sie virtuelle Methodentabellen (VMT). Da nun die Adressen der Methoden auch zur Laufzeit innerhalb des Programms bekannt sind, kann der Zugriff zur Laufzeit mit Hilfe der Tabellen erfolgen.

Nun muß nur noch jeder Zugriff, der einen Zeiger auf ein Objekt der Vererbungshierarchie verwendet, so codiert werden, daß er zuerst die Typinformation aus dem jeweiligen Objekt liest und die Typinformationen ähnlich einem

Index benutzt, um die typgerechte Methode aus der Methodentabelle zu entnehmen. Der Verwaltungsaufwand ist dabei verhältnismäßig gering, da heutige Prozessoren eine indirekte Adressierung sehr gut unterstützen.

Mit dieser Technik ist der Programmierer von jeder Verwaltungsarbeit, die über die Pflege der Klassen hinausgeht, befreit.

Im Bild 11.9 ist das Prinzip zusammengefaßt.

```
01 // Polymorphe Methoden
02 // Datei: Basisz2.cpp
03
04 #include "basisz2.h"
05
06 int main()
07 {
08 Basis B;          // mit 5 initialisiert
09 Abgel1 A1;        // mit 6 initialisiert
10 Abgel2 A2;        // mit 7 initialisiert
11
12 Basis * bp;       // Basisklassen-Zeiger
13 bp = &B;
14 cout << endl, bp->print(); // Ausgabe: 5
15 bp = &A1;
16 cout << endl, bp->print(); // Ausgabe: 6
17 bp = &A2;
18 cout << endl, bp->print(); // Ausgabe: 7
19
20 return 0;
21 }
22
```

Bild 11.10 Objektgerechte Ausgabe mit Polymorphie

Die Einführung des polymorphen Zugriffsmechanismus hat zur Folge, daß fertige Klassenhierarchien in Bibliotheken zusammengestellt, übersetzt und verkauft werden können, und der Anwender trotzdem nach wie vor die Möglichkeit hat, die gegebene Hierarchie zu erweitern und eigene Methoden zusätzlich zu überlagern.

Die Eintragung der Typinformationen in die Objekte und die Pflege der virtuellen Methodentabellen (VMT) geschieht beim Linken automatisch. Eine gekaufte Bibliothek muß beim Anwender somit nur noch mit seinen Ergänzungen zusammengebunden werden.

11 Polymorphie

11.5 Grafik-Simulation

Simulieren wir in einem Beispiel das besprochene Grafikprogramm. Dazu legen wir drei Klassen an, die Punkte, Linien und Rechtecke beschreiben. Diese Klassen sind eigenständige Klassen und können auch getrennt benutzt werden.

Alle drei Klassen müssen (sozusagen aus technischen Gründen) eine Basisklasse erben. Die Basisklasse liefert dann im Hauptprogramm die Möglichkeit, allgemeine Basisklassen-Zeiger anzulegen (Bild 11.11).

In unserem Beispiel hat die Basisklasse keine eigene Funktionalität.

```
01  // Basisklasse für Graphikausgaben
02  // Datei: Basis.h
03  #ifndef BASIS_H
04  #define BASIS_H
05
06  #include <iostream.h>
07  #define POS(z,s) "\x1b[" << z << ";" << s << "H"
08  #define CLR "\x1b[2J"
09
10  class basis
11  {
12  public:
13    virtual void print();
14  };
15  #endif
16
```

Bild 11.11 Basisklasse

Man sieht sehr gut, daß die Vererbung hier nur als Mechanismus verwendet wird. Im Vererbungskapitel haben wir mit jeder Vererbungsstufe eine Abstraktion oder Spezialisierung erreicht. In der Polymorphie dagegen ist es nicht immer hilfreich, nach einem logischen Zusammenhang zwischen Basisklasse und abgeleiteten Klassen zu suchen. Die Basisklasse hat hier mehr eine technische Klammerfunktion.

In der Implementierung der Basisklasse benötigen wir nur die Ausgabemethode, die für den Fall, daß sie aufgerufen wird, eine Fehlermeldung ausgibt. Da keine eigenen Eigenschaften vorhanden sind, werden auch keine Konstruktoren und kein Destruktor benötigt.

```
01 // Basisklasse für Graphikausgaben
02 // Datei: basis.cpp
03
04 #include "basis.h"
05
06 void basis::print()
07 {
08   cerr << "Keine Ausgabe möglich. " << endl;
09 }
10
```

Bild 11.12 Implementierung der Basisklasse

Zwei Makros (im alten C-Stil) sollen die Arbeit der Bildschirmausgabe erleichtern. Mit CLR erhält man den ANSI-String als Text, um den Bildschirm zu löschen. Mit POS wird die Sequenz bereitgestellt, um eine Position am Bildschirm anzusteuern.

Basisklassen für Polymorphie sind nicht immer so karg ausgestattet wie die gezeigte Basisklasse. Zur Vorstellung des Konzeptes ist die Einfachheit aber sinnvoll.

```
01 // Virtuelle Methoden
02 // Datei: punkt.h
03
04 #include "basis.h"
05
06 #ifndef PUNKT_H
07 #define PUNKT_H
08
09 class punkt : public basis
10 {
11  private:
12    int zeile;
13    int spalte;
14  public:
15    punkt (int z =1, int s = 1);
16    void print ();   // oder: virtual void print();
17 };
18 #endif
19
```

Bild 11.13 Punktklasse

11 Polymorphie

Die eigentlichen Träger der Modellinformation sind die auf die Basisklasse aufsetzenden Graphikklassen. Die einfachste ist ein Punkt. Er wird durch seine Lage am Bildschirm gekennzeichnet. Der Konstruktor erhält die Koordinaten und wird sie in den Eigenschaften speichern. Eine weitere mögliche Eigenschaft wäre das Zeichen, mit dem der Punkt dargestellt werden soll. Hier wird in der Ausgabemethode ein Sternchen verwendet.

Für unser Beispiel ist die Überlagerung der Ausgabemethode wichtig, die später polymorph benutzt werden soll.

```
01  // Implementierungsdatei zur Klasse punkt
02  // Datei : punkt.cpp
03
04  #include "punkt.h"
05
06  punkt::punkt(int z, int s)
07  {
08      zeile = z;
09      spalte = s;
10  }
11
12  void punkt::print()
13  {
14      cout << POS(zeile,spalte) << '*';
15  }
16
```

Bild 11.14 Implementierung des Punktes

Die Implementierung des Punktes kann mit Hilfe der vordefinierten Makros sehr einfach geschehen. Nach der Positionierung wird nur ein Sternchen angezeigt (Bild 11.14).

In den Linien- und Rechteck-Klassen sind die Eigenschaften wieder die notwendigen Ortsangaben für Anfang und Ende der Linie bzw. den linken oberen und den rechten unteren Punkt des Rechteckes.

Das Attribut *virtual* kann in den abgeleiteten Klassen wiederholt werden. Zu Dokumentationszwecken wäre dies sicher oft wünschenswert.

Die Klasse *linie* ist wie der *punkt* eine eigenständige Klasse. Sie merkt sich in ihren Eigenschaften den Anfangs- und Endpunkt der Linie (Bild 11.15).

Grafik-Simulation

```
01  // Klassendefinition linie
02  // Datei : linie.h
03  #ifndef BASIS_H
04  #include "basis.h"
05  #endif
06  #ifndef LINIE_H
07  #define LINIE_H
08  class linie : public basis
09  {
10    private:
11      int anf_z;
12      int anf_s;
13      int end_z;
14      int end_s;
15    public:
16      linie (int az,int as,int ez, int es);
17      void print ();   // oder: virtual void print();
18  };
19  #endif
20
```

Bild 11.15 Linien-Klasse

Um die Ausgabe nicht zu kompliziert werden zu lassen, soll sie nur senkrecht oder waagerecht möglich sein. Man kann hier aber auch eine mögliche Steigung berechnen und die einzelnen Punktorte damit ermitteln.

Im Fehlerfall soll nur eine entsprechende Meldung ausgegeben werden.

Die Ausgabemethode überlagert die virtuelle Ausgabemethode der Basisklasse (Bild 11.16).

Das Rechteck ist wieder eine eigenständige Klasse. Im Sinne der logischen Vererbung könnte man ein Rechteck aus Linien zusammensetzen genauso wie man eine Linie aus Punkten zusammensetzen könnte. Dafür spricht in unserem Fall ein logischer Aufbau, dagegen die notwendige Laufzeit.

Besonders deutlich wird das Laufzeit-Problem, wenn die Linie aus einzelnen Punkten aufgebaut wird. Bei der Ausgabe müßte in einer Schleife für jeden Punkt der Linie ein *punkt*-Objekt generiert werden, um die zugehörige Ausgabemethode benutzen zu können.

Dabei müßten aber pro Punkt ein Konstruktor und ein Destruktor (falls vorhanden) ablaufen. Der Zeitbedarf ist leicht vorstellbar. Für viele Anwendungen, die stark auf Laufzeit achten müssen, ist dies nicht tolerierbar.

Software, die erst mit der übernächsten Prozessorgeneration benutzbar wird, scheint mir auch eher unprofessionell zu sein.

11 Polymorphie

```
01 // Implememtierungsdatei zur Klasse linie
02 // Datei: linie.cpp
03
04 #include "punkt.h"
05 #include "linie.h"
06
07 linie::linie (int az,int as,int ez, int es)
08 {
09      anf_z = az;
10      anf_s = as;
11      end_z = ez;
12      end_s = es;
13 }
14
15 void linie::print ()
16 {
17      int i;
18
19      if (anf_z != end_z && anf_s != end_s)
20         cerr << "\nLinie: Keine Anzeige möglich" << endl;
21      else
22      {
23        if (anf_z == end_z)
24           {
25            for (i= anf_s; i <= end_s; i++)
26               cout << POS(anf_z,i) << '*';
27           }
28        else
29           for (i = anf_z; i <= end_z; i ++)
30              cout << POS(i,anf_s) << '*';
31      }
32 }
33
34
```

Bild 11.16 Implementierung der Linie

Der Forderung nach einem durchgängigen logischen Konzept können wir hier aus Laufzeitgründen nicht entsprechen. Aber man kann daran auch eine andere Spielregel der Objektorientierung sehen.

Klassen sind eben nicht nur eine gute Hülle für ein fertiges, klares Modell. Sie sind auch eine sichere Lerninsel, in der man, solange man die Schnittstelle nach außen respektiert, auch einmal auf eine große Logik verzichten kann, um effizienten, aber nicht ganz eleganten Code zu schreiben.

Grafik-Simulation

```
01 // Header-Datei : rechteck.hpp
02 // Klassendefinition
03 #ifndef BASIS_H
04 #include "basis.h"
05 #endif
06
07 #ifndef RECHTECK_H
08 #define RECHTECK_H
09
10 class rechteck   : public basis
11 {
12   private:
13     int lo_z;
14     int lo_s;
15     int ru_z;
16     int ru_s;
17   public:
18     rechteck (int loz, int los, int ruz, int rus);
19     void print ();
20 };
21 #endif
```

Bild 11.17 Rechteck-Klasse

Und so bleiben wir auch beim Rechteck (Bild 11.17) bei der simplen Randbedingung, daß das Rechteck nur vertikale und horizontale Ausrichtung haben darf. Die Ausgabemethode besteht dann nur noch aus vier Schleifen, die jeden einzelnen Punkt durch Positionierung und Ausgabe eines Sternchens am Bildschirm erzeugen (Bild 11.18).

Nun bleibt nur noch das Anwendungsprogramm zu schreiben. Will man die Polymorphie verwenden, gilt die Regel, daß alle Zugriffe auf Objekte mit Hilfe von Basisklassenzeigern erfolgen müssen.

Simuliert man im Hauptprogramm wieder das Beispiel des Graphikprogramms, dann ist es sinnvoll eine Zeigertabelle für die möglichen Objekte anzulegen. Dem Anklicken des Benutzers entspricht das Erzeugen eines Objektes mit *new*. In die Objekttabelle werden daher die Adressen einiger dynamisch erzeugter Objekte eingetragen. Das Ende der Tabelleneinträge markiert ein "sentinel", ein eindeutiger Wert als "Wachposten".

Um auch den Bedienknopf "Neu anzeigen" oder "refresh" zu simulieren, enthält das Hauptprogramm eine Funktion, die den Bildschirm löscht und alle bekannten Objekte wieder am Bildschirm anzeigt.

11 Polymorphie

```
01  // Datei: rechteck.cpp
02  // Implementierungsdatei zur Klasse rechteck
03
04  #include "basis.h"
05  #include "rechteck.h"
06
07  rechteck::rechteck(int loz,int los,int ruz,int rus)
08  {
09     lo_z = loz;
10     lo_s = los;
11     ru_z = ruz;
12     ru_s = rus;
13  }
14
15  void rechteck::print ()
16  {
17    int i;
18
19    for (i = lo_s; i <= ru_s; i++)
20         cout << POS(lo_z,i) << '*';
21    for (i = lo_s; i <= ru_s; i++)
22         cout << POS(ru_z,i) << '*';
23    for (i = lo_z; i <= ru_z; i++)
24         cout << POS(i,lo_s) << '*';
25    for (i = lo_z; i <= ru_z; i++)
26         cout << POS(i,ru_s) << '*';
27
28  }
29
```

Bild 11.18 Implementierung des Rechteckes

In dieser Anzeigefunktion werden in einer Schleife solange einzelne Werte aus der Tabelle geholt, bis das Ende erreicht ist. Jede Adresse wird zum Aufruf der Ausgabemethode des jeweiligen Objektes verwendet. Dank der Polymorphie wird dabei immer die richtige Methode gefunden, also die Methode, die zu dem Objekt paßt, auf das gezeigt wird.

Am Schluß muß nur noch der Speicher wieder freigegeben werden, der am Anfang für die dynamisch angelegten Objekte reserviert wurde (Bild 11.19).

Nach Ablauf des Programms sollte ein interessantes Bild zu sehen sein. Erahnen Sie übrigens was am Bildschirm steht?

Eine interessante Übung wäre es übrigens, das gesamte Beispiel ohne das Schlüsselwort *virtual* zu übersetzen und die Ausgaben zu vergleichen.

```
01 // Hauptprogramm
02 // Datei: virtual.cpp
03
04 #include "punkt.h"
05 #include "linie.h"
06 #include "rechteck.h"
07
08 void anzeigen (basis **vp) // Bildschirm auffrischen
09 {
10   cout << CLR;              // Erst löschen
11   while (*vp != NULL)       // Falls nicht auf NULL gezeigt
12   {
13     (*vp)->print();         // Hole Adresse und binde spät
14     vp++;                   // Zum nächsten Eintrag
15   }
16 }
17
18 int main()
19 {
20   int i;
21   basis *oz_feld[10];         // Feld aus Basiszeigern
22
23   oz_feld[0] = new punkt (10,25);
24   oz_feld[1] = new linie (18,26,18,49);
25   oz_feld[2] = new linie (8,37,16,37);
26   oz_feld[3] = new rechteck (5,15,20,60);
27   oz_feld[4] = new punkt (10,50);
28   oz_feld[5] = NULL;          // Fertig ist das ...
29
30   anzeigen (oz_feld);         // entspricht: Auffrischen
31   i = 0;
32   while (oz_feld[i] != NULL)
33   {
34     delete oz_feld[i];        // Vorsicht: Destruktor
35     i++;                      // ist zumeist auch virtual!
36   }
37   return 0;
38 }
39
```

Bild 11.19 Testrahmen für virtuelle Methoden

11.5.1 Checkliste für Polymorphie

Die folgenden Punkte müssen erfüllt sein, um erfolgreich mit Polymorphie arbeiten zu können.

- Es gibt eine Vererbungshierarchie.
- Die Vererbung erfolgt offen (public).

11 Polymorphie

- In der Basisklasse werden die gewünschten Methoden als dynamisch bindbar erklärt (virtual).
- Im Anwendungsprogramm erfolgen alle Zugriffe auf die Objekte mit einem Basisklassenzeiger.

11.6 Dienste rund um die Polymorphie

Die Polymorphie bietet neben der späten Bindung die Grundlage für weitere Dienste. Ausgangsbasis dafür sind die Komponenten der Polymorphie. Mit der Typinformation innerhalb eines Objektes lassen sich dynamisch zur Laufzeit Aussagen über Objekte machen. Besonders Datenbanken werden diese Information dankend benutzen.

Werfen wir zuerst noch einen Blick auf wichtige Seitenthemen, die bei der Anwendung der Polymorphie beachtet werden sollten.

11.6.1 Fehlende Überlagerungen

Insbesondere bei mehrstufigen Vererbungsketten kann durchaus einmal in einer abgeleiteten Klasse die überlagernde Methode fehlen. In diesem Fall wird die logisch nächstliegende Funktion in die VMT eingesetzt. Das ist die Methode, die bisher den höchsten Ableitungsgrad (Spezialisierung) in der Klassenhierarchie einnimmt, also die Methode der jeweiligen Basisklasse.

Um die VMT zu füllen, muß daher mindestens eine Methode vorhanden sein: die Methode der Basisklasse. Damit hätten wir logisch zwar nichts gewonnen, aber der Syntax wäre genüge getan.

Die Basisklasse muß übrigens nicht die absolute Basisklasse sein. In einer mehrstufigen Ableitungshierarchie kann eine beliebige Stufe als Basisklasse für die nachfolgenden Vererbungen benutzt werden. Die Basis und die Basisklassenzeiger sind somit relativ zu ihren Vererbungen.

11.6.2 Destruktoren und späte Bindung

Besondere Aufmerksamkeit muß man den Destruktoren beim Zugriff mit Zeigern widmen. Der *delete*-Operator ruft vor der Freigabe des Speicherplatzes den zugehörigen Destruktor. Wenn aber der Aufruf von *delete* mit einem Basisklassenzeiger geschieht, dann muß in diesem Fall auch die späte Bindung eingeschaltet werden.

Vergißt man, den Destruktor ebenfalls mit dem Attribut *virtual* zu kennzeichnen, dann wird stets nur der Basisklassendestruktor gerufen, was sicher verheerende Auswirkungen hat.

Der schlechteste Fall wäre sicherlich, wenn der Destruktor für eine abgeleitete Klasse selbst Speicher verwalten würde - aber nicht gerufen werden könnte, da der Programmierer das Attribut *virtual* vergessen hat.

Im Graphik-Beispiel enthielten die einzelnen Klassen keine dynamisch angelegten Eigenschaften. Daher konnte auf die Implementierung der Destruktoren verzichtet werden.

11.6.3 Abstrakte Klassentypen

Die Basisklasse hat im Design des Beispiels für virtuelle Methoden keine eigenständige Rolle gespielt: Dies war auch beabsichtigt, um zu zeigen, daß die Vererbung innerhalb einer polymorphen Verwendung eine gänzlich andere Rolle spielt als in der eigentlichen Vererbung.

Wenn aber die Basisklasse schon keine eigenständige Rolle zu spielen braucht, dann kann man das in der Syntax explizit ausdrücken.

```
01 // Basisklasse für Graphikausgaben
02 // Datei: Basis2.h
03
04 #ifndef BASIS2_H
05 #define BASIS2_H
06
07 #include <iostream.h>
08 #define POS(z,s) "\x1b[" << z << ";" << s << "H"
09 #define CLR "\x1b[2J"
10
11 class basis                        // abstrakter Datentyp
12 {
13 public:
14 virtual void print() = NULL; // rein virtuell
15 };
16 #endif
17
```

Bild 11.20 Die abstrakte Basisklasse

Wenn innerhalb einer Klassendefinition die Deklaration einer Methode einen Zusatz erhält, der wie die Zuweisung einer ungültigen Adresse aussieht, dann handelt es sich um eine ausschließlich deklarierte Methode. Die Definition und

11 Polymorphie

damit der Funktionsrumpf fehlen. Eine Bindung an eine solche Methode ist nicht möglich. Umgekehrt heißt dies aber auch, daß man mit einer solchen Klasse kein Objekt definieren kann. Sie ist eine abstrakte Klasse geworden.

Abstrakte Klassen sind eine Art Designvorschrift. Sie geben an, welche Methoden überlagert werden müssen, um mit einer abgeleiteten Klasse Objekte definieren zu können. Erst die Klasse, die in unserem Beispiel eine eigene print()-Methode überlagert, kann zum Anlegen von Objekten benutzt werden.

Wird versucht ein Objekt anzulegen, ohne die print()-Methode überlagert zu haben, kann der Compiler dies erkennen und wird einen Fehler melden. Die Abstraktheit wird also solange weitervererbt, bis eine Methodendefinition erfolgt.

11.6.4 Erzwingen der frühen Bindung

Will man eine polymorph überlagerte Methode benutzen, um mit Hilfe eines vorgegebenen Datentyps zuzugreifen, existieren zwei Verfahren.

Jeder Zugriff mit Hilfe eines Punkt-Operators erzwingt eine frühe Bindung.

Will man mit einem Zeiger mit einem vordefinierten Typ zugreifen, dann empfiehlt sich die übliche Methode, den Bereich zusammen mit dem Bereichsoperator voranzustellen.

11.6.5 Polymorphie als Basis

Die Polymorphie enthält mit ihrer Fähigkeit, den Datentyp in jedem Objekt zu verschlüsseln, die Grundlage für weitere Dienstleistungen der Sprache. So kann die Typinformation genutzt werden, um eine dynamische Typkonvertierung zu ermöglichen, die sowohl in Richtung zur Basis (upcast) als auch in Richtung weitergehender Ableitungen (als downcast) korrekt funktioniert.

Neben der Typwandlung kann die Polymorphie auch die Basis für ein Laufzeit-Typinformationssystem (RTTI-runtime type information) bilden.

Diese Möglichkeiten finden Sie in einem eigenen Kapitel näher beschrieben.

11.6.6 Allgemeine Typkonvertierung

Die Basisklassenzeiger der Polymorphie sind eine Möglichkeit, Typkonvertierung zu benutzen. Den Gesamtüberblick soll das nächste Kapitel präsentieren.

12 Typkonvertierung

Die Konvertierung von Datenelementen ist eines der Alltagsprobleme einer streng typorientierten Sprache. Der Satz mag kurios klingen, er faßt aber ein stets vorhandenes Phänomen kurz zusammen.

Aus der Fülle von Fällen, die uns in der Programmierpraxis begegnen, sind folgende repräsentativ:

- Konvertierung von numerischen Typen
- Konvertierung von Zeigertypen
- Konvertierung zwischen char und int (aus historischen Gründen)
- Konvertierung von Basisdatentypen zu Klassen
- Konvertierung von Klassen zu Basisdatentypen
- Laufzeit- oder Übersetzungszeit-Konvertierung

12.1 Typkonvertierungen in C

In C kennen wir die erzwungene Typkonvertierung mit Hilfe des Typkonvertierungsoperators. Der englische Begriff dafür ist "cast" und bedeutet soviel wie "Form". (Eine Backform wäre ein geeignetes Bild für einen cast.) Mit Hilfe der Typkonvertierung wechseln wir das Erscheinungsbild eines Wertes. Typische Vertreter dieser Typkonvertierung sind numerische Wandlungen oder Zeigeranpassungen.

Sehen wir uns zwei einfache Beispiele aus der C-Welt an:

Im folgenden numerischen Beispiel (Bild 12.1) soll eine Konstante ermittelt werden. Die Konstante ist die zwölfte Wurzel aus zwei. Mit dieser Konstante kann man die zwölf Halbtöne einer Oktave berechnen.

Um die zwölfte Wurzel zu berechnen, benutzen wir die Funktion pow(). Nun ergibt die ganzzahlige Division von 1 durch 12 stets 0. Die Konstante wird damit immer 1.0. Mit Hilfe einer Typwandlung erzwingt man die Fließkommadivision und erhält die richtige Konstante.

12 Typkonvertierung

```
01 // Typkonvertierung
02 // cast / C
03 // Datei: tknum01.cpp
04
05 #include <iostream.h>
06 #include <math.h>
07
08 int main ()
09 {
10 double wohltemp;
11
12 wohltemp = pow (2.0, 1/12);
13 cout << "\nHalbton-Konstante: " <<
14         wohltemp << endl;
15
16 wohltemp = pow (2.0, (double)1/12);
17 cout << "\nHalbton-Konstante (mit Cast): " <<
18         wohltemp << endl;
19
20 return 0;
21 }
22
```

Bild 12.1 Typkonvertierung in num.-Ausdrücken

Ein anderes Beispiel bietet die Typkonvertierung für Zeiger. Hier kann man die schon häufiger benutzte Funktion malloc() heranziehen.

Die Speicherverwaltung kann den Typ nicht kennen, mit dem der Programmierer auf den Speicher zugreifen wird. Daher erzwingt der Programmierer eine Typkonvertierung des Rückgabewertes von malloc() auf den gewünschten Zeigertyp (Bild 12.2).

In früheren C-Versionen konnte man den Ergebniswert von malloc() direkt ohne Typkonvertierung zuweisen. Mit der verbesserten Typprüfung von ANSI-C und C++ muß auf der rechten Seite der Zuweisung ein gültiger Datentyp stehen.

In C++ können wir dank der neuen Schlüsselworte *new* und *delete* solche Angaben weglassen. Das Ergebnis von *new* ist immer ein typgerechter Zeiger.

Die Typkonvertierung mit einem cast ist absolut. Mit ihr sind beliebige Fehler möglich. Es liegt nur im Ermessen des Programmierers, wie er das Ergebnis handhabt. C++ will diese Freiheit nicht einschränken; man will nur erreichen, daß der Programmierer genauer angibt, was er erreichen will.

Funktionale Schreibweise

```
01 // Typkonvertierungen mit Zeigern
02 // Datei: tkzeig01.cpp
03
04 #include <stdio.h>
05 #include <stdlib.h>
06
07 int main ()
08 {
09 int * ip;
10
11 ip = (int *) malloc (100 * sizeof(int)) ;
12 if (ip)
13         {
14         printf ("\nReservierung erfolgreich bei %p\n",ip);
15         free (ip);
16         }
17 else
18         printf ("\nReservierung nicht erfolgreich.\n");
19
20 return 0;
21 }
22
```

Bild 12.2 Angeben eines Zeigertyps

12.2 Funktionale Schreibweise

In C++ können wir neben der typischen Schreibweise aus C, die den cast benutzt, auch eine Schreibweise verwenden, die wie der Aufruf einer Funktion aussieht.

12.2.1 Funktionale Schreibweise für Basisdatentypen

Die bei der funktionalen Schreibweise gerufene Konvertierungsfunktion sieht wie der Aufruf eines Konstruktors aus. Auch für die Basisdatentypen kann der Typwandlungsaufruf funktional erfolgen. C++ verhält sich so, als gäbe es auch für Basisdatentypen einen Konstruktor. Eine ähnliche Schreibweise begegnet uns auch bei der Vererbung und den zugehörenden Konstruktoren.

Die bei der funktionalen Schreibweise verwendeten Klammern haben eine höhere Priorität als die Klammern der Typkonvertierung mit einem cast. Es sind die Klammern des Funktionsaufrufes, die die höchste Priorität besitzen. Es ist daher ein angenehmer Nebeneffekt, daß diese Schreibweise meist nicht weiter geklammert werden muß (Bild 12.3).

241

12 Typkonvertierung

Eine Besonderheit ist die Typkonvertierung mit einem leeren Ausdruck. Hier wird der Wert zurückgeliefert, mit dem eine uninitialisierte Variable im globalen Bereich beim Laden implizit vorbesetzt werden würde. Dies ist zumeist der Wert 0. Im Beispiel (Bild 12.3) wird in der Zeile 11 eine *int*-Variable mit dem Ergebnis einer solchen Konvertierung vorbesetzt.

Der funktionale Typkonvertierungsaufruf geschieht in der Zeile 14.

```
01 // Typkonvertierung: Funktionale Schreibweise
02 // Datei: tkfunk01.cpp
03
04 #include <iostream.h>
05 #include <stdlib.h>
06
07 int main ()
08 {
09 typedef int * intp;
10 intp ip;
11 int  i1 = int (); // Initialisierung wie global
12
13 cout << "\nDefault-Initialisierung: " << i1 << endl;
14 ip = intp(malloc (100 * sizeof(int)));
15 if (ip)
16        {
17        cout << "\nReservieren erfolgreich bei "
18             << ip << endl;
19        free (ip);
20        }
21 else
22        cout << "\nReservierung nicht erfolgreich.\n";
23
24 return 0;
25 }
26
```

Bild 12.3 Funktionale Schreibweise

Viele Programmierer haben sich vor allem unter UNIX daran gewöhnt, daß globale Variable ohne explizite Initialisierung mit Null vorbesetzt werden. Dennoch ist eine explizite Angabe immer zu empfehlen.

12.2.2 Funktionale Schreibweise für Klassen

Innerhalb von Methoden kann man mit der funktionalen Schreibweise der Typkonvertierung eine Beschleunigung erreichen. Dazu ändern wir das altbekannte *ratio*-Beispiel ab.

242

Funktionale Schreibweise

In den bisherigen Beispielen zur Klasse *ratio* haben wir ein lokales Hilfsobjekt oder ein formales Wert-Parameterobjekt benötigt, um den Ergebniswert aufzubauen. Mit Hilfe der Typkonvertierung können wir getrennte Ergebnisvariablen für Zähler und Nenner bereitstellen, die erst in der *return*-Anweisung benutzt werden, um mit Hilfe einer Typkonvertierung das anonyme Rückgabeobjekt aufzubauen (Bild 12.4).

Die Typkonvertierung benutzt den Wertkonstruktor.Der bisher bei der Rückgabe benutzte Kopierkonstruktor wird nicht mehr gerufen.

```
01 // Typkonvertierung: Rückgabe
02 // tkruek01.cpp
03
04 class ratio
05 {
06 int zaehler, nenner;
07 public:
08 ratio (int z = 0, int n = 1)
09         {zaehler = z, nenner = n;}
10 ratio operator+ (const ratio & op2);
11 };
12
13 ratio ratio::operator+ (const ratio & op2)
14 {
15 int hz, hn;
16 hn = nenner*op2.nenner;
17 hz = zaehler*op2.nenner+op2.zaehler*nenner;
18 return ratio (hz,hn);
19 }
20
21
```

Bild 12.4 Rückgabe mit Wertkonstruktor

Zwar gibt es auch in dieser Version ein anonymes Hilfsobjekt während der Rückgabe des Wertes, es gibt aber kein lokales Hilfsobjekt mehr. Und ein Objekt weniger bedeutet auch, daß für dieses Objekt kein Konstruktor und kein Destruktor ablaufen muß.

Zumindest haben wir im Beispiel zwei Funktionsaufrufe eingespart. Nur die Rückgabe geschieht nach wie vor als Wertrückgabe mit Hilfsobjekt, auf das wir nicht verzichten können.

12.3 Klassen-Konvertierungsoperatoren

Bei der Konvertierung mit Klassen müssen wir die Richtung der Konvertierung beachten.

Konstruktoren, die implizit oder explizit aufgerufen werden, bilden die Brücke von Basis-Datentypen hin zu einer Klasse. Die andere Richtung, von einer Klasse zu einem Basisdatentyp, wird eine eigene Konvertierungsmethode benötigen.

Betrachten wir eine Addition zwischen einem *ratio*-Objekt und einer *int*-Konstanten. Der Compiler wird hier ein Hilfsobjekt anlegen, es mit dem zu konvertierenden Wert initialisieren und dann mit dem Objekt die gewünschte Operation durchführen (Bild 12.5).

```
01 // Konvertierung mit Konstruktoren
02 // Datei: tkkon01.cpp
03
04 class ratio
05 {
06 int zaehler, nenner;
07 public:
08 ratio (int z=0, int n=1) {zaehler=z,nenner=n;}
09 ratio & operator= (const ratio & op);
10 ratio operator + (const ratio & op2);
11 };
12
13 int main ()
14 {
15 ratio A, B(1,2);
16
17 A = B + 6;      // mit ratio-Hilfsobjekt
18
19 return 0;
20 }
21
22
```

Bild 12.5 Typkonvertierung mit Konstruktor

Im Beispiel wird im Additionsausdruck ein temporäres Objekt angelegt und mit Hilfe des Konstruktors initialisiert. Der verwendete Konstruktor muß dabei mit einem einzelnen Parameter aufrufbar sein. Der zweite Parameter kommt hier aus der Vorbesetzung der Parameter in der Konstruktordeklaration.

Klassen-Konvertierungsoperatoren

Am Ende der Additionsoperation (Zeile 17) wird das temporäre Objekt wieder entfernt.

Konstruktoren, die zur Typkonvertierung benutzt werden, dürfen bei ihrer Deklaration in der Klasse nicht mit dem Attribut *explicit* versehen werden, das die implizite Verwendung als Typkonvertierer verbietet.

Man unterscheidet mit dem Attribut *explicit* Konstruktoren, die ihre Konvertierungsfähigkeit nur dann erhalten, wenn sie mit Hilfe einer explizit angegebenen Syntax dazu benutzt werden. Ohne *explicit* können Konstruktoren automatisch gerufen werden, wie wir es bei einer Konvertierung einer ganzen Zahl auf ein *ratio*-Objekt bei Parameterübergaben wiederholt gesehen haben.

```
01 // Typkonvertierungs-Operator
02 // Datei: tkoper01.cpp
03
04 #include <iostream.h>
05
06 class ratio
07 {
08 int zaehler, nenner;
09 public:
10 ratio (int z = 0, int n = 1)
11         {zaehler = z, nenner = n;}
12 operator double ();            // Konvertierung zu double
13 };
14
15 ratio::operator double ()   // Konvertierungsmethode
16 {
17 return double (zaehler) / double (nenner);
18 }
19 // Testrahmen
20 int main()
21 {
22 ratio A(1,2);
23 cout <<"\nErgebnis : " <<double(A) <<endl;// funktional
24 cout <<"Mit cast: " << (double) A<<endl;  // konventionell
25 if (A)                                    // implizit
26         cout << "Objekt nicht 0" << endl;
27 else
28         cout << "Objekt ist 0" << endl;
29
30 return 0;
31 }
32
```

Bild 12.6 Konvertierungs-Operator

12 Typkonvertierung

Die andere Richtung, die Konvertierung von einer Klasse zu einem Basisdatentyp oder einer anderen Klasse, benötigt einen eigenen Typkonvertierungsoperator (Bild 12.6 / Zeile 15).

Analog den ebenfalls implizit gerufenen Konstruktoren oder dem Destruktor wird der Operator ohne Rückgabewert definiert. In der Definition der Methode muß es dennoch eine *return*-Anweisung geben, die den gewünschten Wert nach einer Typwandlung liefert.

Die Syntax mag hier etwas gewöhnungsbedürftig sein.

Der in der Klasse definierte Operator wird automatisch an allen Stellen verwendet, in denen eine implizite oder explizite Typkonvertierung von einem Objekt der Klasse zu einem gewünschten Datentyp notwendig wird.

Im Beispiel (Bild 12.6) wird zuerst eine funktionale Schreibweise benutzt, danach die konventionelle Schreibweise mit einem cast und schließlich wird innerhalb der *if*-Abfrage eine implizite Konvertierung angefordert.

Die Konvertierungsmethode wird neben ihrer eigentlichen Funktion gelegentlich auch zur Statusabfrage benutzt (Bild 12.7).

```
01 // implizite Typkonvertierung bei Ein- und Ausgabe
02 // Datei: tkein01.cpp
03
04 #include <iostream.h>
05
06 int main()
07 {
08 int x;
09 cin >> x;
10 cout << "\nGeben Sie eine Zahl ein: ";
11 if (cin) // Typkonvertierung auf void*, Abfrage mit if
12         cout << "Eingabe war: "<< x << endl;
13 else
14         cout << "\nFehlerhafte Eingabe\n" << endl;
15 return 0;
16 }
17
```

Bild 12.7 Statusabfrage mit Typkonvertierung

In den Klassen der Ein- und Ausgabebibliothek, die ohne Fehlerauswurf arbeiten, wird intern ein Status mitgeführt. Im Fehlerfalle blockiert das Ein- oder Ausgabeobjekt und läßt keine weiteren Operationen zu. Zur Abfrage des internen Zustandes wird hier entweder ein not-Operator (!) eingesetzt oder eine Typkonvertierung, die als Ergebnis einen *void*-Zeiger liefert.

Mit dieser Rückgabe kann unmittelbar ein Ein- oder Ausgabeobjekt in der *if*-Abfrage benutzt werden.

12.3.1 Typkonvertierungen bei Vererbungen

Im Zusammenhang mit der Vererbung stehen wir häufig vor Typanpassungsproblemen.

Rufen wir innerhalb einer Methode einer abgeleiteten Klasse eine Methode der Basisklasse auf, dann muß eine Typkonvertierung der *this*-Zeiger stattfinden. Innerhalb der Methode der abgeleiteten Klasse zeigt *this* auf ein Objekt der abgeleiteten Klasse, in der Basisklassenmethode auf ein Objekt der Basisklasse.

Die implizite Typkonvertierung erlaubt, einen Zeiger der Basisklasse mit der Adresse eines abgeleiteten Objektes zu initialisieren oder eine entsprechende Zuweisung zu machen. Im Fall der Bindungsanpassung wird die Initialisierung verwendet.

Eine zweite Variante haben wir bei den Kopierkonstruktoren gesehen. Der Kopierkonstruktor der abgeleiteten Klasse erhält ein Objekt der abgeleiteten Klasse als aktuellen Parameter. Er reicht dieses Objekt weiter an den Kopierkonstruktor der Basisklasse.

Hier wird nun eine Referenz auf ein Basisklassenobjekt mit einem Objekt der abgeleiteten Klasse initialisiert. Die implizite Typanpassung wird für eine korrekte Vorbesetzung sorgen.

12.4 Neue Konvertierungsoperatoren in C++

Die universelle Typkonvertierung in C mit Hilfe der erzwungenen Typkonvertierung ist wegen ihrer allgemeinen Gültigkeit problematisch.

Im Standard werden daher spezielle Konvertierungsoperatoren enthalten sein, die nach Möglichkeit den bisher verwendeten cast-Operator vollständig ersetzen sollen. Ziel ist es, für verschiedene Anwendungsfälle spezielle Typwandlungen anzubieten und Mißbrauch zu verhindern.

12 Typkonvertierung

Diese Operatoren werden noch nicht von allen Compilern unterstützt. Manche Compiler verwenden auch noch eigene Datentypen bei der Behandlung fehlgeschlagener Konvertierungen. Man kann daher nur empfehlen, für Typkonvertierungen im neuen Stil noch einmal das Compilerhandbuch zu studieren.

Die neuen Operatoren sind auf Grund ihres Verhaltens und ihrer Sicherheit ausgewählt worden.

Der *static_cast*-Operator wird eine Typwandlung zur Übersetzungszeit vornehmen. Er ist zumeist relativ sicher anzuwenden.

Der *dynamic_cast*-Operator wird möglicherweise erst während der Laufzeit die Typkonvertierung durchführen. Dazu muß aber die Typinformation zur Laufzeit zur Verfügung stehen. Daher setzt der Operator polymorphe Basisklassen voraus.

Der allgemeinste Operator wird *reinterpret_cast* sein, der auch gefährliche Wandlungen zuläßt.

Beginnen wollen wir die Diskussion mit einem einfachen, neuen Operator zum Entfernen der Konstantheit.

12.4.1 Der Operator const_cast

Mit Hilfe des *const_cast*-Operators können die Attribute *volatile* und *const* entfernt werden. Alle anderen Konvertierungsoperatoren respektieren die Konstantheit, sodaß *const_cast* die einzige Möglichkeit bietet, diese Attribute zu entfernen.

Dem Operator *const_cast* folgt in spitzen Klammern der gewünschte Datentyp und in runden Klammern der Ausdruck, der zu konvertieren ist. Als Ergebnis sollte man den gleichen Typ angeben, den der ursprüngliche Ausdruck besitzt. Nur *const*- bzw. *volatile*-Attribute sollten beim Ziel fehlen.

Erlaubt sind Zeiger, Referenzen und Variable mit einem *const*- oder *volatile*-Attribut. Ebenso können Zeiger auf Eigenschaften konvertiert werden. Die dazu notwendigen speziellen Zeiger sind im Kapitel über die dynamischen Objektbeziehungen beschrieben.

Mehrere *const*-Attribute sind insbesondere beim Umgang mit Zeigern möglich.

Eine häufige Verwendung dürfte die Entfernung von Attributen von Parametern sein. Nach Möglichkeit wird man alle Parameter, die Referenzen oder Zeiger sind, mit *const* absichern, um keine Schreibzugriffe auf den Aktual-Parameter zu gestatten. Will man dennoch den Parameter zur Rückgabe oder beim Aufruf einer anderen Funktion benutzen, muß häufig das Attribut entfernt werden (Bild 12.8).

```
01 // Entfernen von const oder volatile
02 // Datei: concast1.cpp
03
04 #include <iostream.h>
05
06 int main ()
07 {
08   char c = 'A';                        // Variable vorbesetzen
09   const char * const ccp=&c;  // konst. Zeiger auf Konstante
10   char * cp;
11
12   // *ccp ='X';                         // ergibt Fehlermeldung
13   cp = const_cast<char *>(ccp);// Wandeln des ccp auf char *
14   *cp = 'X';                           // Zugriff mit neuen Zeiger
15
16   cout <<"\nWert nach Änderung: "<< c <<endl; // c enthält X
17   return 0;
18 }
19
20
```

Bild 12.8 Entfernen eines const-Attributes

12.4.2 Der Operator static_cast

Mit dem Operator *static_cast* kann man Konvertierungen formulieren, die zur Übersetzungszeit geschehen. Damit wird *static_cast* der am häufigsten verwendete Nachfolger des alten cast-Operators werden.

Weiter kann man immer dann, wenn eine implizite, automatische Konvertierung möglich ist, mit Hilfe des *static_cast*-Operators die Typwandlung umkehren. Dies gilt auch dann, wenn dazu Konvertierungsoperatoren gerufen werden müssen, die der Programmierer selbst geschrieben hat.

Dies wird in vielen Fällen funktionieren. Die Verwendung des typgewandelten Ergebnisses liegt jedoch nach wie vor im Ermessen des Programmierers.

Zieltyp und Ausdruckstyp müssen zur Übersetzungszeit vollständig bekannt sein. Eine Vorwärtsdeklaration einer Klasse genügt daher nicht.

12 Typkonvertierung

Mit Hilfe des *static_cast*-Operators können Zeiger, Referenzen, arithmetische Typen oder Aufzählungstypen gewandelt werden. Insbesondere die Wandlung eines typlosen Zeigers auf einen *int*-Zeiger wird vielen C-Programmierern bekannt vorkommen (Bild 12.9).

```
01  // static_cast
02  // Datei: stacast1.cpp
03
04  #include <iostream.h>
05  class bk                        // Basisklasse
06  { int x;
07  };
08  class ak : private bk           // abgeleitete Klasse
09  {
10  int a1;
11  };
12
13  bk b1;                          // Objektdefinitionen
14  ak a1;
15
16  int main ()
17  {
18  enum ampel { rot, gelb, gruen };
19  int y = 99;
20  ampel e0 = gelb;;
21  void * vp;
22
23  char c1 =    static_cast<char>(y);      // Standard
24  int xx =     static_cast<int>(e0);      // Standard
25  bk *bp =     static_cast<bk *>(&a1);    // Standard
26  ak *ap =     static_cast<ak *>(&b1);    // Bedenklich
27  ampel e1 =   static_cast<ampel>(4);     // Bedenklich
28  float *fp=   static_cast<float *>(NULL); // Standard
29  int * ip =   static_cast<int *>(vp);    // von void* nach int*
30  cout << e1 << endl;
31  return 0;
32  }
33
34
```

Bild 12.9 Compiler-Typwandlungen (static_cast)

Zeiger auf abgeleitete Klassen oder Adressen von abgeleiteten Objekten können auf Adressen von Basisklassen gewandelt werden, jedoch nicht umgekehrt. Eine Wandlung hin zu einer höheren Abstraktionsebene ist somit möglich, die Wandlung zu einer spezialisierteren, abgeleiteten Klasse nicht. Die Wandlungsrichtung zur Basisklasse bezeichnet man gelegentlich als up cast, zur abgeleiteten Klasse hin als down cast.

Die Ausgangsklasse darf nicht polymorph sein, sonst kann der Compiler die Typkonvertierung nicht mit Hilfe des *static_cast* zur Übersetzungszeit erledigen. In diesem Fall nimmt man einen *dynamic_cast*-Operator.

Ist der Zieldatentyp eine Referenz, kann das Ergebnis der Typwandlung auch auf der linken Seite einer Zuweisung stehen.

Sollte der Ausdruck ein Attribut *const* oder *volatile* umfassen, kann *static_cast* diese Attribute nicht entfernen. Dazu wird der Operator *const_cast* verwendet.

12.4.3 Der Operator dynamic_cast

Der *dynamic_cast*-Operator erweitert die Möglichkeiten des Operators insbesondere beim Umgang mit Zeigern auf Klassen innerhalb einer Vererbungshierarchie. Da hier die Typkonvertierung auch während der Laufzeit erfolgen kann, sind auch Typkonvertierungen mit Basisklassenzeigern und einer Konvertierung hin zu Zeigern auf abgeleitete Klassen möglich.

Die Voraussetzung für jede Wandlung hin zu einer abgeleiteten Klasse ist die Polymorphie der Basisklasse, da nur in diesem Fall Typinformationen innerhalb der Objekte zur Verfügung stehen.

Kann ein Zeiger nicht in seinem Typ gewandelt werden, liefert *dynamic_cast* einen NULL-Zeiger als Ergebnis. Im Fall einer nicht durchführbaren Typkonvertierung einer Referenz wirft der *dynamic_cast*-Operator eine Fehlervariable des Typs *bad_cast* aus. Der Auswurf von Fehlervariablen ist eine neue Fehlerbehandlungsstrategie, der ein eigenes Kapitel gewidmet ist.

Im Beispiel (Bild 12.10) werden *static_cast* und *dynamic_cast* gegenübergestellt. Mit Hilfe eines *static_cast*-Operators kann eine Konvertierung zu einem Zeiger auf eine abgeleitete Klasse erreicht werden, da diese Typkonvertierung der Compiler durchführt. Die Konvertierung wird jedoch oft fehlerhaft sein.

Da unser Zeiger "bp1" auf ein Basisklassenobjekt zeigt, würde ein Zugriff mit Hilfe eines Zeigers auf eine abgeleitete Klasse in einen undefinierten Datenbereich hineingreifen oder eine entsprechende Methode der abgeleiteten Klasse rufen, die dann ihrerseits nicht vorhandene Eigenschaften zu bearbeiten versucht. Dort, wo der Zeiger auf eine abgeleitete Klasse hinzeigt, liegt eben nur ein Basisklassenobjekt.

Der Operator *dynamic_cast* findet diesen Fehler und meldet eine ungültige Adresse zurück.

12 Typkonvertierung

```
01 // static vs dynamic cast
02 // Datei: dyncast2.cpp
03 #include <iostream.h>
04 class basis       // Polymorphe Basisklasse
05 {
06 int b1;
07 public:
08 virtual void print() {cout << b1;}
09 };
10 class abgeleitet : public basis
11 {
12 int a1;
13 public:
14 void print() {cout << a1;}
15 };
16
17 int main ()
18 {
19 basis B;
20 abgeleitet A;
21 basis * bp1;
22 abgeleitet * ap1;
23
24 bp1 = & B;          // Setze Zeiger auf Basisobjekt
25
26 ap1 = static_cast<abgeleitet *>(bp1);
27 if (ap1 == NULL)   // Hier: kein Fehler erkannt
28     cerr << "\nFehlerhafte Typkonvertierung\n" << endl;
29 else
30     cout << "\nErfolgreiche Typkonvertierung\n" << endl;
31
32 ap1 = dynamic_cast<abgeleitet *>(bp1);
33 if (ap1 == NULL)   // Hier: Fehler erkannt
34     cerr << "\nFehlerhafte Typkonvertierung\n" << endl;
35 else
36     cout << "\nErfolgreiche Typkonvertierung\n" << endl;
37
38 bp1 = &A;          // Setze Basiszeiger auf abgeleitetes Objekt
39 ap1 = dynamic_cast<abgeleitet *>(bp1);
40 if (ap1 == NULL)   // Hier: OK, bp1 zeigt auf abgel. Objekt
41     cerr << "\nFehlerhafte Typkonvertierung\n" << endl;
42 else
43     cout << "\nErfolgreiche Typkonvertierung\n" << endl;
44 return 0;
45 }
46
47
```

Bild 12.10 Dynamische Typkonvertierung

Erst nachdem dem Basisklassenzeiger die Adresse eines Objektes der abgeleiteten Klasse zugewiesen wurde, kann *dynamic_cast* die Typwandlung durchführen. Jetzt ist das Ergebnis korrekt, denn wir haben ja mit dem Basisklassenzeiger tatsächlich auf ein abgeleitetes Objekt gezeigt.

Der *dynamic_cast*-Operator benutzt zur Überprüfung während der Laufzeit die vorhandene Typinformation im Objekt (auch RTTI genannt) und kann damit eine fehlerhafte Konvertierung melden.

Diese Art Fehler kann nur bei einer Konvertierung hin zu abgeleiteten Klassen auftreten. Eine Konvertierung hin zu Basisklassen wird von beiden Operatoren gleichartig zur Übersetzungszeit durchgeführt.

12.4.4 Der Operator reinterpret_cast

Der Operator *reinterpret_cast* deckt die heiklen Fälle der Typkonvertierung ab. Die Realisierung der Typkonvertierung mit *reinterpret_cast* ist nicht allgemein gültig beschreibbar, da sie abhängig von der Compiler-Implementierung ist.

Besondere Fälle der Typkonvertierung sind Adreßwandlungen. So kann man aus einer ganzen Zahl eine Adresse gewinnen und umgekehrt. Natürlich muß der Programmierer in solchen Fällen sehr genau die verwendete Maschine sowie die Übersetzungsumgebung kennen.

Der Standard erwähnt nur, daß die Implementierung des *reinterpret_cast*-Operators für den erfahrenen Programmierer, der die zugrunde liegende Speicherarchitektur der Maschine gut kennen sollte, keine Überraschungen bieten sollte.

Im Beispiel (Bild 12.11) wird *reinterpret_cast* benutzt, um einen Zeiger mit Hilfe einer hexadezimalen Zahl zum direkten Zugriff auf den Speicher einer Videokarte aufzubauen.

Eine andere Verwendung ist die erzwungene Typkonvertierung für Funktionszeiger. Einmal angenommen, ein Programmierer will in einer Tabelle die Adressen unterschiedlicher Funktionen speichern und sie dann indirekt aufrufen. Dies ist nur mit einer Typwandlung des Zeigers möglich.

12.5 Tendenzen in der Typkonvertierung

Mit der Vielzahl der neuen Typwandlungsoperatoren kann der Programmierer die eigenen Vorstellungen deutlich formulieren. Dies dient der Programmsicherheit.

12 Typkonvertierung

```
01 // reinterpret_cast
02 // Datei: reinter1.cpp
03
04 // reinterpret_cast<Zieltyp>(ausdruck)"
05 // Achtung: immer implementierungsabhängig.
06
07 int funk(int x) // Hilfsfunktion
08 {
09 return x;
10 }
11
12 int main()
13 {
14 char far * videozeiger;
15 // Wandlung von long auf Zeiger
16 videozeiger = reinterpret_cast<char far *>(0xb0000000L);
17
18 // Umwandlung eines Funktions-Zeigers auf einen anderen
19 // Funktionszeiger
20 typedef void (* PFV)();
21 PFV pfunk = reinterpret_cast<PFV>(funk);
22 pfunk();           // falscher Aufruf der Funktion
23
24 return 0;
25 }
26
27
```

Bild 12.11 Typwandlungen (reinterpret_cast)

Es ist in allen Fällen möglich, einen passenden Konvertierungsoperator zu finden. Der alte cast aus den Zeiten von C sollte nun ausgedient haben.

12.5.1 Ausblick auf das nächste Kapitel

Mit den neuen Typkonvertierungsoperatoren sind wir bereits in Bereiche gelangt, die erst langsam in die Compiler einfließen.

Typwandlungen versuchen auf Programmierwunsch den Rahmen der strengen Typprüfungen ein wenig aufzuweichen, um z.B. völlig allgemeine Funktionen wie malloc() benutzen zu können.

Im Standard und in vielen Compilern gibt es bereits ein Verfahren, das weit besser geeignet ist, allgemeingültige und doch typsichere Formulierungen zu schreibent: die Codeschablonen oder Templates.

13 Templates/Codeschablonen

Programmiersprachen unterscheiden sich in den vorhandenen Ausdrucksmöglichkeiten. C++ ist eine der Sprachen, die sich der strengen Typprüfung verschrieben haben, um möglichst viele Probleme während der Übersetzung entdecken zu können. Strenge Typprüfung ist ein typisches Merkmal der Compilersprachen.

Besonders Interpretersprachen bieten einen anderen Ansatzpunkt. Sie erlauben häufig allgemeingültige Algorithmen zu schreiben, die unabhängig vom verwendeten Datentyp Aufgaben erledigen können. Gerade bei den Grundalgorithmen der Informatik, wie Listen, Feldern oder Bäumen, ist der Algorithmus stets der gleiche. Nur der Datentyp der verwalteten Elemente wird jedesmal neu gewählt.

Auf der Suche nach einer Möglichkeit, die beiden Welten der Typorientierung und der allgemeingültigen Algorithmen zu vereinen, kam man in C++ auf die Konstruktion der "templates". Auf deutsch könnte man dies mit "Codeschablonen" übersetzen.

Ein Template ist eine Vorlage des Programmierers, die einen oder mehrere Platzhalter für Datentypen besitzt. Die Funktion oder die ganze Klasse wird unabhängig von einem speziellen Typ geschrieben. Anstelle eines fest vorgegebenen Datentyps wird bei Bedarf einer der Platzhalter angegeben.

Erst bei der Verwendung der Funktion oder der Klasse erzeugt der Compiler auf Grund seiner Codeschablone den tatsächlichen Code. Dabei verwendet er den bei der Verwendung benutzten oder explizit angegebenen Datentyp.

13.1 Überlagerte Funktionen

Bisher haben wir Funktionen kennengelernt, die überlagert werden konnten. Für die verschiedenen Anwendungszwecke mußten wir immer wieder die gleiche Funktion schreiben, die sich nur durch den verwendeten Parameter unterschied.

13 Templates/Codeschablonen

In solchen Fällen wurde oft der Präprozessor mit seiner Makrofähigkeit verwendet. Leider können jedoch Präprozessoren nur Texte ersetzen und haben keinerlei Kontrolle über ihr Arbeitsergebnis.

Da somit die Makros des Präprozessors fehleranfällig sind, sollten sie in C++ nicht weiter verwendet werden. Die Aufgabe des Präprozessors ist in C++ hauptsächlich die bedingte Übersetzung.

```
01 // Überlagerte max-Funktionen
02 // Datei: overlo1.cpp
03 #include "overlo1.h"
04
05 int max (int op1, int op2)
06 {
07 return op1 > op2 ? op1 : op2;
08 }
09
10 float max (float op1, float op2)
11 {
12 return op1 > op2 ? op1 : op2;
13 }
14
15 char * max (char * op1, char * op2)
16 {
17 return *op1 > *op2 ? op1 : op2; // Geänderter Algorithmus
18 }
19
20 long max (long op1, long op2)
21 {
22 return op1 > op2 ? op1 : op2;
23 }
24
25 double max (double op1, double op2)
26 {
27 return op1 > op2 ? op1 : op2;
28 }
```

Bild 13.1 Überlagerte Funktionen

Im Beispiel (Bild 13.1) finden wir einen Satz von überlagerten Funktionen, die fast alle den gleichen Algorithmus besitzen und sich nur im verwendeten Datentyp unterscheiden. Die einzige Ausnahme bildet die Vergleichsfunktion für Texte (*char **). Hier wurden nicht die Zeiger verglichen, sondern die Buchstaben, auf die die Zeiger zeigen.

256

Trotzdem bilden die Funktionen zusammen keine allgemein gültige Lösung. Jeder neue Datentyp, der verglichen werden soll, benötigt wieder eine neue Funktion.

```
01 // Überlagerte max-Funktionen
02 // Datei: overlo1.h
03
04 int max (int op1, int op2);
05 float max (float op1, float op2);
06 char * max (char * op1, char * op2);
07 long max (long op1, long op2);
08 double max (double op1, double op2);
09
```

Bild 13.2 Deklaration der überlagerten Funktionen

Um die Funktionen benutzen zu können, wurde zusätzlich eine Informationsdatei mit den Funktionsdeklarationen angelegt (Bild 13.2).

```
01 // Test der Funktions-Templates
02 // Datei: mtemp1.cpp
03
04 #include <stdio.h>
05 #include "overlo1.h"
06
07 int main ()
08 {
09   int x;
10   double y;
11   char * z;
12   x = max (17,99);
13   printf ("\nErgebnis 1: %i\n",x);
14   y = max (3.14, 2.7);
15   printf ("\nErgebnis 2: %f\n",y);
16   z = max ("Hallo", "Funktion");
17   printf ("\nErgebnis 3: %s\n", z);
18   return 0;
19 }
20
```

Bild 13.3 Testrahmen für überlagerte Funktionen

Die Informationsdatei muß wie die Implementierung bei jeder neuen Funktion ebenfalls gepflegt werden, da der Anwender sie benötigt.

Im Hauptprogramm (Bild 13.3) lesen wir mit *include* die Informationsdatei der Funktionen ein und verwenden die einzelnen Funktionen. Der Compiler kann bei der Verwendung wie gewohnt aus der Vielzahl der vorhandenen gleichnamigen Funktionen die passende anhand des Parametertyps auswählen und aufrufen.

Diese Lösung ist der Makrolösung deutlich überlegen. Dem Ziel einer allgemeinen Lösung sind wir damit aber kaum näher gekommen.

13.2 Funktions-Templates

Mit der Entwicklung von C++ wurde die Sprache um einen sehr interessanten Mechanismus erweitert, der Typsicherheit und Allgemeingültigkeit elegant miteinander vereint. Der Standard definiert für die Behandlung allgemeiner Fälle Templates oder Codeschablonen.

Templates sind Vorlagen, die bei ihrer Definition nicht zu Code führen. Erst bei der Verwendung wird der Compiler automatisch benötigten Code erzeugen. Soweit ähneln sie den Makros. Da Codeschablonen vom Compiler bearbeitet werden, bleibt im Gegensatz zu Makros die Typsicherheit erhalten.

Alle Funktionen, die einen identischen Algorithmus benutzen, können in einer Codeschablone zusammengefaßt werden. Im hier verwendeten Beispiel, das wir einmal mit Funktionen und einmal mit einer Codeschablone realisieren wollen, bildet die einzige Ausnahme die Vergleichsfunktion für Texte, die getrennt geschrieben werden muß. Die Templates werden zumeist in eine Informationsdatei geschrieben. Um alle Informationen an einer Stelle zu halten, wurde hier auch die Funktion deklariert, die nicht mit dem normalen Algorithmus arbeitet (Bild 13.4).

Eine Codeschablone beginnt mit dem Schlüsselwort *template*. In spitzen Klammern eingeschlossen folgt die Liste der verwendeten Parameter-Datentypen. In unserem Fall begnügt sich die Codeschablone mit einen Typ. Für die Zwecke einer Codeschablone wird mit *class* generell ein Datentyp bezeichnet, also nicht nur eigene Klasse sondern auch die vordefinierten Datentypen. Unsere Schablone können wir somit auch mit *int* verwenden.

An allen Stellen, in denen in den Vergleichsfunktionen ein bestimmter Datentyp vorkam, wird der Datentyp bei der Generierung durch den Parameter TYP ersetzt. Der Name des Parameters ist natürlich frei erfunden.

Funktions-Templates

```
01 // Überlagerte max-Funktionen
02 // Datei: futemp1.h
03
04 extern char * max (char *, char *);
05
06 template <class TYP>
07 TYP max (TYP op1, TYP op2)
08 {
09    return op1 > op2 ? op1 : op2;
10 }
11
```

Bild 13.4 Header-Datei mit Funktions-Template

Die Schablone gilt auch für Klassen. In diesem Fall muß jedoch vorausgesetzt werden, daß für die verwendete Klasse der Operator ">" überlagert wurde.

Im Gegensatz zu Makros generiert der Compiler typgeprüfte Funktionen, die auch linkbar sind.

```
01 // Test der Funktions-Templates
02 // Datei: mtemp2.cpp
03
04 #include <stdio.h>
05 #include "futemp1.h"
06
07 int main ()
08 {
09    int x;
10    double y;
11    char * z;
12    x = max (17,99);
13    printf ("\nErgebnis 1: %i\n",x);
14    y = max (3.14, 2.7);
15    printf ("\nErgebnis 2: %f\n",y);
16    z = max ("Hallo", "Funktion");
17    printf ("\nErgebnis 3: %s\n", z);
18    return 0;
19 }
20
```

Bild 13.5 Hauptprogramm für Templates

Das Testprogramm (Bild 13.5) wurde geringfügig geändert. Anstelle der Informationsdatei mit den Deklarationen der überlagerten Funktionen kann nun die Informationsdatei mit der Codeschablone benutzt werden.

13 Templates/Codeschablonen

Bei jedem Aufruf einer max-Funktion sucht der Compiler, ob es bereits eine exakt passende Funktion gibt. Hat der Anwender eine Funktion geschrieben und ist sie während der Übersetzung bekannt, dann wird sie auch verwendet. Bei der Suche des Compilers, welche Funktion er bei einem Aufruf einsetzen soll, haben selbst geschriebene Funktionen Vorrang vor einer Template-Funktion.

In unserem Fall ist die Vergleichsfunktion mit dem Datentyp *char* * erhalten geblieben, wird getrennt übersetzt und schließlich zum Hauptprogramm hinzugebunden (Bild 13.6).

```
01  // Verbleibende Vergleichsfunktion
02  // Datei: overlo2.cpp
03
04  char * max (char * op1, char * op2)
05  {
06    return *op1 > *op2 ? op1 : op2; // Algorithmus für Texte
07  }
08
```

Bild 13.6 Verbliebene Vergleichsfunktion

Ist keine Funktion bekannt, generiert der Compiler anhand der bekannten Codeschablone eine neue Funktion.

13.2.1 Typangaben innerhalb von Templates

Zur Erleichterung der Überprüfung durch den Compiler werden Typangaben mit Hilfe des Schlüsselworts *typename* gekennzeichnet. Will man also z.B. innerhalb eines Templates eine Typdefinition mit *typedef* schreiben, setzt man vor den bezogenen Typnamen *typename*.

13.2.2 Linken von Template-Funktionen

Es besteht nun die Möglichkeit, daß Funktionen in unterschiedlichen Modulen getrennt generiert werden. Die mehrfach generierten Funktionen werden beim Linken im Normalfall zu einer einzigen Funktion zusammengefaßt. Dies steht zwar nicht als Pflicht im Standard, aber die Compilerhersteller bemühen sich, dieses Feature einzubauen.

Mit der Einführung der Codeschablonen haben wir ein sehr flexibles Mittel erhalten, in einfacher und allgemeiner Weise Algorithmen zu definieren.

In vielen Fällen kann man durch die Verwendung von Templates Quellcodezeilen sparen und Algorithmen sehr viel allgemeiner formulieren.

Im Gegensatz zur Lösung mit überlagerten Methoden kann der Compiler bei der Verwendung eines neuen Datentyps selbständig die benötigte Funktion generieren. Der Programmierer muß dabei keine Zeile des bisherigen Codes ändern.

Templates tragen deutlich zu einer Verbesserung der Codequalität bei. Insbesondere Template-Bibliotheken, die eine Vielzahl von getetsteten Algorithmen enthalten, sollten an keinem Arbeitsplatz eines Programmierers fehlen.

13.2.3 Explizite Deklaration von generierten Funktionen

Ähnlich der Deklaration von eigenen Funktionen, die zusätzlich zu einer Codeschablone geschrieben worden sind, können auch mögliche Instanzen für automatisch zu generierenden Funktionen deklariert werden. Die Deklaration hat Konsequenzen bei der Verwendung.

```
01 // Explizite Funktionsanforderung - 1
02 // Datei: expliz1.cpp
03
04 #include <iostream.h>
05
06 template <class TYP>
07 TYP max (TYP op1, TYP op2)
08 {
09 return op1 > op2 ? op1 : op2;
10 }
11
12 int main ()
13 {
14 int x;
15 x = max(10,20);
16 cout << "\n\nErgebnis: " << x;
17 x = max ('A','B');
18 cout << "\nErgebnis: " << hex << x;
19 // x = max (20,'A');           // Fehlermeldung
20
21 return 0;
22 }
23
```

Bild 13.7 Exakte Generierung von Funktionen

13 Templates/Codeschablonen

Im Normalfall wird nur dann eine Template-Funktion erzeugt, wenn die Parameter exakt passen. Versuchen wir, eine Funktion aufzurufen, die bei der Parameterübergabe eine implizite Typkonvertierung benötigen würde, wird keine Funktion angelegt. Der Compiler meldet einen Fehler (Bild 13.7).

Haben wir aber eine zu generierende Funktion nach der Definition der Codeschablone zusätzlich deklariert, dann wird sie auf alle Fälle erzeugt und steht auch für Aufrufe mit impliziter Typkonvertierung zur Verfügung.

Ein Aufruf mit unterschiedlichen Parametern wird nun darauf geprüft, ob die explizit deklarierte Funktion nach entsprechender impliziter Typkonvertierung der Parameter gerufen werden kann.

Fügen wir zur Demonstration eine Deklaration in das letzte Beispiel ein (Bild 13.8).

```
01 // Explizite Funktionsanforderung - 2
02 // Datei: expliz2.cpp
03
04 #include <iostream.h>
05
06 template <class TYP>
07 TYP max (TYP op1, TYP op2)
08 {
09   return op1 > op2 ? op1 : op2;
10 }
11
12 int max (int, int);              // Explizite Deklaration
13
14 int main ()
15 {
16   int x;
17   x = max(10,20);
18   cout << "\n\nErgebnis: " << x;
19   x = max ('A','B');
20   cout << "\nErgebnis: " << hex << x;
21   x = max (20,'A');              // nun klappt es
22   cout << "\nErgebnis: " << hex << x;
23
24   return 0;
25 }
26
```

Bild 13.8 Erzwungene Generierung einer Funktion

13.3 Template-Makros

Codeschablonen können nicht nur Funktionen generieren, sondern auch Makros, die wir als *inline*-Funktionen kennengelernt haben. In der Definition der Codeschablone wird wie gewohnt das Schlüsselwort *inline* vorangestellt, um die Generierung eines Makros zu verlangen. Das Makro wird bei jeder Expansion einkopiert (Bild 13.9).

```
01 // Überlagerte max inline-Funktionen
02 // Datei: futemp2.h
03
04 extern char * max (char *, char *);
05
06 template <class TYP>
07 inline TYP max (TYP op1, TYP op2)
08 {
09   return op1 > op2 ? op1 : op2;
10 }
11
```

Bild 13.9 Definition einer Makro-Codeschablone

Die anderen Dateien des Beispiels werden durch die Änderung in der Header-Datei nicht betroffen. Sie müssen nur noch einmal übersetzt und gebunden werden.

13.4 Klassen-Templates

Mit der Generierung einzelner Funktionen konnten Codeschablonen erst einen Teil ihrer Leistungsfähigkeit zeigen. In der erweiterten Form können Templates benutzt werden, um ganze Klassen samt den mit ihr verbundenen Methoden zu generieren.

Ein besonderes Anwendungsfeld finden Klassentemplates in den Fällen, in denen Klassen Datenstrukturen zur Verwaltung von Variablen oder Objekten repräsentieren. Solche Verwaltungsstrukturen werden auch als Container bezeichnet.

13.4.1 Containerklassen

Eine Klasse *Liste* verwaltet Elemente eines bestimmten Datentyps. Alle Listen haben identische Algorithmen. Sie unterscheiden sich nur im Datentyp, der verwaltet wird.

Gleiches gilt für Stacks, die sich ebenfalls nur durch den Datentyp unterscheiden, der am Stack verwaltet wird. Viele weitere solche Fälle existieren: Warteschlangen, Puffer u.s.w. Hier finden Codeschablonen ein weites Betätigungsfeld.

Der große Unterschied zu einem Satz vordefinierter Klassen liegt wie bei den Funktionen im Automatismus. Definieren wir einen neuen Datentyp und wollen Objekte dieses Datentyps in einem mit einer Codeschablone definierten Stack verwalten, dann ist kein Eingriff in den allgemeinen Stackcode notwendig. Alle Anpassungen wird der Compiler für uns vornehmen.

Mit Templates kann man Container allgemein beschreiben.

Templates sind daher ein wichtiges und produktives Merkmal des C++-Standards. Ihre Existenz gehört nicht zwangsläufig in den Bereich der Objektorientierung, aber ihre Existenz ist eine der vielen kleinen Annehmlichkeiten, die C++ dem Programmierer bietet. Auch wird hier deutlich, daß C++ nicht nur eine Sprache ist, sondern eine Zusammenfassung vieler fortschrittlicher Programmiertechniken unter einem Dach.

Es gibt Autoren, die berichten von einer Reduzierung von bis zu 30% des Codes eines Programmes durch den massiven Einsatz von Templates.

Als Beispiel soll eine einfache Klasse *feld* dienen, die die grundlegende Verwendung von Codeschablonen für Klassen zeigt (Bild 13.10).

Die Feld-Klasse soll eine beliebige Anzahl gleicher Elemente verwalten. Der zu verwaltende Datentyp steht bei Definition der Klasse noch nicht fest. Bei der Definition wird wieder das Schlüsselwort *template* zusammen mit der Platzhalterliste in spitzen Klammern der eigentlichen Klassendefinition vorangestellt.

Innerhalb der Klassendefinition wird überall wo notwendig der Platzhalter anstelle eines vorhandenen Datentyps benutzt.

Bei der Definition der Methoden muß man berücksichtigen, daß sie ihrerseits auch wieder Codeschablonen sind und deshalb den *template*-Vorspann benötigen.

```
01 // Codeschablonen - Feldklasse
02 // Datei: feld1.h
03 #include <stdlib.h>
04
05 template <class TYP>
06 class feld                          // Beispiel für Container
07 {
08 int maxindex;
09 TYP * puffer;                       // unabhängig von TYP
10 public:
11 TYP & operator [](int index);
12 feld (int anzahl);
13 ~feld();
14 };
15
16 template <class TYP>                 // Konstruktor
17 feld<TYP>::feld (int anzahl)
18 {
19 if (anzahl > 0)
20    {
21    maxindex = anzahl -1;
22    puffer = new TYP[anzahl];
23    }
24 else
25    maxindex = -1;
26 }
27
28 template <class TYP>                 // Destruktor
29 feld<TYP>::~feld()
30 {
31 delete [] puffer;
32 }
33
34 template <class TYP>                 // Feld-Operator
35 TYP & feld<TYP>::operator[] (int index)
36 {
37 if (index < 0 || index > maxindex)
38    exit(1);
39 return puffer[index];
40 }
41
```

Bild 13.10 Feld-Klasse mit Templates

Alternativ könnte man sie als Makros schreiben, also entweder ohne weitere Zusätze innerhalb der Klassendefinition oder mit dem Schlüsselwort *inline* außerhalb.

13 Templates/Codeschablonen

Im Anwenderprogramm kann die allgemeine Klasse benutzt werden (Bild 13.11). Allerdings ist es notwendig, den allgemeinen Klassennamen beim Definieren eines Objektes um den aktuell benutzten Datentyp in spitzen Klammern zu ergänzen.

```
01 // Testprogramm zum Feld-Template
02 // Datei: mfeld1.cpp
03
04 #include <stdio.h>
05 #include "feld1.h"
06
07
08 int main ()
09 {
10 long lvar;
11 feld<long> f1 (20);
12
13 f1[6] = 17L;
14 lvar = f1[6];
15 printf ("\nWert = %ld\n", lvar);
16
17 return 0;
18 }
19
```

Bild 13.11 Testrahmen für eine Template-Klasse

Erst bei der Übersetzung des Anwenderprogrammes werden die Klasse und damit der Datentyp sowie die zugehörigen Methoden generiert. Dabei werden nur die Methoden generiert, die auch verwendet werden. Die Template-Definition allein führt noch nicht zu Code.

13.4.2 Behandlung von eigenen Klassen

Für Klassen gilt die gleiche Spielregel wie für Funktionen. Stellt der Programmierer eine Klasse mit einem vorgegebenen Datentyp zur Verfügung, wird der Compiler keine eigene Klasse anlegen.

Selbst definierte Klassen haben wieder Vorrang vor generierten Klassen.

Der Name einer selbst definierten Klasse setzt sich wie bei den generierten Klassen aus dem Namen und dem benutzten Typ in spitzen Klammern zusammen.

13.4.3 Templates mit Wertparametern

In den bisherigen Beispielen wurden als Parameter in der Definition der Codeschablonen ausschließlich Platzhalter für Datentypen verwendet. Neben Datentypenparametern (den Platzhaltern für einen Datentyp) können auch konventionelle Parameter stehen, die Platzhalter für Werte sind und bei der Verwendung mit einem konstanten Wert gefüllt werden.

```
01 // Codeschablonen - Feldklasse
02 // Datei: feld2.h
03 #include <stdlib.h>
04
05 template <class TYP, int anzahl>
06 class feld
07 {
08 int maxindex;
09 TYP * puffer;
10 public:
11 TYP & operator [](int index);
12 feld ();
13 ~feld();
14 };
15
16 template <class TYP, int anzahl>
17 feld<TYP,anzahl>::feld()               // Konstruktor
18 {
19 maxindex = anzahl -1;
20 puffer = new TYP[anzahl];
21 }
22
23 template <class TYP,int anzahl>
24 feld<TYP,anzahl>::~feld()              // Destruktor
25 {
26 delete [] puffer;
27 }
28
29 template <class TYP, int anzahl>       // Feldzugriff
30 TYP & feld<TYP,anzahl>::operator[] (int index)
31 {
32 if (index < 0 || index > maxindex)
33    exit(1);
34 return puffer[index];
35 }
36
```

Bild 13.12 Feldtemplate mit Wertparameter

13 Templates/Codeschablonen

Die Größe des Speicherfeldes wurde als Parameter für den Wertkonstruktor angegeben. Nun kann die Größe auch in die Typdefinition selbst mit aufgenommen werden. Dazu wird ein Wertparameter benötigt. Er steht in jeder Methode als Teil des Datentyps zur Verfügung und kann im Code verwendet werden.

Die Wertangaben müssen bei der Definition natürlich konstant sein, sonst kann keine Klasse generiert werden.

Interessant ist im Beispiel (Bild 13.12) die Rückgabe des überlagerten Klammer-Operators, die wir schon einmal kennengelernt haben. Dank der Verwendung einer Referenzrückgabe kann ein Feldzugriff auf beiden Seiten der Zuweisung stehen.

Die Fehlerbehandlung im Zugriffsoperator ist ein Abbruch des Programmes bei einer Verletzung des Index. Eine harte, aber nicht unübliche Maßnahme insbesondere bei Multitasking-Systemen.

```
01 // Testprogramm zum Feld-Template
02 // Datei: mfeld2.cpp
03
04 #include <stdio.h>
05 #include "feld2.h"
06
07
08 int main ()
09 {
10   long lvar;
11   feld<long,100> f1;        // <long und Konstante>
12
13   f1[6] = 17L;              // Feldzugriff auf beiden möglich
14   lvar = f1[6];
15   printf ("\nWert = %ld\n", lvar);
16
17   return 0;
18 }
19
```

Bild 13.13 Testrahmen für Parameterkonstante

Im Testrahmen (Bild 13.13) wird ein Objekt zur Verwaltung von 100 *long*-Werten definiert. Genauso gut hätten auch Objekte einer selbst definierten Klasse verwaltet werden können. Jeder bekannte Datentyp kann als formaler Typparameter bei der Definition des Feldes verwendet werden. Der Typname umfaßt auch den Datentyp und die Größe.

13.4.4 Wert-Parameter und statischer Speicher

Die als Typinformation übergebenen Werte können auch innerhalb der Klassendefinition verwendet werden. Der Parameter, der die Größe des gewünschten Feldes angibt, kann so für eine statische Speicherallokierung durch den Compiler als Größenangabe des Feldes genutzt werden.

Damit wird die möglicherweise fehlerbehaftete Allokierung des Speicherplatzes vom Heap umgangen. Der Preis ist dafür ein wesentlich größeres Objekt und ein Datentyp, der durch seine Größe mit definiert wird.

```
01 // Codeschablonen - Feldklasse/statischer Speicher
02 // Datei: feld3.h
03 #include <stdlib.h>
04
05 template <class TYP, int anzahl>
06 class feld
07 {
08 int maxindex;
09 TYP puffer[anzahl];                   // statisches Feld
10 public:
11 TYP & operator [](int index);
12 feld ();
13 ~feld();
14 };
15
16 template <class TYP, int anzahl>
17 feld<TYP,anzahl>::feld()              // Konstruktor
18 {
19 maxindex = anzahl -1;
20 }
21
22 template <class TYP,int anzahl>
23 feld<TYP,anzahl>::~feld()             // Destruktor
24 {
25 }
26
27 template <class TYP, int anzahl>      // Feldoperator
28 TYP & feld<TYP,anzahl>::operator[] (int index)
29 {
30 if (index < 0 || index > maxindex)
31    exit(1);
32 return puffer[index];
33 }
34
```

Bild 13.14 Klasse mit statischem Feld

13 Templates/Codeschablonen

Ändern wir daher das Beispiel noch einmal ab und benutzen die statische Definition des Speicherfeldes (Bild 13.14).

Im Konstruktor muß nun kein Speicher angefordert werden, und der Destruktor ist sozusagen arbeitslos geworden und könnte entfallen.

Im Testrahmen wird eine Zeile eingefügt, die die Größe des neuen Objektes angibt. Die Größe kann wie üblich mit *sizeof(Objekt)* ermittelt werden. Die angezeigte Größe ist in C++ die Anzahl der benötigten Bytes (Bild 13.15).

Gegenüber den bisherigen Objektgrößen, die nur den Verwaltungskopf umfaßten, sehen wir eine deutliche Vergrößerung.

Mit den Templates hat der Programmierer eine umfangreiche Hilfestellung und eine große Bandbreite an Möglichkeiten gewonnen. Ein Preis für diesen Komfort könnte ein deutlich steigender Umfang des Codes sein.

```
01 // Testprogramm zum Feld-Template
02 // Datei: mfeld2.cpp
03
04 #include <iostream.h>
05 #include "feld3.h"
06
07 // Statisches Pufferfeld
08 int main ()
09 {
10 long lvar;
11 feld<long,100> f1;
12
13 cout << "\nObjektgroesse: " << sizeof(f1) << endl;
14 f1[6] = 17L;
15 lvar = f1[6];
16 cout << "\nWert = " << lvar << endl;;
17
18 return 0;
19 }
20
```

Bild 13.15 Statisches Speicherfeld

Schließlich genügt im letzten Beispiel bereits eine Änderung der Größe, um einen neuen Datentyp zu erzeugen. Und mit dem Datentyp werden auch alle Methoden erneut erzeugt.

13.5 Templates und Bibliotheken

Codeschablonen eignen sich ausgezeichnet, um allgemein gültige Algorithmen in standardisierter Form zur Verfügung zu stellen. Als Teil der Standardisierungs-Bemühungen wurde von der Firma Hewlett & Packard in Zusammenarbeit mit AT&T eine Bibliothek entwickelt, die Teil des kommenden C++-Standards werden könnte.

Diese Bibliothek stand im Herbst 1995 im Internet unter ftp://butler.hpl.hp.com/stl zur Verfügung. Eine Suche nach den Stichworten C++ und STL kann weitere Internet-Seiten zeigen. So gibt es eine eigene STL-Home-Page mit vielen Verweisen und erläuternden Texten.

Der Dateiname ist: stl.zip (standard template library).

Mit dieser Entwicklung wirkt die Sprache C++ weit über den einfachen objektorientierten Ansatz hinaus. Neben der Sprache entstehen Standard-Bibliotheken mit umfangreichen Sammlungen von Algorithmen. Je mehr standardisiert ist, desto einfacher können Codegeneratoren oder graphische Software-Baukästen produziert werden.

Mancher Manager träumt schon davon, daß man Software nicht mehr schreiben muß, sondern nur noch montieren. Ein fragwürdiger Denkansatz. Grundlage jeder erfolgreichen Tätigkeit in der Softwareerstellung bleibt persönliches Engagement und Wissen.

13.6 Problem der Fehlerbehandlung

Im Beispiel mit der dynamischen Verwaltung des Speicherplatzes trat ein typisches Problem auf. Was soll man tun, wenn in einer der Methoden ein wichtiger Fehler auftritt?

Im Falle des Konstruktors wurde bei einem Fehler der maximale Index mit -1 vorbelegt. Hier wurde sozusagen der Betriebsstatus festgehalten. Dieser Status hätte eigentlich in allen weiteren Methoden immer und immer wieder abgefragt werden müssen. Insbesondere beim Zugriffsoperator wurde dies unterlassen, um beim wesentlichen Thema des Kapitels zu bleiben.

Auch in der Zugriffsmethode konnte ein Fehler auftreten, der dann durch Programmabbruch behandelt wurde.

Mit der Verwendung von ganzen Template-Bibliotheken stellt sich auch hier die Frage nach einer korrekten Fehlerbehandlung, die sicher und allgemeingültig sein sollte.

13 Templates/Codeschablonen

Bisherige Fehlerbehandlungen, die auf dem Begriff einer Statusmeldung basieren, sind weder allgemeingültig noch sicher. Kein Programmierer wird schließlich gezwungen, nach einem Betriebssystemaufruf auch den möglichen Fehlerstatus abzufragen. So manches Programm zeigt erst bei der Benutzung unerwünschte Eigenschaften, die oft auf vergessene Statusabfragen zurückzuführen sind.

Aber auch hier bietet C++ ganz neue und verbesserte Möglichkeiten. Das bisherige Modell der Statusabfrage wird durch das Modell der synchronen Signale oder Fehlerauswürfe ersetzt. Davon handelt das folgende Kapitel.

14 Fehlerbehandlung mit C++

Der Benutzer eines Programmes erwartet heute eine erhebliche Robustheit der Programme gegen Fehlbedienungen oder Störungen im Rechner. Um diese Robustheit zu erzeugen, müssen Programme eine Vielzahl von Tests durchführen, um zu jedem Zeitpunkt den korrekten Ablauf sicherzustellen.

Für den Umgang im Programm mit Meldungen über Ablaufprobleme gibt es unterschiedliche Verfahren, die wir aus der Sicht von C++ in diesem Kapitel untersuchen wollen.

In den wenigsten Fällen wird eine Fehlermeldung tatsächlich die Bedeutung eines fehlerhaften Zustandes haben. Zumeist handelt es sich bei der Fehlermeldung um etwas ganz normales, wie "am Ende der Datei angekommen".

Trotzdem bleibt die Frage, ob in allen Fällen, wo es notwendig wäre, der Programmierer die Meldung korrekt auswertet, eventuell Gegenmaßnahmen ergreift und ob dies genügt, um das Programm fortsetzen zu können.

Noch einen ganz anderen Aspekt sollte man berücksichtigen, wenn man über die Fehleranfälligkeit von Programmen spricht. Der Test von unzähligen System- und Bibliotheksaufrufen, die in jedem größeren Programm vorkommen, bläht den Quelltext auf und macht ihn zumindest sehr schwer lesbar. Mit steigender Zeilenanzahl wächst absolut aber wieder das Fehlerrisiko.

Als Autor oder als Dozent macht man sich oft das Leben leicht, indem man einfach das Wesentliche zeigt und die Fehlerbehandlung wegläßt. Vielleicht wirkt diese Vorgehensweise auch als schlechtes Vorbild.

14.1 Fehlerbehandlungen in C und C++

Alle Betriebssystemaufrufe und die meisten Aufrufe der Standardbibliothek, die eine Ein- oder Ausgabe durchführen, liefern eine Statusinformation zurück. Die Frage ist, wie man diese Statusinformation im Programm handhabt.

14 Fehlerbehandlung mit C++

14.1.1 Ignorieren einer Statusmeldung

Ein einfaches, aber leider zu häufig vorkommendes Verfahren ist das schlichte Ignorieren eines möglichen Fehlerzustandes.

```
01 // Fehlerbehandlung - Ignorieren
02 // Datei: ignor1.cpp
03
04 #include <stdio.h>
05
06 int main ()
07 {
08   int x = printf ("Hello World\n");
09   printf ("Ergebnis der Ersten Ausgabe: %d\n",x);
10   return 0;
11 }
12
```

Bild 14.1 Ignorieren eines möglichen Fehlers

Das erste Beispiel (Bild 14.1) zeigt die typische Situation. Wie jede andere Funktion, die eine Dienstleistung des Betriebssystems in Anspruch nimmt, meldet printf() das Ergebnis seiner Arbeit zurück. Hat die Ausgabe funktioniert, gibt printf() die Anzahl der ausgegebenen Zeichen zurück. Ist das Ergebnis 0, konnte nicht geschrieben werden.

Dies ist bei einer Ausgabe auf den Bildschirm unwahrscheinlich, aber es besteht ja immer noch die Möglichkeit, daß die Standardausgabe beim Aufruf umgelenkt wurde. Dann sollte das Schreiben auf eine volle Diskette erkannt werden.

Der erste printf()-Aufruf wird im Beispiel noch abgefragt, ohne allerdings das Ergebnis auf 0 zu testen. Stattdessen wird der Rückgabewert mit einem häufig vorkommenden printf()-Aufruf ohne Abholen des Ergebnisses ausgegeben.

14.1.2 Statusabfrage

In manchen Fällen kommt in einer einzigen Rückgabe sowohl ein Wert als auch eine Statusinformation zurück. Ein Beispiel ist die Funktion getchar().

In einem *int*-Ergebnis kommt im Normalfall ein Zeichen im niederwertigen Teil zurück. Der höherwertige Teil des Ergebnisses ist dabei 0. Meldet das Betriebssystem einen speziellen Wert (EOF) zurück, wird dies als Dateiende gewertet (Bild 14.2).

Fehlerbehandlungen in C und C++

```
01  // Fehlerbehandlung - Wert und Status
02  // Datei: getstat1.cpp
03
04  #include <stdio.h>
05
06  int main()
07  {
08    int c;
09    while ((c = getchar()) != EOF)
10        putchar(c);              // Ohne Fehlerabfrage
11    return 0;
12  }
13
```

Bild 14.2 EOF als Statusmeldung

Im Programm ist mit putchar() wieder ein schlechtes Beispiel gegeben. Putchar() wird nicht geprüft. Putchar() liefert entweder das gerade ausgegebene Zeichen oder im Fehlerfall ebenfalls EOF zurück.

Das Nichtabholen eines Ergebnisses ist eine bewußte Designentscheidung in C, um dem Programmierer alle Freiheiten zu lassen.

Wollte der Programmierer nach dem Erkennen von EOF genau herausfinden, welche Fehlerart aufgetreten ist, müsste er mit Makros wie *feof()* die Ursache genauer bestimmen.

Die Konstante, die für EOF benutzt wird, ist -1. Die binäre Darstellung von -1 ist ein Bitmuster mit lauter Einsen. Auch der höherwertige Statusteil besteht damit nicht mehr aus einer 0 und unterscheidet damit ein mögliches Zeichen, in dem ebenfalls alle 8 Bits auf 1 stehen.

Eine Klasse für sich bilden Funktionen, die normalerweise einen Zeiger zurückliefern. Im Fehlerfall wird hier ein spezieller Adreßwert geliefert: die NULL. Hinter NULL verbirgt sich tatsächlich der Wert 0. Der Compiler wird unter allen Betriebssystemen, oder wie es heute häufig heißt, auf allen Plattformen, sicherstellen, daß diese Adresse ungültig ist. In den besprochenen Beispielen war es oft die Funktion malloc(), die diesen Spielregeln genügte.

Eine andere Form der Statusmeldung vermeidet die Funktionsrückgabe. Insbesondere bei Betriebssystemaufrufen kann man oft einen Zeiger auf eine Statusvariable übergeben, die nach der Rückkehr den Operationsstatus enthält.

14.1.3 Asynchrone Signale

Eine weitere Möglichkeit sind asynchrone Signale. Ein externes Ereignis tritt zu einem Zeitpunkt auf, der keinen Bezug zum Ablauf des Programmes hat, also asynchron zum Ablauf. Technisch sind solche Meldungen durch Unterbrechungen realisiert. Unterbrechungen sind Programmumschaltungen, die ausschließlich über Hardware erfolgen.

Innerhalb der Bedienroutine einer Unterbrechung wird das Betriebssystem über das Auftreten des Ereignisses informiert. Das Betriebssystem wird nach dem Verlassen der Bedienroutine das betroffene Programm informieren. Dies ist dann das Signal vom Betriebssystem an ein Programm.

Der Programmierer muß hier mit dem Betriebssystem zusammen die Voraussetzungen für eine Behandlung bereitstellen. Die Behandlungsfunktionen sind eigenständig und werden im Programm nicht genutzt. Sie dienen nur zur Abarbeitung von Signalen.

Beispiele für asynchrone Ereignisse und damit verbundene Signale sind vielfältig. So kann ein Anwender zu irgendeinem Zeitpunkt versuchen, das Programm abzubrechen. Die Abbruchanforderung kann zu einem beliebigen Zeitpunkt gegeben werden, auch wenn das Programm gerade nicht auf Eingaben des Benutzers wartet.

Ein anderes Beispiel sind Übertragungsprobleme einer Modem-Strecke. Ist ein Benutzer mit Hilfe einer Modemstrecke an einem UNIX-Rechner angeschlossen, wird der Rechner ein Hardwaresignal erhalten, falls die Modemstrecke zusammenbricht, und damit alle Prozesse, die der Benutzer gestartet hat, abbrechen.

Signalbehandlungen erfordern eigene Unterprogramme des Benutzers, die jedoch vom Betriebssystem aus aufgerufen werden, nicht vom eigentlichen Programm. Solche Funktionen nennt man Signalbehandlungs-Funktionen oder auch Rückruf- (callback) Funktionen (Bild 14.3).

Die Abarbeitung erfordert eine Funktionstabelle und einen Index. Beim Start eines Programmes wird in Multitasking-Systemen zur Verwaltung ein Programmleitblock angelegt (engl. task control block). Darin enthalten ist eine Sprungtabelle, die mit der Adresse einer allgemeinen Abbruchfunktion vorbesetzt wird.

Diese Tabelle kann der Programmierer zur Laufzeit durch eigene Eintragungen modifizieren. Kommt nun eines der vordefinierten asynchronen Ereignisse, fängt das Betriebssystem es ab und ruft mit der Nummer als Index die Funktion aus der zugehörigen Programmtabelle auf. Dies ist dann die Signalbehandlung.

Fehlerbehandlungen in C und C++

```
01 // Fall : Fehlerbehandlung mit Signalen
02 // Datei: esignal1.cpp
03
04 #include <stdio.h>
05 #include <stdlib.h>
06 #include <signal.h>
07 #include <dos.h>              // abhängig vom Betriebssystem
08
09 void mein_signal_handler(int signal_nummer)
10         {
11         fprintf (stderr,
12             "\n\"esignal1\" bekam Signal Nr. %d \n",
13             signal_nummer);
14         fcloseall();           // Alles schließen
15         exit (1);              // Abbruch melden
16         }
17
18 int main ()
19 {
20 printf ("\n\nTeste die Signal-Behandlung\n\n\n");
21 signal (SIGINT, mein_signal_handler);
22 for (;;)                       // Endlosschleife
23         {
24         sleep(1);              // 1 Sek. warten
25         printf ("Geben Sie CTL-C ein.!\r");
26         }
27
28 return 0;                      // Wird nie erreicht !
29 }
30
```

Bild 14.3 Asynchrone Signalbehandlung

14.1.4 Wiederaufsetzpunkte

Eine weitere Technik, die häufig benutzt wird, sind Wiederaufsetzpunkte. Man speichert Informationen über den Programmzustand, wie er an einer bestimmten Stelle im Programm vorliegt. Tritt im weiteren Verlauf ein Fehler auf, kann man von beliebiger Stelle, also auch aus einem tief verschachtelten Funktionsaufruf an diese Stelle zurückkehren.

Dazu existiert in C ein Funktionenpaar *setjmp() / longjmp()*. Mit der Funktion setjmp() wird in eine globale Variable der momentane Programmzustand gespeichert. Die Zustandsinformationen umfassen mindestens einige Register, den gewünschten Zustand des Befehlszeigers und den Stack-Zustand.

Mit diesem Funktionenpaar realisiert man nicht-lokale Sprünge.

14 Fehlerbehandlung mit C++

```
01 // Verlassen einer Methode mit longjmp
02 // Datei: ratjmp.cpp
03
04 #include <stdio.h>
05 #include <setjmp.h>
06
07 class ratio
08 {
09 int n;
10 int z;
11 public:
12 ratio () { z=0,n=1;}
13 ratio (int zz, int nn) { z = zz, n = nn;}
14 ~ratio() { printf ("\nDestruktor\n");}
15 ratio add (const ratio &r);
16 void print () { printf ("\nZ: %d, N: %d",z,n);}
17 };
18
19 // Globale Variable
20 jmp_buf jmpbuf;
21
22 ratio ratio::add (const ratio &r)
23 {
24 ratio hilf;
25 hilf.n = n*r.n;
26 hilf.z = z*r.n +r.z*n;
27 longjmp (jmpbuf,3);        // ** hilf ohne Destruktor ! **
28 return hilf;
29 }
30
31 int main ()
32 {
33 printf ("\x1b[H\x1b[2J");   // Bildschirm löschen
34 ratio r1 (1,2);
35 ratio r2;
36
37 if (setjmp (jmpbuf)==0)
38    printf ("\nWiederaufsetz- Punkt definiert\n");
39 else
40    {
41    printf ("\nProgrammabbruch\n");
42    return 1;
43    }
44 r2 = r1.add( r1);
45 r2.print();
46 return 0;
47 }
48
```

Bild 14.4 Arbeiten mit Wiederaufsetzpunkten

Im Zusammenhang mit den Dienstleistungen der Sprache C++ funktioniert dies jedoch nur sehr unvollständig, wie das Beispiel dazu zeigt (Bild 14.4).

Verläßt man mit dem unbedingten Sprungbefehl eine Funktion, werden lokale Objekte nicht mit dem Destruktor behandelt, da die C-Funktion natürlich von den Eigenschaften von C++ noch nichts wissen konnte. Der Programmzustand kann damit irreparabel beschädigt sein.

14.2 Konventionelle Fehlerbehandlung in C++

In C++ ergaben sich in Bezug auf die Fehlerbehandlung neue Probleme. Die beiden Hauptbereiche sind die Speicherverwaltung und die Konstruktoren.

Was soll geschehen, wenn ein Objekt dynamisch angelegt werden soll und kein Speicherplatz mehr vorhanden ist? In den Sprachversionen bis 2.0, die keine strukturierte Fehlerbehandlung kannten, wurde bei einem Fehlschlag des *new*-Operators ein ungültiger Zeiger zurückgegeben. Natürlich wurde in diesem Fall auch der Konstruktor nicht aufgerufen.

Diese Statusrückgabe entsprach dem in C üblichen Verfahren. Trotzdem gibt es hier ein Randproblem, daß so nicht gelöst werden konnte. Was soll geschehen, wenn in einem Konstruktor eines globalen Objekts ein Fehler auftritt? Die Konstruktoren der globalen Variablen laufen, bevor die *main( )*-Funktion gerufen wird. An wen soll hier eine Meldung abgesetzt werden?

14.2.1 Objekte und Zustandseigenschaften

Die übliche Lösung dafür war, daß Objekte eine Statusvariable mitgeführt haben. Sollte ein Fehler aufgetreten sein, dann wird das Objekt in einen inaktiven Zustand gesetzt und jede weitere Operation verweigert. Ein Beispiel für dieses Verhalten sind die Ein- und Ausgabeobjekte *cin*, *cout* und *cerr*, die nach einem Fehler explizit wieder freigegeben werden müssen.

Im Beispiel (Bild 14.5) soll eine Zahl eingelesen werden. Geben wir statt einer Zahl einen Text ein, kann er nicht auf *int* konvertiert werden; wir haben einen Fehler gemacht.

Mit den bekannten Verfahren (not-Operator, Typkonvertierung und Statuslese-Funktion) kann man sich über den Betriebszustand des E/A-Objektes informieren. Hier lesen wir den Betriebszustand in die Variable *error* ein und testen die einzelnen Bits.

14 Fehlerbehandlung mit C++

```
01 // Behandlung von E/A-Fehlern
02 // Datei: strerr01.cpp
03
04 #include <stdlib.h>
05 #include <iostream.h>
06
07 int main ()
08 {
09 int x;
10
11 if (system ("cls"))          // Bildschirm löschen
12    cout << "\x1b[H\x1b[2J" << flush;
13 cout << "Fehlerbehandlung der I/O-Klassen\n";
14
15 do
16 {
17 int error;
18
19 cout <<"\nGeben Sie eine Zahl ein : ";
20 cin >> x;
21 if (!cin)                    // entspricht: cin.fail()
22   {
23   cerr << "\nFehlerzustand: ";  // Fehler blockiert
24   error = cin.rdstate();         // Fehlerzustand holen
25   if (error & ios::goodbit)
26     cerr << "GOODBIT";
27   if (error & ios::eofbit)
28     cerr << "EOFBIT";
29   if (error & ios::failbit)
30     cerr << "FAILBIT";
31   if (error & ios::badbit)
32     cerr << "BADBIT";
33   cerr << " erkannt.\n";
34   cin.clear(0);              // Freigabe
35   cin.sync();                // Synchronisation mit stdin
36   }
37 else
38   break;                     // Einlesen erfolgreich
39 }
40 while (1);
41
42 cout << "\nZahlen-Ergebnis : " << x;
43 return 0;
44 }
45
```

Bild 14.5 Abfangen von E/A-Fehlern bei Streams

Im Fehlerfalle wird der Betriebszustand mit der Methode clear(0) zurückgesetzt und mit sync() auch die Synchronisation mit dem zugrunde liegenden Standardkanal herbeigeführt. Danach erst kann das Objekt wieder zur Eingabe benutzt werden.

14.2.2 Fehlerhandler für die Speicherverwaltung

Die Speicherverwaltung ist neben der E/A ebenfalls traditionell ein Bereich, dessen Fehlerbehandlung nicht einfach ist. Schließlich braucht das Programm den angeforderten Speicher. Ob eine weitere Bearbeitung überhaupt möglich ist, wenn die Anforderung fehlschlägt, mag vom einzelnen Fall abhängen.

In den bisher behandelten Beispielen zu *new* wurde entweder auf eine Fehlerkontrolle verzichtet oder die Rückgabe auf die ungültige Adresse NULL untersucht. Der Grund, warum man in vielen Fällen beruhigt auf eine Fehlerüberprüfung bei einer einzelnen Verwendung des *new*-Operators verzichten kann, liegt in speziellen Dienstleistungen der Laufzeitumgebung.

Für die Speicherverwaltung wurde die Möglichkeit geschaffen, eine eigene Fehlerfunktion zu installieren. Damit wurde das Verhalten des *new*-Operators geändert. Anstatt im Fehlerfall einen ungültigen Zeiger zu liefern, wurde nach der Installation der Fehlerfunktion bei Speichermangel diese Funktion gerufen.

Der Vorteil dieses Verfahrens ist es, daß man nicht jedesmal wieder eine Abfrage durchführen muß, sondern sich auf die eigene Funktion verlassen kann. In der Behandlung des Speichermangels können noch Aufräumarbeiten durchgeführt werden und anschließend wird üblicherweise das Programm mit *exit(1)* verlassen.

Das Beispiel (Bild 14.6) zeigt das prinzipielle Vorgehen. Der Programmierer schreibt eine Funktion, die man ohne Parameter aufrufen kann und die auch keinen Rückgabewert besitzt. Diese Funktion darf nicht zurückkehren, sondern muß das Programm nach geeigneten Aufräumarbeiten verlassen.

Die Adresse der Funktion wird mit Hilfe der Funktion set_new_handler() der Laufzeitumgebung bekannt gegeben. Die Adresse der bisher installierten Funktion wird dabei zurückgeliefert und kann für eine spätere Verwendung zwischengespeichert werden.

In den ersten Versionen von C++ war es auch möglich, die Adresse der Handlerfunktion einer globalen Variablen zuzuweisen. Dieses Verfahren ist jedoch veraltet und wird im Standard nicht mehr unterstützt.

14 Fehlerbehandlung mit C++

```
01 // Setzen der Fehlerbehandlung bei new
02 // Datei: handler.cpp
03 // Die Zuweisung an _new_handler ist veraltet.
04
05 #include <stdio.h>
06 #include <stdlib.h>
07 #include <new.h>
08
09 int z = 1;                 // global für den handler
10
11 void new_handler ()
12 {
13 printf ("\nHier ist new: Ich habe keinen "
14          "Speicher für %i double-Vars. mehr frei.\n",
15          z);
16 exit (1);                  // keine Reparaturmöglichkeit
17 }
18
19 int main ()
20 {
21 int i;
22 double * zeiger;
23 void (*fz)();
24
25 fz = set_new_handler (new_handler);  // oder:
26 // _new_handler = mein_handler;      // veraltet !!
27
28 for (i=0;i< 100;i++)                 // Endlosschleife
29    { if ((zeiger = new double [z] ) != NULL)
30         {
31           delete zeiger;             // Platz freigeben
32           z = z +1000;
33         }
34    else
35         {
36           fprintf(stdout,"\nHandler lief nicht.\n");
37         }
38    }
39 return 0;
40 }
41
42
```

Bild 14.6 Eigene Fehlerbehandlung für new

Die Behandlungsfunktion hat prinzipiell drei Möglichkeiten: a) Sie weiß, wie mehr Speicher zur Verfügung gestellt werden kann. Dann kann sie Speicher bereitstellen und zurückkehren. b) Sie benutzt den noch zu besprechenden

Mechanismus der Exceptions (Kap. 14.3) und wirft ein Objekt der Klasse *bad_alloc* oder einer davon abgeleiteten Klasse aus. c) Sie beendet das Programm und verläßt es mit exit() oder abort().

Nachdem nun die eigene Abbruchfunktion gesetzt wurd,e kann sie möglicherweise durch eine wiederholte Allokierung immer größerer Speicherbereiche getestet werden. Die Schleife begrenzt allerdings die Durchlaufanzahl. Unter DOS-Systemen ist der frei verfügbare Speicher insbesondere im small-Modell des Compilers sehr begrenzt. Unter UNIX und ähnlichen Betriebssystemen kann jedoch sehr viel mehr dynamischer Speicherplatz zur Verfügung gestellt werden, sodaß hier ein Testen der Systemgrenzen nicht sinnvoll ist.

Mit dem Setzen des allgemeinen Abbruch-Handlers kann man sich in den Programmen die einzelne Abfrage bei jeder Speicheranforderung sparen. Der Preis ist allerdings ein totaler Abbruch bei einem Fehler und damit der Verzicht auf eine letzte Möglichkeit, bei einem Fehler einzugreifen. Der Laufzeitgewinn kann dies durchaus rechtfertigen.

Wünschenswert wäre die Mischung aus beiden Eigenschaften. Man sollte auf die Laufzeit verbrauchende Einzelabfrage verzichten können und trotzdem die Kontrolle nicht aufgeben müssen. Diese Vorteile bietet die strukturierte Fehlerbehandlung; technisch ausgedrückt handelt es sich um synchrone Signale.

14.3 Strukturierte Fehlerbehandlung in C++

Im Vorschlag an das Standardisierungskomitee [ARM] wurde eine Erweiterung in Form einer strukturierten Fehlerbehandlung vorgeschlagen.

Die Grundidee ist die Verwendung synchroner Signale. In einer Funktion des Programms wird ein Fehler erkannt und ein Signal mit einer speziellen Fehlervariablen generiert. Zur Bearbeitung des Fehlers wird in einer höheren Schicht des Programms eine passende Fehlerbehandlungsroutine geschrieben, die dann die Fehlervariable auswerten kann.

Signale können auch in einer Schicht teilweise behandelt und nur zur weiteren Bearbeitung an die jeweils höhere Schicht weitergereicht werden.

14.3.1 Garantierte Fehlerbehandlung

Bevor wir die Einzelheiten diskutieren, möchte ich den alles entscheidenden Punkt voranstellen.

14 Fehlerbehandlung mit C++

Entscheidend ist, daß ein Fehler, der im Rahmen der strukturierten Fehlerbehandlung gemeldet wurde, nicht übergangen werden kann. Schreibt der Programmierer keine Fehlerbehandlungsfunktion, wird die Kontrolle an vordefinierte Handler übergeben, die das Programm abbrechen.

Strukturierte Fehlermeldungen müssen somit zwangsweise bearbeitet werden. Dies ist besonders bei der Verwendung von Standardbibliotheken wichtig. Sofern in der Bibliothek Fehler gemeldet werden (z. B. Lese- oder Schreibfehler), würde eine Mißachtung der Meldung zum geordneten Abschluß des Programmes führen.

14.3.2 Neue Schlüsselworte

Die strukturierte Fehlerbehandlung arbeitet mit den neuen Schlüsselwörtern *try*, *throw* und *catch* (Bild 14.7).

```
01 // Strukturierte Fehlerbehandlung - Grundlagen
02 // Datei: sfehl01.cpp
03
04 #include <iostream.h>
05
06 int main ()
07 {
08 try
09         {
10         cout << "\x1b[H\x1b[2J"; // Bildschirm löschen
11         cout << "Strukturierte Fehlerbehandlung\n";
12         // generiere temporäre Textvariable
13         throw "Fehler Simulation";
14         cout << "\n\nNicht verwendet.\n\n";
15         }
16 catch (int i)          // Hier nicht benutzt
17         {
18         cerr << "\nFehlerbehandlung für int\n";
19         }
20 catch (char * cp)      // für throw char *
21         {
22         cerr << "\nFehlerbehandlung für char *: " << cp;
23         }
24 return 0;
25 }
26
```

Bild 14.7 Strukturierte Fehlerbehandlung

Ein *try*-Block definiert einen Bereich, für den eine eigene Fehlerbehandlung geschrieben werden soll. Innerhalb des Blockes werden nun Anweisungen ausgeführt und Funktionen mit beliebiger Aufruftiefe gerufen. Entsprechend der dynamischen Funktions- und Blockverschachtelung werden am Stack Rückkehradressen abgelegt und lokale Objekte aufgebaut.

Wird nun innerhalb des Codes, der in einem *try*-Block ausgeführt wird, ein Fehler erkannt, wird eine Meldungsvariable "ausgeworfen". Der Auswurf geschieht mit dem Schlüsselwort *throw*. *Throw* erhält als Parameter einen typisierten Ausdruck. Bei Bedarf wird mit Hilfe des Ausdrucks eine Fehlervariable dynamisch angelegt und initialisiert. Insbesondere bei Konstanten kann der Compiler auch intern einen Verweis weitergeben, anstatt eine eigene Variable anzulegen. Im Falle eines temporären Objekts wird der passende Konstruktor für das Hilfsobjekt gerufen.

Nach dem Auswurf wird der Aufrufstack bereinigt. Alle bis zu diesem Auswurfpunkt aufgerufenen Funktionen (Methoden) werden beendet und die darin angelegten Objekte mit ihrem Destruktor zerstört. Der Stack wird also rückwärts abgearbeitet. Die Probleme der nicht-lokalen Sprünge werden hier vermieden.

Nach dem Aufräumen des Stacks wird der *try*-Block verlassen. Die der *throw*-Anweisung folgenden Anweisungen werden nicht mehr ausgeführt. Es wird erwartet, daß sich hinter dem *try*-Block eine oder mehrere *catch*-Funktionen befinden. *Catch*-Funktionen erwarten einen Parameter. Die *catch*-Anweisungen werden durchsucht, ob eine *catch*-Anweisung gefunden wird, deren Parameter dem Datentyp der ausgeworfenen Variablen entspricht. Die Suchreihenfolge entspricht dabei dem Programmtext.

Wird eine *catch*-Funktion mit passendem Parametertyp gefunden, wird der Fehler als bearbeitet angesehen und die weitere Behandlung der Anwenderfunktion überlassen.

14.3.3 Allgemeine Abbruchfunktion

Wird keine passende *catch*-Funktion gefunden, wird die vordefinierte Funktion *terminate()* aufgerufen. Im Standardfall beendet diese Funktion dann das Programm mit exit(). Damit wird garantiert, daß kein ausgeworfener Fehler übersehen wird.

Im Beispiel (Bild 14.8) wird innerhalb der gerufenen Funktion eine Exception mit einem *long*-Wert ausgeworfen. Für diesen Fehlertyp steht kein Fänger bereit, sodaß der Defaulthandler aufgerufen wird.

14 Fehlerbehandlung mit C++

```
01  // Strukturierte Fehlerbehandlung
02  // Auswurf eines Fehlers, keine Behandlung vorgesehen
03  // Datei: sfehl02.cpp
04
05  #include <iostream.h>
06
07  long teile (long op1, long op2)
08  {
09  if (op2 == 0)
10            throw 99L;         // Auswerfen eines long-Fehlers
11  return op1/op2;
12  }
13
14  int main ()
15  {
16  try
17           {
18           cout << "\x1b[H\x1b[2J";
19           cout << "Strukturierte Fehlerbehandlung: Fall 2";
20           cout << "\nErgebnis ist:" << teile (33L,0L);
21           }
22  catch (int i)                // wird hier nicht erreicht
23           {
24           cerr << "\nFehlerbehandlung für int\n";
25           }
26  catch (char * cp)            // wird hier nicht erreicht
27           {
28           cerr << "\nFehlerbehandlung für char *\n";
29           }
30  return 0;
31  }
32
```

Bild 14.8 Automatischer Abbruch durch terminate()

14.3.4 Setzen der allgemeinen Abbruchfunktion

Der Defaulthandler *terminate()* kann auch durch den Programmierer ersetzt werden. Damit erhält der Programmierer die Möglichkeit, ein gezieltes Beenden des Programmes zu steuern.

Die Behandlung des Abbruches (Bild 14.9) schließt hier alle Dateien und bricht das Programm ab. Dies wäre zwar nicht unbedingt nötig, da offene Dateien am Programmende sowieso geschlossen werden, aber es demonstriert den Sinn einer eigenen Behandlungsfunktion.

Strukturierte Fehlerbehandlung in C++

Die Funktion set_new_handler() hat hier die Funktion, den eigenen Handler zu registrieren. Sie liefert die Adresse des bisher installierten Handlers zurück. Man könnte diese Adresse speichern und nach Bedarf den vorherigen Zustand wieder herstellen.

```
01  // Strukturierte Fehlerbehandlung
02  // Setzen der allgemeinen Fehlerbehandlung
03  // Datei: sfeh103.cpp
04
05  #include <stdio.h>
06  #include <iostream.h>
07  #include <except.h>
08
09  // Bei nicht behandelten Fehlern
10  void abbrechen ()
11  {
12     cerr << "\nAbbruch, unbehandelter Fehlerwurf.\n";
13     fcloseall();              // sinnvolle Schlußbehandlung
14     exit (3);
15  }
16
17  long teile (long op1, long op2)
18  {
19     if (op2 == 0)
20              throw 99L;       // Auswerfen eines long-Fehlers
21     return op1/op2;
22  }
23
24  int main ()
25  {
26     set_terminate(abbrechen);  // Setze Fehlerhandler
27
28     try
29            {
30            cerr <<"\x1b[H\x1b[2J";
31            cerr <<"Strukturierte Fehlerbehandlung: Fall 3";
32            cerr <<"\nSetzen der default Fehlerbehandlung.";
33            cerr <<"\nErgebnis ist: ", teile (33L,0L) << endl;
34            }
35     catch (int i)              // wird hier nicht erreicht
36            {
37            cerr << "\nFehlerbehandlung für int\n";
38            }
39     return 0;
40  }
41
```

Bild 14.9 Setzen eines eigenen Abbruchhandlers

14 Fehlerbehandlung mit C++

14.3.5 Mehrstufige Fehlerbehandlung

Die Fehlerbehandlung kann auch in mehreren Stufen durch mehrere Handler erfolgen, die in logisch verschachtelten Blöcken definiert werden. Dazu dient in einem Handler, der die Bearbeitung weiterreichen will, der Aufruf von *throw* ohne Parameter. Hier wird die gerade bearbeitete Fehlervariable an einen übergeordneten Handler weitergereicht (Bild 14.10).

```
01  // Mehrstufige Fehlerbehandlung
02  // Datei: sfehl04.cpp
03
04  #include <iostream.h>
05
06  int div_funktion (int a, int b)
07  {
08  try
09        {
10        if (b == 0)
11            throw ("Division durch 0");
12        else
13            return a/b;
14        }
15  catch (char * fehl)
16        {
17        cerr << "\nTeil 1 der Fehlerbehandlung \n"
18             << fehl << "\n" << endl;
19        throw; // Auswerfen der momentanen Fehlervariablen
20        }
21  }
22
23  int main ()
24  {
25  cout << "\x1b[H\x1b[2J";   // Bildschirm löschen
26  try
27        {
28        cout<<"\nErgebnis: " <<div_funktion(10,0)<<endl;
29        }
30  catch (char * cp)
31        {
32        cerr << "\nTeil 2 der Behandlung.\n" <<cp<<endl;
33        }
34  return 0;
35  }
36
```

Bild 14.10 Mehrstufige Fehlerbehandlung

Insbesondere bei Software, die nach einem Schichtenmodell aufgebaut ist, kann jede Schicht aus ihrer Sicht den Fehler behandeln und bei Bedarf an die jeweils übergeordnete Schicht weiterreichen.

14.3.6 Behandlung des Default-Falles

Als Parametertyp kann das Auslassungssymbol für Schnittstellen verwendet werden. Eine *catch*-Anweisung, deren Parameter aus drei Punkten besteht, fängt beliebige Fehler (Bild 14.11).

```
01 // Strukturierte Fehlerbehandlung
02 // Allgemeiner Fehlerbehandler
03 // Datei: sfehl05.cpp
04
05 #include <iostream.h>
06
07 int div_funktion (int a, int b)
08 {
09 if (b == 0)
10     throw ("Division durch 0");
11 else
12     return a/b;
13 }
14
15 int main ()
16 {
17 cout << "\x1b[H\x1b[2J";    // Bildschirm löschen
18 try
19     {
20     cout <<"\nErgebnis :"<<div_funktion(10,0)<<endl;
21     }
22 catch (int i)
23     {
24     cerr <<"\nFehlerbehandlung fuer int.\n"<<i<< endl;
25     }
26 catch (...)   // fängt alle nicht behandelten Fehler
27     {
28     cerr << "\nAllgemeine Fehlerbehandlung.\n" << endl;
29     }
30 return 0;
31 }
32
```

Bild 14.11 Default Fehlerbehandlung

289

14 Fehlerbehandlung mit C++

Damit kann in einer Kette von *catch*-Funktionen der default-Fall eingeführt werden. Dieser Fall steht immer am Schluß der Fälle, da die *catch*-Funktionen der Reihe nach auf Verwendbarkeit getestet werden.

14.3.7 Speicherverwaltungsfehler bei new

Die Reaktion auf Fehler bei *new* ist bisher nicht in allen Compilern gleich. Eine endgültige Version wird hier erst der kommende Standard bieten.

Wir wollen uns zuerst ein Beispiel aus einer typischen Implementierung ansehen und danach ein Beispiel, wie es der momentane Standard-Vorschlag enthält.

Tritt bei *new* ein Fehler auf, wirft in derzeitigen Implementierungen der *new*-Operator ein *xalloc*-Objekt aus. Nun kann ein Konstruktor nur beschränkt eine eigene Fehlerbehandlung durchführen. In allen Fällen, die er nicht handhaben kann, wird der Fehler von der eigenen Fehlerbehandlung erneut ausgeworfen.

Ein *xalloc*-Objekt erhält mit Hilfe des Konstruktors einen Hinweistext und eine Größenangabe.

Im Beispiel (Bild 14.12 / Zeilen 22 bis 24) wurde das interne Verhalten von *new* nachgebildet. Sollte die auskommentierte Zeile, die *new* verwendet, einen Fehler ergeben, dann werden intern die nachfolgend gezeigten Anweisungen ausgeführt.

Bei der Initialisierung globaler Objekte kann nicht in einem *try*-Block erfolgen. Das Programm würde bei einem Fehlerauswurf durch *terminate()* beendet. Geschieht daher bei der Konstruktion globaler Objekte ein Fehler, wird das eigentliche Programm nicht erreicht.

Objekte, die als formale Parameter entstehen, könnten nur gesichert werden, wenn der Methoden- oder Funktionsaufruf in einen *try*-Block gelegt wird.

Lokale Objekte könnten innerhalb eines *try*-Blockes angelegt werden. Hier bestünde dann die Möglichkeit des Fangens des Fehlerobjektes.

14.3.8 Allokierungsfehler im Standard-Entwurf

Der bisher übliche Auswurf eines *xalloc*-Objektes wurde im Standard in den Auswurf eines leichter lesbaren *bad_alloc*-Objektes geändert. Die einzige Methode, die der Schreiber einer Behandlungsroutine verwenden kann, heißt what() und liefert einen implementierungsabhängigen Text zurück, der als Fehlercode betrachtet werden kann. Weitere Operationen sind hier nicht möglich.

Strukturierte Fehlerbehandlung in C++

```
01 // Speicherallokierungsfehler
02 // Demonstration durch expliziten Auswurf
03 // Datei: sfeh106.cpp
04
05 #include <iostream.h>
06 #include <cstring.h>          // fuer xalloc
07 #include <except.h>
08
09 class zeile
10 {
11 char * puffer;
12 public:
13 zeile (char * cp);
14 ~zeile() { delete [] puffer; }
15 };
16
17 zeile::zeile(char * cp)
18 {
19 try       // Der eigentliche Code ist nur die
20           { // Kommentarzeile
21 //        puffer = new char [strlen (cp) +1];
22          string s ("Nur lokaler Test");// Nur zum Testen
23          xalloc x(s,100);              // Nur zum Testen
24          x.raise();            // Auswurf, Nur zum Testen
25          }
26 catch (xalloc xa)
27          {
28          cerr << "Speicherfehler erkannt" << endl;
29          cerr << "Anzahl chars " << xa.requested()
30                  << " nicht gefunden" << endl;
31          exit (9);
32          }
33 strcpy (puffer, cp);
34 }
35
36 int main ()
37 {
38 zeile ("Mein Text");
39 return 0;
40 }
41
```

Bild 14.12 Abfangen von Allokierungsfehlern

Leider gehört das Beispiel im Bild 14.13 zu den ganz wenigen im Buch, die nicht mit Hilfe eines Compilers getestet werden konnten. Die üblichen Compiler entsprechen noch nicht dem Standard-Vorschlag.

Mit Hilfe der Funktion set_terminate() mit einem Parameterwert NULL kann der Auswurf von *bad_alloc* eingeschaltet werden.

14 Fehlerbehandlung mit C++

```
01 // Strukturierte Fehlerbehandlung
02 // Abfangen von bad_alloc / April 95 Draft
03 // Datei: sfehl08.cpp
04
05 #include <iostream.h>
06 #include <except.h>
07
08 int main ()              // nicht übersetzt, kein Compiler
09 {
10 try
11         {
12         cerr <<"\x1b[H\x1b[2J";
13         cerr <<"Strukturierte Fehlerbehandlung: Fall 8";
14         cerr <<"\nAbfangen von bad_alloc.";
15         double * dp = new double[1000];
16         delete [] dp;
17         }
18 catch (bad_alloc ba)     // bei Speichermangel
19         {
20         cerr << "\nFehlerbehandlung für bad_alloc: "<<
21              ba.what() <<"\n";
22         }
23 return 0;
24 }
25
```

Bild 14.13 Allokierungsfehler nach April 95 Draft

14.3.9 Liste der möglichen Exceptions

In der Schnittstelle einer Funktion (oder Methode) kann mit *throw()* eine Liste der möglichen Ausnahmetypen angegeben werden. Die Funktion sollte dann nur die angegebenen Typen generieren. Wird innerhalb der Funktion ein Typ generiert, der nicht angegeben wurde, wird die Funktion *unexpected()* gerufen.

Eine leere Liste bedeutet dabei, daß die Funktion keine Exceptions weiterreicht. Alle Ausnahmen, die von intern gerufenen Funktionen erzeugt werden, werden intern behandelt.

Die Funktion unexpected() kann wieder, wie auch schon die Funktion *terminate()*, vom Programmierer selbst definiert werden. Mit *set_unexpected(Funktionsadresse)* wird die eigene Funktion bekanntgegeben.

Für die eigene Behandlungsfunktion gelten die gleichen Spielregeln wie bei set_terminate(). Das Programm muß in der Funktion beendet werden. Eine Rückkehr oder ein Fehlerauswurf sind nicht zulässig (Bild 14.14).

Behandlung von Fehlergruppen

```
01 // Strukturierte Fehlerbehandlung
02 // Exceptionangaben
03 // Datei: sfehl07.cpp
04
05 #include <iostream.h>
06
07 int div_funktion (int a, int b) throw (char *)
08 {
09     if (b == 0)
10         throw (99L);           // Nicht angemeldeter Auswurf
11     else                       // führt zu: unexpected()
12         return a/b;
13 }
14
15 int main ()
16 {
17 cout << "\x1b[H\x1b[2J";       // Bildschirm löschen
18 try
19         {
20         cout<<"\nErgebnis: " <<div_funktion(10,0)<<endl;
21         }
22 catch (char * cp)
23         {
24         cerr << "\nFehlerbehandlung.\n" <<cp<<endl;
25         }
26 return 0;
27 }
28
29
```

Bild 14.14 Festlegen der möglichen Exceptions

Im Standard werden die meisten Bibliotheksfunktionen einen eigenen Beschreibungsabschnitt erhalten, der die möglichen, ausgeworfenen Fehler auflistet.

14.4 Behandlung von Fehlergruppen

Nicht immer besteht die Notwendigkeit, einen Fehler exakt zu bestimmen. Oft würde es genügen, herauszufinden, ob es sich um einen mathematischen Fehler, eine Speicherallokierungsfehler oder einen Ein- und Ausgabefehler handelt.

Hier wäre eine Gruppenbildung von Vorteil.

14.4.1 Einfache Gruppenbildung über Konstante

Gruppen von Fehlern können über unterschiedliche Mechanismen ausgewertet werden. Zum einen kann eine Aufzählung aller Fehlernamen in einer Enumeration erfolgen. Die *catch*-Anweisung würde eine Variable des Enumerations-Typs fangen. Innerhalb der Funktion müßte man jedoch den eigentlichen Fehlerfall mit Hilfe einer Fallunterscheidung herausfinden.

14.4.2 Aufbau von Fehlerhierarchien

Eine ganz andere Möglichkeit bietet die Vererbung. Ausgehend von einer Fehlerbasisklasse wird eine Vererbungshierarchie erstellt. In einer *catch*-Anweisung kann nun entweder ein Objekt der Basisklasse oder ein Objekt der abgeleiteten Fehlerklasse gefangen werden.

Eine allgemeine Fehlerklasse kann allerdings nur für die vom Programmierer definierten Fehlerarten erstellt werden, da in der C++-Bibliothek bereits eigene Fehlerklassen existieren.

Zu jedem guten Programmdesign sollte ein hierarchisch gegliederter Fehlerbaum gehören. Fehlerfänger könnten dann entweder auf einen speziellen Fehler oder aber Fehlergruppen angesetzt werden.

14.4.3 Hinweis auf das nächste Kapitel

Die synchronen Signale oder Exceptions sind eine der zahlreichen Erweiterungen, die im Laufe des Standardisierungsprozesses Eingang in C++ gefunden haben. Die Bedeutung für bessere und sichere Programme kann man nicht hoch genug einschätzen.

Uns bleibt im nächsten Kapitel noch eine weitere Neuerung zu besprechen, die Nutzen aus den Typinformationen zieht, die in polymorphen Objekten abgelegt werden: die Operationen zur Typermittlung.

15 Dynamische Typinformation

Die Vererbung brachte die Möglichkeit mit sich, Basisklassenzeigern Adressen beliebiger Objekte zuzuweisen, die von dieser Basisklasse abgeleitet wurden.

Die Basisklassenzeiger sind somit in einem begrenztem Umfang allgemeine Zeiger, die auf Objekte unterschiedlichen Typs zeigen können, sofern die Typen voneinander abgeleitet wurden. Steht uns nun in einem Modul ein Basisklassenzeiger zur Verfügung, dann kann damit zur Laufzeit nacheinander auf unterschiedliche Typen von Objekten verwiesen werden.

Um nun dynamisch herauszufinden, auf welchen Typ der Basisklassenzeiger aktuell zeigt, wurde in C++ der RTTI-Mechanismus aufgenommen. RTTI steht für runtime type information (Laufzeit Typ Information). Dieser Mechanismus erlaubt eine Abfrage des Typs eines Objektes im Code.

15.1 Implizite Typverwendung

Bisher haben wir bei der Polymorphie gesehen, daß innerhalb eines polymorphen Objektes die Typinformation gespeichert wurde. Bei jeder Verwendung einer polymorphen Methode wird diese Typinformation zur Laufzeit ausgewertet und zur Selektion der zum Typ passenden virtuellen Methode benutzt. Mit der Polymorphie wurde der Programmierer auf eine elegante Art von einer Typverwaltung befreit.

Einer der großen Vorteile der Polymorphie ist die automatische Erweiterbarkeit. Definiert der Programmierer eine neue Klasse mit Methoden, die virtuelle Basismethoden überlagern, muß am restlichen Code nichts geändert werden.

Wann immer möglich, sollte jeder Programmierer daher die Verwendung der Polymorphie erwägen. Die folgende, explizite Typinformation steht der Idee der Polymorphie gegenüber und kann dazu führen, daß die Einfachheit und Wartbarkeit der Polymorphie unterlaufen wird.

15 Dynamische Typinformation

15.2 Dynamische Ermittlung des Typs

Die Grenze ihrer Anwendung findet die Polymorphie dann, wenn es gilt, in einem Programm mit Hilfe eines Basisklassenzeigers klassenspezifische Methoden zu verwenden, die nicht polymorph überlagert sind. In diesem Fall benötigt der Code eine Unterscheidungsmöglichkeit, auf welchen Typ gerade mit einem allgemeinen Zeiger verwiesen wird. Für derartige Fälle wurde eine dynamische Abfrage des Typs eines Objektes eingeführt.

Das Typinformationssystem wird mit Hilfe der Schlüsselwörter *dynamic_cast* und *typeid* benutzt. Weiter werden Objekte der Klasse *type_info* erzeugt und abgefragt. Eine Übersicht bietet Bild 15.1.

```
01  // Elemente des RTTI-Systems
02  // Datei: rttitype.cpp
03
04  class type_info
05  {
06  public:
07      virtual ~type_info();
08      bool operator==(const type_info& rhs) const;
09      bool operator!=(const type_info& rhs) const;
10      bool before(const type_info& rhs) const;
11      const char* name() const;
12  private:
13      type_info(const type_info& rhs);
14      type_info& operator=(const type_info& rhs);
15  };
16
17  const type_info & typeid (Typnamen);
18  const type_info & typeid (Variablennamen);
19
20  Zieltyp dynamic_cast<Zieltyp>(Quellinfo)
21
```

Bild 15.1 Die Elemente des RTTI-Systems

15.2.1 Typinformation mit type_info

Das Laufzeitsystem stellt dem Anwender nur eine begrenzte Informationsmöglichkeit über den Typ einer Variablen zur Verfügung. Die Information wird als Objekt der Klasse *type_info* bereitgestellt.

Die Klasse *type_info* stellt dem Anwender Vergleichsoperatoren zur Verfügung (== und !=). Damit kann der Programmierer herausfinden, ob zwei Typabfragen zu identischen oder unterschiedlichen Typen geführt haben. Verglichen werden dabei zwei Objekte der Klasse *type_info*. Die Rückgabetypen der Vergleichsfunktionen verwenden den neuen Datentyp *bool*, der die beiden Werte *false* und *true* annehmen kann.

Weiter existiert eine Elementfunktionen, die einen lexikalischen (also dem Namen nach) Vergleich zweier Typnamen ermöglicht (before()). Der Vergleich der Typnamen geschieht auf Grund des im Compiler verwendeten Zeichensatzes und liefert damit Ergebnisse, die nicht auf allen Systemen gleich sein müssen. Den Namen des Datentyps ermittelt name() (Bild 15.2).

Eine Zuweisung wurde für den Anwender durch die Deklaration eines privaten Zuweisungsoperators für den Anwender ausgeschlossen.

```
01 // typeid - Schlüsselwort
02 // Datei: typeid1.cpp
03
04 #include <iostream.h>
05 #include <typeinfo.h>
06
07 class basis
08 {
09 virtual int v_methode(){}
10 };
11 class abgel_1 : public basis {};
12
13 int main ()
14 {
15 abgel_1 a_obj;
16 basis * bp = &a_obj;
17 double dvar;
18 cout << "Typ 1: " << typeid(int).name() << endl;
19 cout << "Typ 2: " << typeid(dvar).name() << endl;
20 cout << "Typ 3: " << typeid(*bp).name() << endl;
21 cout << "Typ 4: " << typeid(bp).name() << endl;
22 return 0;
23 }
24
```

Bild 15.2 Arbeiten mit *typeid*

15.2.2 Typermittlung mit typeid

Objekte des Typs *type_info* werden mit Hilfe des Schlüsselwortes *typeid* generiert. Genauer liefert *typeid* eine Referenz auf ein konstantes *type_info*-Objekt. *Typeid* ist ist auf Objekte, Variable, Ausdrücke und Typnamen anwendbar.

Typeid zeigt ein dynamisches Verhalten. Ist der Operand von *typeid* ein dereferenzierter Basisklassenzeiger, ein Feldzugriff oder eine Referenz, dann liefert *typeid* die Information, auf wen wir uns tatsächlich beziehen.

Ist der Ausdruck, den *typeid* prüft, weder ein Zeiger noch eine Referenz auf ein Objekt einer polymorphen Klasse, dann liefert *typeid* die statische Typinformation zurück.

Wollen wir *typeid* verwenden, benötigen wir Informationen zur Klasse *type_info*. Diese finden wir in der Informationsdatei typeinfo.h, die wir einlesen müssen (Bild 15.2).

Einen Sonderfall stellt die Abfrage mit einem ungültigen Zeiger dar. Hier wird eine Fehlervariable des Typs *bad_typeid* ausgeworfen.

Die Ausgabe des Beispielprogramms findet sich im Bild 15.3.

```
01 Typ 1: int
02 Typ 2: double
03 Typ 3: abgel_1
04 Typ 4: basis *
05
```

Bild 15.3 Ausgabe des *typeid*-Beispiels

15.3 Dynamische Typkonvertierung

Den Operator *dynamic_cast* haben wir im Rahmen der allgemeinen Typkonvertierung schon kurz gesehen. Im Zusammenhang mit der Besprechung des Laufzeittypsystems wollen wir seine Aufgaben noch einmal betrachten.

Konvertierung von Zeigern auf Objekte kennen wir bisher in einer Form, die die Adresse eines gegebenen Objektes in einem allgemeinen Basisklassenzeiger speichern kann. Hier findet eine Typkonvertierung eines Zeigers auf ein abgeleitetes Objekt hin zu einem Zeiger auf die Basisklasse statt. Dies ist eine statische, vom Compiler durchgeführte Typkonvertierung.

Dynamische Typkonvertierung

Man spricht im Englischen von einem up cast (nach oben, logisch allgemeiner).

Die andere Richtung hin zu spezielleren Objekten (down cast) ist nicht so einfach. Hat man einen Zeiger auf ein Objekt der Basisklasse und weist ihm die Adresse eines Objektes einer abgeleiteten Klasse zu, dann kann man mit diesem Zeiger nicht Methoden der abgeleiteten Klasse aufrufen. Ausgenommen davon sind natürlich polymorphe Methoden, die über einen internen Mechanismus gefunden werden.

Wenn der Programmierer mit Hilfe eines Basisklassenzeigers nicht-polymorphe Methoden einer abgeleiteten Klasse aufrufen können will, benötigt er eine dynamische Konvertierung des Zeigers mit Hilfe von *dynamic_cast*.

Dynamic_cast erwartet als Quellinformation einen Zeiger oder eine Referenz auf ein Objekt, dessen Typ Teil einer Klassenhierarchie ist. Nur dann stehen in den Objekten Typinformationen zur Verfügung.

Kann keine Typkonvertierung durchgeführt werden, liefert der *dynamic_cast*-Operator eine ungültige Adresse, wenn das Ziel ein Zeiger ist, oder er wirft eine Fehlervariable des Typs *bad_cast* aus, falls das Ziel eine Referenz ist.

Im Beispielprogramm (Bild 15.4) ist die typische Verwendung gezeigt. Mit Hilfe des *dynamic_cast*-Operators wird nun ein down-cast, eine Typwandlung hin zu spezielleren Klassen durchgeführt.

Der Operator vereint in sich zwei Eigenschaften: Er prüft, ob eine Wandlung überhaupt möglich ist und liefert, falls eine Typwandlung sinnvoll ist, den gewandelten Typ zurück. Daß die Prüfung ein wichtiger Bestandteil ist, haben wir im Kapitel über allgemeine Typkonvertierungen bei der Gegenüberstellung der statischen (vom Compiler durchgeführten) Wandlung mit *static_cast* und der Überprüfung zur Laufzeit mit *dynamic_cast* gesehen.

Man kann sich die Wirkung einfach vorstellen. Zeigt ein Basisklassenzeiger auf ein abgeleitetes Objekt, kann die Rückgabe auf dieses Objekt oder eingeschlossene Objekte zeigen. Voraussetzung dabei ist, daß der Zieltyp nicht eine weiter abgeleitete Klasse (z. B. dritte Ableitung) beschreibt als das momentan bezogene Objekt als Typ hat.

Das Beispielprogramm verwendet eine kleine Besonderheit des Borland Compilers 4.5: Die Fehlervariable hat hier den Typ *Bad_cast* anstelle von *bad_cast*. Dies ist keine Unsauberkeit des Compilers, da zum Erscheinungsdatum des Compilers die Festlegungen im Standard noch gar nicht abgeschlossen waren. (Andere Compilerhersteller haben sich erst gar nicht bemüht, die neueren Details schnell einzubauen.)

15 Dynamische Typinformation

```
01  // Typkonvertierung - dynamische Wandlung
02  // Datei: dynaca1.cpp
03
04  #include <iostream.h>
05  #include <typeinfo.h>
06
07  class Basis
08  {
09      // RTTI nur bei polymorphen Klassen
10      virtual void methode(void) { }
11  };
12
13  class Abgeleitet : public Basis
14  { };
15
16  int main(void) {
17      try {
18          Basis b;
19          Abgeleitet d, *pd;
20          Basis *bp1 = &d;
21          // Basis1-Zeiger nach Abgeleitet "herunter"-wandeln.
22          if ((pd = dynamic_cast<Abgeleitet *>(bp1)) != 0)
23              cout << "Ergebnistyp:   ** "
24                   << typeid(pd).name() << " **" <<end(
25          else
26              cerr << "Fehlerhafte Wandlung 1" << endl;
27          if ((pd = dynamic_cast<Abgeleitet *>(&b)) != 0)
28              cout <<"Ergebnis 2 : "<<typeid(pd).name()<<endl;
29          else
30              cerr << "Fehlerhafte Wandlung 2" << endl;
31      }
32      catch (Bad_cast) {            // Standard: bad_cast
33          cout << "dynamic_cast hat versagt" << endl;
34          return 1;
35      }
36      catch (...) {
37          cout << "Keine Exception-Behandlung." << endl;
38          return 1;
39      }
40      return 0;
41  }
42
```

Bild 15.4 Typkonvertierung mit Klassenhierarchie

Im Beispiel werden zwei dynamische Konvertierungen versucht. Die erste wird dabei erfolgreich sein, die zweite fehlschlagen. Die Fangfunktionen werden nicht verwendet, da bei einer Zeigerkonvertierung keine Fehlervariable ausgeworfen wird.

Mit den drei besprochenen Elementen kann der Programmierer auf die Typinformation zugreifen, die in polymorphen Objekten abgelegt ist. Diese Informationen werden aber in vielen Fällen Änderungen unterliegen, die mit jeder neu definierten Klasse im Typsystem auftauchen können. Die Verwendung sollte daher so weit wie möglich zu Gunsten eines polymorphen Aufrufs eingeschränkt werden.

15.3.1 Hinweis auf das folgende Kapitel

Inzwischen haben wir eine Vielzahl von Möglichkeiten, die C++ bietet, kennengelernt. Über ein wichtiges Thema haben wir aber bisher noch gar nicht gesprochen. Wie arbeitet C++ mit C zusammen? Ohne Probleme wurde in vielen Beispielen die Ein- und Ausgabe mit den "alten" Funktionen, wie printf(), durchgeführt.

Daß es funktioniert, haben wir gesehen. Wie aber die Zusammenarbeit zwischen C++ und anderen Sprachen organisiert wird, besprechen wir im kommenden Kapitel.

15 Dynamische Typinformation

16 C++, andere Sprachen und Bibliotheken

Mit C++ wurde ein erheblicher Innovationsschritt geschafft. Dies ist nicht nur allein eine Frage der Sprache, sondern auch eine Folge der umfangreichen Bibliotheken und der geänderten Programmierweise.

Die notwendige Akzeptanz bei Programmierern und denjenigen, die über die Gelder in Firmen wachen, hat sich C++ aber durch die breite Unterstützung bestehenden Codes gesichert.

In vielen Beispielen des Buches wurde immer wieder auf bekannte Funktionen zurückgegriffen. Die Ausgabe haben wir am Anfang ganz selbstverständlich mit printf() erledigt. Dabei haben wir uns nicht darum gekümmert, daß hier eigentlich zwei Programmiersprachen aufeinandertreffen. Schließlich werden C++-Funktionen und Methoden mit Hilfe einer Signatur (den internen Namen) ganz anders in der Objektdatei behandelt wie C-Funktionen, die keine Bereichs- und Parametercodierung kannten.

Dies ist möglich, weil C++ explizit die Verbindung zu anderen Sprachen unterstützt. Eines der großen Entwicklungsziele war die weitestgehende Unterstützung des vorhandenen C-Quellcodes. Gleichzeitig wollte man auch die Effizienz von C so weit wie möglich beibehalten.

16.1 Die Verbindung zu C

Die Unterschiede zwischen den beiden Sprachen im Aufbau von Namen benötigen eine Steuerungsmöglichkeit. Der Compiler muß darüber informiert werden, ob ein Name nun ein C- oder ein C++-Name ist, um entsprechend den Zugriff zu übersetzen.

Die gewählte Lösung findet sich in den Standard-Informationsdateien wie z.B. *stdio.h*.

Mit Hilfe der bedingten Übersetzung wird im Falle eines C++-Compilerlaufs vor die Deklarationen der C-Funktionen ein Vermerk gesetzt, der den Compiler informiert, daß die Funktionen aus einer anderen Sprache stammen.

16 Die Verbindung zu C

Die Notation würde die Angabe einer beliebigen Sprache erlauben. Es ist nur die Frage, ob das Entwicklungssystem mehr Sprachen als nur C kennt. Prinzipiell könnten auch Funktionen und Programmteile aus Pascal, Ada oder einer anderen Sprache mit C++ zusammen benutzt werden.

```
01 #ifdef __cplusplus
02 extern "C" {
03 #endif
04 void     clearerr(FILE *__stream);
05 int      fclose(FILE *__stream);
06 int      fflush(FILE *__stream);
07 int      fgetc(FILE *__stream);
08 int      fgetpos(FILE *__stream, fpos_t *__pos);
09 char     *fgets(char *__s, int __n, FILE *__stream);
10 FILE     *fopen(const char *__path, const char *__mode);
11 //.... usw.
```

Bild 16.1 Start einer Serie von C-Deklarationen

Die bedingte Übersetzung wertet den Makronamen _cplusplus_ aus (zwei Unterstriche gefolgt vom doppelten cplus). Dieser Name ist immer dann gültig, wenn der C++-Compiler läuft (Bild 16.1).

Mit Hilfe der bedingten Übersetzung wird ein Block eröffnet, vor dem das Schlüsselwort *extern* und in Klartext die Angabe der Sprache steht, in der die folgenden Funktionen geschrieben wurden. Natürlich wird C immer unterstützt.

```
01 int      fgetc(FILE *__stream);
02 int      fputc(char __c, FILE *__stream);
03
04 #ifdef __cplusplus
05 }
06 #endif
07
```

Bild 16.2 Schließen der C-Deklarationen

Am Ende der Deklarationsliste schließt eine bedingte Übersetzung wieder den Block. Das Ende wird dadurch nur ausgewertet, wenn die Übersetzung mit C++ erfolgt (Bild 16.2).

Im Falle der Deklaration einer einzelnen Funktion entfallen natürlich die Block-Klammern.

16.2 Die Einbindung von Assembler

Eine weitere Sprache, die im Alltag eines hardwarenahen Programmierers unverzichtbar ist, ist der Assembler. Für Treiber und Betriebssystemteile, die unmittelbar die Hardware steuern, ist die Hochsprache nicht immer ausreichend.

Trotz bester Compiler können kleine Abschnitte eines Programmes immer noch in Assembler deutliche Laufzeitvorteile haben. Eine Ja/Nein-Entscheidung kann der Compiler sicher genauso gut codieren wie es ein Assemblerprogrammierer könnte. Anders liegt der Fall bei einem komplexen Algorithmus, der möglicherweise in Handarbeit durch Optimierungen noch beschleunigt werden könnte.

Der nächste Bereich, in dem Assemblerteile (oder spezielle Compilererweiterungen) notwendig sind, ist der Zugriff auf die Register der E/A-Bausteine. C kennt nur den Speicheradreßraum, keinen E/A-Adreßraum, wie er bei den PCs üblich ist. Hier müssen Assemblerbefehle in den C-Code eingefügt werden.

```
01 // crc Klasse
02 // crc.h
03
04 class crc
05 {
06 unsigned int crc_akku;
07 public:
08 crc();
09 void crc_init();
10 char crc_check();
11 void crc_update(unsigned char);
12 };
```

Bild 16.3 Klassendefinition für CRC

Im Beispiel (Bild 16.3) soll ein Geschwindigkeitsproblem nachgebildet werden.

16 Die Einbindung von Assembler

Zur Sicherung von Datenübertragungen verwendet man häufig CRC-Muster (cyclic redundancy check). Dazu muß aber jedes einzelne Zeichen Bit für Bit bearbeitet werden. Hier könnte sich der Einsatz einer optimierten Assemblerroutine rentieren, da diese Routine sehr häufig aufgerufen werden muß.

Die Klasse (im Auszug) beinhaltet hauptsächlich eine Eigenschaft, die den momentanen Stand der CRC-Berechnung beinhaltet. Sie heißt *crc_akku*. Die normalen Testmethoden, die den Akku zurücksetzen oder abfragen, kann man sicher in C++ schreiben. Nur die eigentliche Bearbeitungsfunktion soll in Assembler geschrieben werden.

```
01  // Einbinden von Assembler
02  // Datei: crcasm.cpp
03
04  #include "crc.h"
05
06  void crc::update (unsigned char crc_zeichen)
07  {
08  asm {
09      mov ax, crc_zeichen
10      mov bx,this              // der 16-Bit this-Zeiger
11      mov cl, 8
12      mov dx, [bx].crc_akku    // aus dem Objekt
13  m1: rcl dx,1
14      jnc m2
15      xor dx, 1021H            // CCITT Polynom
16  m2: loop m1
17      mov [bx].crc_akku,dx
18      }
19  }
20
```

Bild 16.4 Assemblerquelltext in C++

Der Text der Assembleranweisung wird in einen Block gestellt, der das Schlüsselwort *asm* als Vorspann erhält. Damit weiß der Compiler, daß er den folgenden Abschnitt von einem externen Assembler bearbeiten lassen muß. Der entstehende Objektcode wird dann unmittelbar eingesetzt (Bild 16.4).

Eine einzelne Assemblerzeile kann ebenfalls mit dem Schlüsselwort *asm* eingefügt werden. Hier entfällt die Block-Klammerung.

Innerhalb des Assemblertextes ist der Zugriff auf C++-Namen wie Parameternamen möglich. Im Beispiel ist auch die Adressierung des gebundenen Objektes gezeigt. In *this* steht die Adresse des zu bearbeitenden Objektes zur

Verfügung. Jeder Zugriff auf ein Element des gebundenen Objektes muß nun mit Hilfe des *this*-Zeigers indirekt erfolgen. Die Adresse wird in ein Register für indirekte Adressierung geladen. Damit steht die Startadresse des gebundenen Objektes zur Verfügung. Bei einem Zugriff auf ein Element des Objektes wird zusätzlich noch der Offset innerhalb des Objektes benötigt. Diesen Offset erhält man mit Hilfe des "."-Operators. Der Assembler kann aus Basis und Offset die korrekte Adressierung bilden.

Das gewählte Beispiel funktioniert für 16-Bit-Code. In einem 32-Bit-Speichermodell müßte der Ladebefehl für *this* geändert werden (lds bx,this).

16.3 Verbindung zu anderen Sprachen

Im Grunde kann ein C++-Programm mit beliebigen anderen Sprachen verbunden werden. Voraussetzung ist nur, daß für alle Sprachen eine einheitliche Bindeumgebung bereitsteht und der C++-Compiler Kenntnis über die Aufrufkonventionen weiterer Sprachen hat.

```
01 // Einbinden beliebiger Sprachen
02 // Datei: ada.h
03
04 extern "ada" void funktion2(int, int);
05
```

Bild 16.5 Einbinden beliebiger Sprachen

Ebenso wie bei C wird der Name der Sprache, in der die deklarierte Funktion geschrieben wurde, als Klartext in Anführungszeichen der Funktion vorangestellt (Bild 16.5).

16.4 Namensräume und Bibliotheken

In der Beschreibung der Klassen haben wir gesehen, daß es numehr viele Namensbereiche gibt, in denen Funktionen und Methoden spezifiert werden können. Neben den Gültigkeitsbereichen für globale und lokale Namen, die wir längst aus C kennen, kommen nun in C++ auch die Klassen als gültige Namensbereiche hinzu.

16 Namensräume und Bibliotheken

Eine Funktion konnte in C ausschließlich im globalen Namensbereich definiert werden, in C++ kann pro Klasse ein Funktionsname mindestens einmal verwendet werden. Die Beschränkung in C auf einen einzigen globalen Namensraum führt zu Einschränkungen. Es ist nicht möglich, zwei fertig übersetzte Bibliotheken in einem Programm zu verwenden, die den selben Namen für eine offen zugängliche Funktion benutzen.

Als kleines Hilfsmittel kennt man in C die Möglichkeit, Funktionen als *static* zu deklarieren. Der Name einer solcherart gekennzeichneten Funktion bleibt auf das übersetzte Modul beschränkt. Der Name wird nicht in der Objektdatei bekanntgegeben, sodaß beim Binden auch dann keine Probleme auftauchen, wenn mehrmals der gleiche Name in verschiedenen Übersetzungseinheiten benutzt wird.

Das Problem der mehrfachen Verwendung zugänglicher Namen wurde in C++ durch die Klassen etwas entschärft. Die Frage ist, ob wir mit dieser Ausweitung der Möglichkeiten bereits alle Problemfälle erledigt haben.

Drehen wir dazu die Frage um, und sehen uns an, welche Namen nach wie vor eindeutig sein müssen. Dies sind z. B. Typnamen und damit auch Klassennamen. Das Problem der Mehrfachdefinition von Funktionsnamen wurde somit nur auf eine höhere logische Ebene gehoben, aber nicht allgemeingültig gelöst.

Die Diskussion, wie beliebige Bibliotheken gemeinsam benutzt werden können, wurde in dem Maße wichtiger, wie man erkannte, daß mehr und mehr zugekaufte Bibliotheken in der Softwareentwicklung eine Rolle spielen.

Was aber macht ein Programmierer, wenn er zwei Bibliotheken verwenden will, die den gleichen Klassennamen definiert haben? Bisher war dies eine aussichtslose Angelegenheit.

16.4.1 Verallgemeinerung des Bereichsbegriffs

Die Lösung liegt in der Erweiterung und Verallgemeinerung des Bereichskonzeptes, das wir vor allem im Zusammenhang mit Klassen kennengelernt haben. Um eine Methode eindeutig zu beschreiben, wurde bei der Definition und auch gelegentlich beim Aufruf der Name des Gültigkeitsbereiches vorangestellt.

Mit dem Standard wird der Begriff des Gültigkeitsbereiches auf frei wählbare Bereiche sowie den allgemeinen, globalen Bereich erweitert. In diesen Bereichen können Klassen, Funktionen und andere Namen beliebig definiert werden. Nur werden sie jetzt bei Bedarf durch den Namen ihres Gültigkeitsbereiches zusätzlich qualifiziert.

Alle Elemente der Standardbibliothek werden logisch in einem großen Namensbereich definiert, der *std* heißt (Bild 16.6). Das Schlüsselwort heißt *namespace*.

```
01  // Deklaration im Namensraum
02  // Datei: namesp2.cpp
03
04  // Auszug aus stdio.h / C++ Standard Version
05  namespace std
06      {
07          int printf (const char *, ...);
08      }
09
10
```

Bild 16.6 Deklaration von Bibliotheksnamen

Jede Funktion aus der C- und C++-Bibliothek kann nun mit dem Bereichsoperator und dem Namensbereich *std* explizit angesprochen werden. Am einfachsten nehmen wir ein bekanntes Beispiel (Bild 16.7).

```
01  // Einführung von Namensbereichen
02  // Datei: namesp1.cpp
03
04  #include <stdio.h>   // C++ Standard Version
05
06  int main ()
07  {
08      std::printf("Hello World\n");
09      return 0;
10  }
11
```

Bild 16.7 Namensbereich der Bibliothek: std

Das berühmte Beispiel mit der Ausgabe von "Hello World" schaut nun etwas fremd aus und würde, wenn es so bleiben müßte, bedeuten, daß existierender Code gebrochen wird. Im Abschnitt über die Verwendung von Namen aus Namensbereichen werden wir jedoch eine Lösung kennenlernen.

16.4.2 Compilerunterstützung

Die neuen Merkmale sind naturgemäß in existierenden Compilern noch nicht implementiert. Die Dauer des Standardisierungsprozesses führt außerdem dazu, daß sich manche Compilerhersteller nicht zu weit vor wagen wollen. Schließlich hat es immer wieder in Details Änderungen gegeben. Hat ein Compilerhersteller diese Eigenschaften nach einer älteren Diskussion implementiert, dann kann er sich Schwierigkeiten mit Kunden einhandeln.

Kein allgemein üblicher PC-Compiler hatte Anfang 1996 Namensbereiche implementiert. Daher sind ausnahmsweise die zugehörigen Beispiele auch nicht übersetzt worden.

Da Namensbereiche jedoch so weit diskutiert worden sind, daß sie sicher im fertigen Standard enthalten sein werden, und sie eine erhebliche Bedeutung für die Programmierpraxis haben, wäre es nicht sinnvoll, sie zu übergehen.

Bevor Sie also Namensbereiche selbst einsetzen wollen, empfiehlt sich eine gründliche Lektüre des Handbuches.

16.4.3 Besonderheiten von *namespace*

Die Definition eines Namensbereiches erfolgt analog der Klassendefinition. Ebenso wie Klassen verschachtelbar sind, können auch Namensbereiche verschachtelt werden.

Der Zugriff auf verschachtelte Namensbereiche geschieht dann durch eine Kette von Bereichsangaben vor dem eigentlichen Namen. Jeder Bereich wird dabei mit dem üblichen Bereichsoperator vom nächsten oder vom Namen getrennt.

Vergibt der Programmierer in einem Programm keinen expliziten Namen für einen anonymen Namensbereich, dann wird der Compiler einen eigenen Namen generieren, der dem Modul zugeordnet ist. Existieren mehrere anonyme Namensbereiche in einem Modul, so werden alle unter dem gleichen Namen zusammengefaßt.

Eine Sonderrolle spielt der globale Namensbereich. Er verhält sich wie ein Namensbereich ohne Namen. Alle Namen, die auf globaler Ebene definiert werden, gehören ihm wie bisher an. Sein impliziter Name kann immer entfallen, auch wenn ein Bereichsoperator benutzt wird. Der Bereichsoperator wird beim Zugriff auf globale Namen als unärer Operator benutzt.

16.4.4 Aliasnamen

Viele Programmierer lieben keine langen Namen und die mit ihnen verbundene Tipparbeit. Will man sich auf eine Bibliothek beziehen, deren Name sehr lang ist, wäre eine mögliche Abkürzung hilfreich.

```
01  // Aliasname für Bereichsnamen
02  // Datei: alias1.cpp
03
04  namespace ein_ganz_langer_name
05  {
06  int a;
07  int b;
08  }
09
10  namespace kurz = ein_ganz_langer_name;
11
12  int main()
13  {
14  kurz::a = 7;
15  kurz::b = 8;
16  cout << "Werte: " << kurz::a << " und "
17       << kurz::b << '\n';
18  return 0;
19  }
20
```

Bild 16.8 Alias für Bereichsnamen

Eine andere Situation liegt vor, wenn zum Zeitpunkt der Programmierung der endgültige Name der Bibliothek noch gar nicht bekannt ist. Der Standard erlaubt für solche Fälle eine Gleichsetzung zweier Namen für Namensräume (Bild 16.8).

16.4.5 Verwendung von Namen aus Bereichen

Führt man Bereichsnamen ein, dann muß der Programmierer, der Namen aus diesem Bereich verwenden will, für eine eindeutige Identifizierung sorgen. Die allgemeinste Möglichkeit kennen wir bereits. Vor einem Namen wird mit dem Bereichsoperator sein Bereich angegeben. Somit wird dann der Name eindeutig beschrieben.

16 Namensräume und Bibliotheken

Wie schon erwähnt würde dieses Verfahren existierenden Code brechen. Man hat, um dies zu verhindern und auch um eine Vereinfachung der Schreibweise zu erhalten, die Möglichkeit geschaffen, Namen zu importieren. Das dazu verwendete Schlüsselwort ist *using*.

Using existiert in zwei Formen: als Deklaration und als Anweisung. Mit Hilfe einer Deklaration wird festgelegt, daß bei der Verwendung eines bestimmten Namens der Name aus einem bestimmten Bereich gemeint ist. Die Anweisung stellt alle Namen eines Bereiches dem momentanen Gültigkeitsbereich zur Verfügung.

16.4.6 Deklaration von Namen mit *using*

Die Kombination aus dem Schlüsselwort *using* und dem vollständig spezifizierten Namen führt zu einer Deklaration des Namens im momentanen Namensbereich.

```
01 // Deklaration von Namen aus Bereichen
02 // Datei: using1.cpp
03
04 namespace m1
05 {
06 int a, b, c;
07 }
08
09 int main ()
10 {
11 int a;            // Definition von a
12 //using m1::a;    // Fehlerhafte Deklaration
13 using m1::b;      // OK
14
15 a = 10;           // OK
16 b = 20;           // OK
17 return 0;
18 }
19
```

Bild 16.9 Deklaration mit *using*

Im Beispiel (Bild 16.9) werden drei Variablennamen in einem eigenen Namensbereich "m1" definiert. Einer der Namen soll nun auch innerhalb des lokalen Gültigkeitsbereichs des Unterprogramms deklariert werden. Die Deklaration der Variablen "a" schlägt fehl, da bereits eine lokale Variable mit dem gleichen Namen definiert wurde. Innerhalb eines Gültigkeitsbereiches müssen Namen eindeutig sein. Bei Funktionen ist in diesem Zusammenhang der interne Name gemeint. Die alte Spielregel, daß lokale Namen andere (globale) Namen verdecken, bleibt somit erhalten.

Die zweite Deklaration der Variablen "b" gelingt. Damit ist für den momentanen Gültigkeitsbereich festgelegt, daß jeder Zugriff auf eine Variable "b" ein Zugriff auf die Variable "b" aus dem Namensbereich "m1" ist.

Deklarationen ersparen bei der Verwendung die Angabe des Bereiches.

16.4.7 Bereichsanweisung mit *using*

Während eine Deklaration gezielt einen Namen mit seinem Bereich im momentanen Gültigkeitsbereich bekannt macht, kann eine Bereichsanweisung alle Namen bekanntgeben . Man spricht auch von einem Import von Namen eines Bereiches in den momentanen Gültigkeitsbereich.

Betrachten wir dazu einen möglichen Aufbau der stdio.h-Datei, wie er auch in Stroustrups Buch "Design und Entwicklung von C++" erwähnt wird. Am Ende der Datei werden alle Namen des Namensbereiches *std* im momentanen Gültigkeitsbereich des Anwenders bekannt gegeben. Dies ist in aller Regel der globale Bereich, da hier die *include*-Anweisungen stehen. Daher kann nun der Zugriff auf bekannte Namen wieder wie gewohnt erfolgen.

```
01 // Deklaration im Namensraum
02 // Datei: namesp3.cpp
03
04 // Auszug aus stdio.h / C++ Standard Version
05 namespace std
06         {
07         int printf (const char *, ...);
08         }
09
10 using namespace std;      // Vorgeben von std
```

Bild 16.10 Setzen eines Namesbereiches

Die Namensbekanntgabe geschieht wieder mit *using*.

Mit der Vorgabe des Namensbereiches in der Headerdatei kann dann das berühmte "Hello World"-Beispiel wieder ganz wie gewohnt aussehen (Bild 16.10). Die Bereichsangabe (wie im Bild 16.7) kann wieder entfallen.

313

16 Namensräume und Bibliotheken

Der große Unterschied zwischen einer Deklaration und einem Import von Namen in den momentanen Gültigkeitsbereich liegt in der Behandlung durch den Compiler. Eine Deklaration wird in der Zeile geprüft, in der sie geschrieben wurde. Importierte Namen werden erst bei ihrer Verwendung geprüft. Man kann somit ohne weiteres Mehrdeutigkeiten erzeugen (Bild 16.11).

```
01 // Deklaration von Namen aus Bereichen
02 // Datei: using2.cpp
03
04 namespace m1
05 {
06 int a, b, c, x;
07 }
08
09 namespace m2
10 {
11 int a, b, c;
12 }
13
14 int main ()
15 {
16 int a;          // Definition von a
17 using m1;       // OK
18 using m2;       // OK
19
20 //a = 10;       // Welches der drei a?
21 //b = 20;       // Aus welchem Bereich?
22 x = 77;         // OK, eindeutig
23 return 0;
24 }
25
```

Bild 16.11 Import von ganzen Bereichen

16.4.8 Halbtransparenter Zugriff auf Basisklassenmethoden

Im Kapitel über die statischen Beziehungen zwischen Klassen sahen wir eine Möglichkeit, daß die abgeleitete Klasse gezielt einen Namen der Basisklasse für die Verwendung des Anwenders der eigenen Objekte freigab.

Diese Zugriffsdeklaration des Basisklassennamens kann nun klarer ausgedrückt werden.

Anstelle des einfachen Erwähnens eines öffentlichen Namens der Basisklasse wird nun explizit mit Hilfe von *using* der Name der Basisklasse in den neuen Gültigkeitsbereich geholt. Damit steht er dann für den Anwender der Objekte der abgeleiteten Klasse ebenfalls zur Verfügung (Bild 16.12).

```
01 // Deklaration von Namen aus Bereichen
02 // Datei: using3.cpp
03
04 class m1
05 {
06 int a, b, c, x;
07 public:
08 int m1_meth1(void);
09 };
10
11 class m2
12 {
13 int a, b, c;
14 public:
15 // m1::m1_meth1;            //alt
16 using m1::m1_meth1;
17 };
18
19 int main ()
20 {
21 m2 m2Objekt;
22 m2Objekt.m1_meth1();        // OK
23 return 0;
24 }
25
```

Bild 16.12 Halbtransparenter Zugriff (neu)

Letztlich erscheinen auch beim halbtransparenten Zugriff Klassennamen als spezialisierte Bereichsnamen.

16.5 C++ und Klassenbibliotheken

Die Einführung von Klassenbäumen und Klassengraphen bringt eine weitaus stärkere Struktur in größere Programme oder Klassenbibliotheken. Mit Klassenbibliotheken werden dem Programmierer ganze Anwendungsbereiche seines Programmes in vordefinierter Form zur Verfügung gestellt.

Klassenbibliotheken finden wir insbesondere im Bereich der graphischen Oberflächen. Die großen Compilerhersteller liefern für ihre Produkte diese Bibliotheken oft mit. Besonders interessant sind aber Bibliotheken, die nicht abhängig von einem Compiler oder einem Betriebssystem sind. Manche

16 C++ und Klassenbibliotheken

Bibliotheken erlauben eine neutrale Programmierung der graphischen Oberfläche. Erst beim Binden wird die spezifische Bibliothek für X-Window, MS-Windows oder DOS hinzugebunden.

Bei der Anwendung von Klassenbibliotheken für Benutzeroberflächen gibt es eine typische Vorgehensweise. Der Anwender leitet von einer mitgelieferten Klasse der Bibliothek eine eigene Klasse ab. Diese Klasse beschreibt dann die neue Anwendung. Daneben schreibt der Anwender einen Satz von Funktionen, die an Ereignisse gekoppelt werden.

Es ist sicher einfach zu verstehen, wie man den Aufruf einer Funktion beim Eintreffen eines Ereignisses realisiert. Mehr Schwierigkeiten bereitet zumeist die Frage, wie ein Programm startet, dessen main()-Funktion tief im Bauch der Klassenbibliothek verborgen ist.

In einem Beispiel wollen wir einmal die Interaktion beim Start zwischen einer Klassenbibliothek und einem Anwenderprogramm betrachten (Bild 16.13).

Um einen Bezug zu einer bekannten Klassenbibliothek herzustellen, wurden die Namen verwendet, die auch in der MFC (Microsoft Foundation Classes) verwendet werden. Dies heißt aber nicht, daß die MFC tatsächlich so startet wie hier allgemein beschrieben.

Der Anwender sieht in seinem Programmteil nur seine eigenen Erweiterungen der Klassenbibliothek.

Um den Startvorgang und das weitere Verhalten einer solchen Bibliothek leichter zu verstehen, müssen wir uns daran erinnern, daß die Funktion main() nicht die erste Funktion ist, die beim Startvorgang gerufen wird. Zuerst werden immer die Konstruktoren der globalen Objekte gerufen. Meist geschieht dies durch eine Sammel-Initialisierungsfunktion, die alle Aufrufe der Konstruktoren für die globalen Objekte enthält. Diese Funktion wird automatisch generiert und vor dem Start von main() gerufen. Meist ist der automatisch hinzugebundene Startcode dafür verantwortlich.

Das Beispiel (Bild 16.13) zeigt, welchen Teil der Anwender bereitstellen muß. Er erbt die vorhandene Klassenhierarchie und baut davon abgeleitet eine eigene Klasse auf. Die Klasse enthält die notwendigen Erweiterungen, die der Anwender für seine Aufgabe benötigt.

Es ist hier Pflicht, eine Methode InitInstance() zu schreiben, die eine vorhandene Methode der geerbten Basisklasse überlagert.

Sehen wir uns nun an, wie diese Methode sozusagen aus dem Bauch der Klassenbibliothek heraus aufgerufen wird. Damit steht diese Funktion stellvertretend für andere Methoden des Anwenders.

C++ und Klassenbibliotheken

```cpp
01 // Überlagerte Methoden, Start-Simulation
02 // Datei: callback.cpp
03 #include <stdio.h>
04
05 // ************* Bibliotheks-Bereich **************
06 class CWinApp              // Basisklasse
07 {                          // sonst. Vererbung fehlt
08 public:
09 CWinApp();                 // Konstruktor
10 virtual void InitInstance(); // Polymorphie einschalten
11 };
12
13 void CWinApp::InitInstance() // nicht benutzt, überlagert
14 {
15 printf ("\n\nInitInstance() von CWinApp\n");
16 }
17
18 CWinApp * bp;              // Glob. Variable für Adresse
19                            // des Anwendungsobjektes
20 CWinApp::CWinApp()         // K'tor der Basisklasse
21 {
22 bp = this;                 // Speichere eigene Bindung
23                            // (Adr. des Anwenderobj.)
24 bp->InitInstance();        // CWinApp::InitInstance()
25 }
26
27 int main ()                // oder: WinMain()
28 {
29 bp->InitInstance();        // Rufe Methode des Anwenders
30 //.....                    // weiteres Verwalt.programm
31 return 0;
32 }
33 //***************** Anwenderbereich *******************
34 class CMeineApplikation : CWinApp    // erbe Basis Applik.
35 {
36 int c;                     // aggregierte Fenster, Controls...
37 public:
38                            // kein Konstruktor notwendig
39 void InitInstance();       // ist: virtual void InitInstance()
40 };
41
42 void CMeineApplikation::InitInstance() // Vorbesetzungen
43 {
44 printf ("\nHier ist mein InitInstance()\n");
45 }
46 // globales Anwendungsprogramm-Objekt
47 CMeineApplikation MeinProgrammObjekt;// Meine Applikation
48                            // Start mit Standard-Konstruktor
```

Bild 16.13 Start einer Klassenbibliothek

16 C++ und Klassenbibliotheken

Logisch beginnt der Ablauf in der Zeile 47, in der das globale Programmobjekt des Anwenders definiert wird. Läuft nun für dieses Objekt der Konstruktor, werden vorneweg zuerst die Basisklassenkonstruktoren gerufen.

Die wichtigste Aufgabe des Basisklassenkonstruktors besteht im Abspeichern der Adresse aus dem *this*-Zeiger in eine globale Variable. Innerhalb des Basisklassenkonstruktors kann dann auch die InitInstance()-Methode der Basisklasse gerufen werden.

Der Aufruf geschieht im Beispiel in der Zeile 24 zu Demonstrationszwecken mit Hilfe der globalen Zeiger-Variablen. Da der Kontext die Basisklasse ist, wird hier die Basisklassenmethode gerufen.

Anders verhält es sich, wenn man in die Hauptfunktion main() geht. Ruft man hier mit Hilfe der globalen Zeigervariablen eine Methode auf, dann wird im globalen Kontext automatisch die Methode der am weitesten spezialisierten oder abgeleiteten Klasse aufgerufen.

In main() kommt also der Start der selbstgeschriebenen Methode zustande.

Mit diesem kleinen Beispiel wollen wir das Thema der binären Bibliotheken beenden. Diese Bibliotheken sind die kommerziell interessanten Bibliotheken, da sie leicht verkauft werden können. Da der Anwender die Bibliotheken nicht im Quelltext vorliegen hat, hat der Verkäufer sein Know-How geschützt.

Neben diesen Bibliotheken sind viele lesbare Bibliotheken mit Hilfe der Templates im Entstehen.

Insbesondere die STL, die Standard Template Library, wird einen bedeutenden Einfluß auf die weitere Entwicklung der Programmierung mit C++ nehmen. Freie Implementationen dieser Bibliothek sind leicht über das Internet zu erhalten.

16.5.1 Hinweis zum folgenden Kapitel

C++ eignet sich wie kaum eine andere Sprache für die volle Bandbreite von Demonstrationsprogrammen über GUI-Programmierung (graphical user interface / graphische Oberflächen) bis hin zu großen Datenbank- und Client/Server-Projekten.

Einmal angenommen, wir hätten nun mehrere Klassenhierarchien aufgebaut, die unser Problem beschreiben. Wie kommunizieren dann Objekte unterschiedlicher Klassenhierarchien miteinander?

Da es keine gemeinsame Wurzel aller Objekte gibt, muß diese Kommunikation dynamisch möglich sein.

17 Dynamische Objektbeziehungen

Mit der Vererbung haben wir Klassen untereinander in eine statische Beziehung gesetzt. Die Klassen bildeten danach einen im Quelltext festgelegten, also einen statischen Verbund. Was aber ist zu tun, wenn eine Klasse einen Treiber bereitstellt, der von anderen Objekten aus Aufträge annehmen können soll? Oder ein Objekt zur Laufzeit auswählen können will, welches der Objekte einer Treiber-Klasse momentan benutzt werden soll?

Diese Aufgaben können wir nur erfüllen, wenn es gelingt, zur Laufzeit Beziehungen zwischen Objekten herzustellen und bei Bedarf auch zu verändern. Die in C++ bekannten Möglichkeiten, auf Objekte zu verweisen, sind Zeiger und Referenzen. Referenzen bieten dabei nur eingeschränkte Möglichkeiten, da sie, einmal definiert, starr sind. Die Zuordnung ist nicht änderbar.

Zeiger hingegen erfüllen das Kriterium der Änderbarkeit zur Laufzeit.

17.1 Unidirektionale Beziehungen

Im Design einer Applikation wird man weniger die technische Realisierung beschreiben, sondern eher die Art der Beziehung. Machen wir uns daher auf die Suche nach den logischen Verbindungsmöglichkeiten und sehen uns dazu mögliche Realisierungen an.

In einer unidirektionalen Beziehung besteht innerhalb eines Objektes ein Bezug auf ein zweites Objekt. Typischerweise findet man solche Beziehungen innerhalb eines hierarchischen Schichtenmodells. Ein übergeordnetes Programmstück, z. B. ein Dateisystem, muß wissen, welchem darunterliegenden Treiber es Aufträge erteilen kann.

17.1.1 Bezüge mit Referenzen

Bilden wir die Situation Treiber/Aufrufer einmal mit Hilfe einer Referenz ab. Die Klasse, die im Anwendungsprogramm dazu benutzt werden soll, Objekte bereitzustellen, auf die sich andere Objekte beziehen können sollen, nennen wir hier einmal "treiber", um eine typische Situation nachzustellen.

17 Dynamische Objektbeziehungen

Die Klasse (Bild 17.1) hat keine Besonderheiten im Sinne unseres Themas. Einige Eigenschaften sowie die zugehörenden Methoden helfen, dem Beispiel ein wenig Leben zu verleihen.

```
01 // Beziehungen zwischen Objekten
02 // Datei: liklass1.h
03
04 class treiber
05 {
06   int status;        // Interner Zustand
07   int reg1;          // benutztes I/O-Register1
08   int reg2;          // und 2
09 public:
10   treiber(int r1, int r2);
11   int get_status();
12   int auftrag(int op_code, int wert);
13 };
14
```

Bild 17.1 Klasse, auf die verwiesen wird

Unsere Treiberklasse stellt als Methoden nur zwei Möglichkeiten bereit. Eine Methode dient der Erteilung eines Auftrages. Ein Auftrag soll hier vereinfacht aus einem Operationscode und einem ganzzahligen Parameterwert bestehen.

```
01 // Beziehungen zwischen Objekten
02 // Datei: liklass2.h
03
04 class refklass
05 {
06   treiber & tr;    // Bezug auf Treiber-Objekt
07   int status;
08 public:
09   refklass (treiber & t, int s);
10   int sende(int c, int w);
11 };
12
```

Bild 17.2 Klasse mit unidirektionalem Bezug

Unidirektionale Beziehungen

Die internen Eigenschaften werden von einem Zustand und zwei Registerinformationen gebildet. Da wir hier nur eine kleine Treiberklasse nachbilden wollen, um Beziehungen zu demonstrieren, soll der Aufwand minimal gehalten werden.

Interessanter wird nun die Klasse, deren Objekte einen Bezug auf ein Objekt der "treiber"-Klasse enthalten sollen (Bild 17.2). Als Bezug wählen wir zuerst die Referenz. Eine der Eigenschaften muß nun eine Referenz auf die bezogene Klasse sein.

Wieder wollen wir uns das Leben leicht machen und nur eine einzige Methode vorsehen, die einen Auftrag an das zugeordnete Treiberobjekt senden soll.

```
01 // Beziehungen zwischen Objekten
02 // Datei: liklass1.cpp
03
04 #include "liklass1.h"
05
06 treiber::treiber(int r1, int r2)
07 {
08   status = 0;
09   reg1 = r1;
10   reg2 = r2;
11 }
12
13 int treiber::get_status()
14 {
15   return status;
16 }
17
18 int treiber::auftrag(int op, int w)
19 {
20   if (op == 0)
21     status = status + w;
22   else
23     status = status - w;
24   return status;
25 }
26
```

Bild 17.3 Implementierung der Treiber-Klasse

Die Implementierung der Treiberklasse (Bild 17.3) kümmert sich in der Initialisierung mit Hilfe eines Wertkonstruktors um die Vorbesetzung aller Eigenschaften. Die Auftragsbearbeitungsmethode modifiziert nur den Status.

17 Dynamische Objektbeziehungen

Da der Status über eine eigene Methode abfragbar ist, können wir einen Auftrag erteilen und danach das Ergebnis anhand des rückgemeldeten Status ermitteln.

Bei der Implementierung der Klasse mit dem Bezug müssen wir die Besonderheiten der Referenzen beachten (Bild 17.4). Referenzen haben die Eigenschaft, daß sie einmalig bei der Definition vorbelegt werden müssen und danach nicht wieder änderbar sind. Damit ist es notwendig, daß die Initialisierung durch Code geschieht, den der Compiler generiert, und nicht durch eine Zuweisung des Programmierers.

```
01 // Beziehungen zwischen Objekten
02 // Datei: liklass2.cpp
03
04 #include "liklass1.h"
05 #include "liklass2.h"
06
07 refklass::refklass(treiber & t, int s) : tr(t)
08 {
09   status = s;
10 }
11
12 int refklass::sende(int code, int wert)
13 {
14   return tr.auftrag(code,wert);   // Bezug benutzen
15 }
16
```

Bild 17.4 Implementierung der beziehenden Klasse

Legen wir nun im Anwendungsprogramm ein Objekt der Klasse an, die sich auf einen Treiber beziehen will, muß dabei auch die Initialisierung der Referenz geschehen. Der Konstruktor muß dabei die Initialisierung der Referenz über die Initialisierungsliste im Kopf durchführen lassen (Zeile 07).

Der Bezug auf ein Objekt der Treiber-Klasse steht nach der Initialisierung in der Referenzeigenschaft zur Verfügung.

Diese Eigenschaft wird innerhalb der Sendemethode verwendet, die einen Auftrag an das bezogene Objekt weiterreicht.

Im Testrahmen (Bild 17.5) schließlich werden die notwendigen Objekte angelegt und auf Funktion getestet.

```
01 // Beziehungen zwischen Objekten
02 // Datei: limain1.cpp
03
04 #include <iostream.h>
05 #include "liklass1.h"
06 #include "liklass2.h"
07
08 int main ()
09 {
10   int erg;
11   treiber tobjekt1(0x120,0x121);
12   refklass rsystem(tobjekt1, 10);
13
14   erg = rsystem.sende (1,5);    // benutzt den Bezug
15   cout << "Ergebnis des Auftrages: " << erg << endl;
16   return 0;
17 }
18
19
```

Bild 17.5 Testrahmen für den Objekt-Bezug

Die Beziehungen mit Referenzen unterliegen einigen Einschränkungen. Bei der Definition des beziehenden Objektes muß das Bezugsobjekt bereits existieren. Und da nur bei der Definition die Beziehung aufgebaut werden kann, wäre eine wechselseitige Beziehung nicht modellierbar.

Unter den gegebenen Einschränkungen jedoch ist die Referenz einfach zu handhaben und ist somit eine gute Wahl, um eine gerichtete 1:1-Beziehung aufzubauen.

17.1.2 Bezug mit Zeiger

Das gleiche Beispiel können wir leicht modifiziert noch einmal benutzen. In der beziehenden Klasse wechseln wir den Bezug aus, um nun einen Zeiger auf ein Objekt der Bezugsklasse zu verwenden (Bild 17.6).

Im Konstruktor muß der Übergabeparameter damit ebenfalls ein Zeiger sein. Die neue Bezugsklasse wird in der Implementierung geringfügig anders aufgebaut. Die starre Kopplung der Referenz wird durch einen änderbaren Zeiger ersetzt.

Mit dieser Konstruktion haben wir nun die gewünschte dynamische Änderbarkeit erreicht. Im Konstruktor kann man wieder als Programmierer die Zuweisung an die Eigenschaft selbst übernehmen.

17 Dynamische Objektbeziehungen

```
01 // Beziehungen zwischen Objekten
02 // Datei: liklass3.h (Zeiger)
03
04 class refklass
05 {
06 treiber * tr;   // Bezug auf Treiber-Objekt
07 int status;
08 public:
09 refklass (treiber * t, int s);
10 int sende(int c, int w);
11 treiber * setze_bezug(treiber * t);
12 };
13
```

Bild 17.6 Zeiger als Bezugselement

Und in der Methode, die den Bezug benutzt, wird der Verweisoperator eingesetzt (Bild 17.7).

```
01 // Beziehungen zwischen Objekten
02 // Datei: liklass3.cpp  (Zeiger)
03
04 #include "liklass1.h"
05 #include "liklass3.h"
06
07 refklass::refklass(treiber * t, int s)
08 {
09 tr = t;
10 status = s;
11 }
12 int refklass::sende(int code, int wert)
13 {
14 return tr->auftrag(code,wert);  // Bezug benutzen
15 }
16 treiber * refklass::setze_bezug(treiber * t)
17 {
18 treiber *h;
19 h = tr;
20 tr = t;
21 return h;
22 }
23
24
```

Bild 17.7 Implementierung: Bezug als Zeiger

Neu hinzugekommen ist eine Methode, die es erlaubt, den Bezug dynamisch zu setzen und damit auch während der Laufzeit zu verändern. Im Testrahmen (Bild 17.8) wird die Methode benutzt, um eine mögliche Verwendung zu zeigen.

```
01  // Beziehungen zwischen Objekten
02  // Datei: limain3.cpp
03
04  #include <iostream.h>
05  #include "liklass1.h"
06  #include "liklass3.h"
07
08  int main ()
09  {
10     int erg;
11     treiber tobjekt1(0x120,0x121);
12     refklass rsystem(NULL, 10);
13
14     rsystem.setze_bezug(&tobjekt1);
15     erg = rsystem.sende (1,5);   // benutzt den Bezug
16     cout << "Ergebnis des Auftrages: " << erg << endl;
17     return 0;
18  }
19
20
```

Bild 17.8 Testrahmen für Zeigerimplementierung

Mit der Implementierung des Bezugs als Zeiger wurde die dynamische Änderbarkeit zur Laufzeit erreicht. Mit Zeigern können nun auch wechselseitige Beziehungen aufgebaut werden, da die Einschränkung der Referenzen nicht mehr gilt, daß das bezogene Objekt bei der Initialisierung bereits existieren muß.

17.1.3 Auswahl der Methode

In beiden Beispielen war programmtechnisch festgelegt, welche Methode der bezogenen Klasse zu rufen ist. Der Name der Funktion ist expliziter Bestandteil des Programmtextes.

In manchen Fällen wird es wünschenswert sein, die zu rufende Methode genauso dynamisch auszuwählen, wie im zweiten Beispiel der Bezug dynamisch gebildet wurde. Dazu muß aber ein Parameter das Auswahlkriterium erhalten.

17 Dynamische Objektbeziehungen

Hier benötigen wir ein neues Konstrukt aus C++: den Zeiger auf Objektelemente.

Sehen wir uns solche Zeiger am Beispiel eines Zeigers auf eine Methode einer Klasse an. Um einen Zeiger auf verschiedene Methoden setzen zu können und somit eine Auswahlmöglichkeit zu schaffen, benötigen wir eine Menge von gleichartig aufgebauten Methoden. Funktions- oder Methodenzeiger zeigen immer auf eine Funktion mit einheitlicher Schnittstelle (Bild 17.9).

```
01  // Zeiger auf Objektelemente
02  // Datei: mezeig1.h
03
04  class basis
05  {
06   float x;
07   float y;
08  public:
09   basis();
10   float methode1 (float x);
11   float methode2 (float x);
12  };
```

Bild 17.9 Methoden mit gleicher Schnittstelle

In der Implementierung der Beispielklasse werden zwei Methoden gleicher Schnittstelle definiert, die einen Wert abspeichern und den jeweils anderen zurückgeben (Bild 17.10).

Bisher haben wir eine bekannte Klasse vor uns, die bis auf die Gleichartigkeit der Methodenschnittstellen keine Besonderheiten aufweist.

Der neue Zeiger begegnet uns erst im Testrahmen (Bild 17.11). Hier wird ein Zeiger auf Methoden einer Klasse mit einer gegebenen Schnittstelle definiert. Diesem Zeiger kann man nun beliebige Methodenadressen der zugehörigen Klasse zuweisen. Beim Methodenaufruf wird nun die Methode ausgewählt, auf die der neue Zeiger verweist.

Klassen- oder besser Objektelementzeiger sind relative Zeiger auf Elemente innerhalb eines Objektes, wobei der Beginn des Objektes entweder durch seinen Namen oder einen zweiten Zeiger gegeben sein muß.

```
01 // Zeiger auf Objektelemente
02 // Datei: mezeig1.cpp
03
04 #include "mezeig1.h"
05
06 basis::basis()
07 {
08   x = y = 0.0;       // Eigenschaften vorbesetzen
09 }
10 // Methoden mit identischen Schnittstellen
11 float basis::methode1( float pp)
12 {
13   y = pp;            // Abspeichern und
14   return x;          // anderen Wert zurückgeben
15 }
16 float basis::methode2( float pp)
17 {
18   x = pp;            // Abspeichern und
19   return y;          // anderen Wert zurückgeben
20 }
21
```

Bild 17.10 Implementierung der Methoden

Vielleicht wäre es für manchen Programmierer leichter gewesen, wenn man den relativen Zeiger als das bezeichnet hätte, was er für Eigenschaften intern wirklich ist: ein Offset vom Beginn des Objektes, der das Element charakterisiert. Zumindest bei Datenelementen wäre dies einfach nachzuvollziehen.

Im Falle von Methoden wäre auch diese Vorstellung nicht exakt, da Methoden ja nicht innerhalb eines Objektes gespeichert werden.

17.1.4 Zeiger auf Eigenschaften

Der Vollständigkeit halber soll ein weiteres Beispiel einen Zugriff auf eine Eigenschaft zeigen. Dabei kann auch der zweite Zugriffsoperator auf Elemente mit Hilfe eines Zeigers auf ein Objekt vorgestellt werden. Die zugehörigen Bilder sind 17.11 und 17.12.

Der Datenzeiger verweist auf eine Eigenschaft einer Klasse. Zusammen mit einem Zeiger auf ein Objekt ergibt sich ein konkreter Zugriff auf eine ganz bestimmte Eigenschaft eines einzelnen Objektes.

Neben der Möglichkeit, auch Verweise auf Eigenschaften über eine Parameterschnittstelle zu übergeben und damit dynamisch Elemente eines bestimmten Typs auszuwählen, kann man mit Hilfe der Zeiger auf Eigenschaften neutral, d.h. ohne auf Compilerspezialitäten zurückgreifen zu müssen, den Aufbau von

17 Dynamische Objektbeziehungen

```
01 // Zeiger auf Objektelemente
02 // Datei: mezmain.cpp
03
04 #include <iostream.h>
05 #include "mezeig1.h"
06
07 int main ()
08 {
09 basis o1;                          // Objekt
10
11 float (basis::*methzeig)(float);// Zeiger auf Methode
12 methzeig = &basis::methode1;      // vorbesetzen
13 cout << "\n\n---->>" << (o1.*methzeig)(10.0)
14      << "<<---\n\n" << endl;
15 methzeig = &basis::methode2;
16 cout << "\n\n---->>" << (o1.*methzeig)(10.0)
17      << "<<---\n\n" << endl;
18
19 return 0;
20 }
21
```

Bild 17.11 Anwendung von Methodenzeigern

Objekten beschreiben. Diese Fähigkeit schätzen insbesondere Programmierer, die Objekte speichern müssen. Auch die Entwicklung von objektorientierten Datenbanken wird durch diese allgemeingültige Möglichkeit sehr erleichtert.

Zeiger auf Eigenschaften werden zusammen mit ihrer Klassenzugehörigkeit definiert. Ihnen kann die Adresse einer Eigenschaft aus einem bestimmten Objekt zugewiesen werden.

Durch die Kombination des Objektzugriffs und des Zeigerzugriffs entsehen die neuen Operatoren ".*" und "->*" (Bild 17.12 / Zeilen 23 und 27).

17.2 Bidirektionale Beziehungen

Die wechselseitige oder bidirektionale Beziehung kann gemäß der bisher besprochenen Beispiele nur unter bestimmten Voraussetzungen realisiert werden. Als Bezugseigenschaft muß mindestens ein Zeiger verwendet werden, der nachträglich mit Hilfe einer speziellen Methode gesetzt werden kann.

Bidirektionale Beziehungen

```
01 // Zeiger auf Elemente einer Klasse
02 // Datei: membpoin.cpp
03
04 #include <iostream.h>
05 #include <stdlib.h>
06
07 class AClass
08 {
09 public:
10   int I1;                      // Nur zur Demonstration public !
11   void Show() { cout << "Ausgabe:  " << I1 << endl; }
12 };
13
14 int AClass::*pDat = &AClass::I1; // Zeiger auf int-Element
15
16 int main()
17 {
18   AClass aClassObj;
19   AClass *paClass = &aClassObj;      // Zeiger auf Objekt
20   int i;
21   if (system("cls"))
22     cout << "\x1b[2J";
23   aClassObj.*pDat = 7777;
24   aClassObj.Show();
25
26   i = paClass->*pDat;                // Zwei Zeiger
27   cout << "Ergebnis: " << i << endl;
28
29   return 0;
30 }
31
```

Bild 17.12 Zeiger auf Datenelement

Es genügt hier in jeder der beiden Klassen einen Zeiger auf ein Objekt der jeweils anderen Klasse zu definieren. Die Vorbesetzung der Zeiger kann dann beim ersten Objekt bei der Initialisierung erfolgen und bei dem zweiten Objekt durch den Aufruf der bekannten Zuweisungsmethode.

Wie besprochen eignen sich hier Referenzen nicht.

17.3 1:n-Beziehungen

Ein wichtiger Fall ist die 1:n-Beziehung zwischen Objekten. Hier genügt nicht mehr ein einfacher Zeiger auf ein Objekt, sondern die Beziehung muß über eine Datenstruktur realisiert werden. Geeignete Datenstrukturen sind Felder oder allgemeine Listen.

Das Objekt, das auf mehrere andere verweisen möchte, erhält einen Zeiger auf ein Feld oder eine Liste, die wiederum die Verweise auf die gewünschten Elemente enthält.

Prinzipiell ergeben sich hier jedoch keine neuen technischen Probleme.

17.3.1 Hinweise zum nächsten Kapitel

Mit den dynamischen Beziehungen können wir nun auch zwischen Objekten verschiedener Klassenhierarchien kommunizieren.

Damit kennen wir alle Gestaltungselemente eines Programmdesigns. Das Programm wird aus Klassen, Objekten und ihren Beziehungen aufgebaut.

Im nächsten Kapitel wollen wir die Frage nach dem Aufbau eines Gesamtprogrammes stellen.

18 Bemerkungen zur Analyse und zum Design

Nach dem weiten Bogen, den wir bei den Problemen von C begonnen und mit den Grundzügen der Objektorientierten Programmierung in vielen Details fortgesetzt haben, sind wir mit dem vorhergehenden Kapitel am Ende der technischen Fragestellungen angekommen.

Bleibt nur noch die eine, aber große Frage: Wie geht man ein Software-Projekt aus der Sicht der OOP an? Wie realisiert man ein Programm mit den Spielregeln des Objektorientierten Paradigmas (der OO-Sichtweise)?

Hier soll nicht den vielen vorhandenen Verfahren, die ausführlich in der Literatur beschrieben sind, ein neues hinzugefügt werden. Einige Anmerkungen sollen nur helfen, das Thema zu skizzieren.

Auch in der OOP gliedert sich die Softwareerstellung nach wie vor in die vier großen Abschnitte der Analyse, des Designs, der Implementierung und der Validierung. Mit der Einführung von Objekten hat das Design dabei an Bedeutung gewonnen.

Folgen wir nun wieder der bekannten Vorgehensweise und beginnen wir mit einem Blick auf die prozeduralen Sprachen und suchen nach den Gründen, warum deren Entwicklung nicht weiter führte.

18.1 Bemerkungen zur Historie

Die Entwicklung der Sprachen nahm sehr unterschiedliche Wege. Die beiden großen Richtungen sind die Interpretersprachen und die Compilersprachen.

Die Interpreter zeigen ihre Stärke in der einfachen Einarbeitung, wie sie Basic bietet, oder sie stellen neben der Sprache einen umfangreichen Vorrat an allgemeingültigen Verfahren zur Verfügung, wie bei Smalltalk. Diese allgemeingültigen (generischen) Funktionen waren ihr großer Vorteil. Erst mit der Einführung der Templates konnte C++ hier mithalten.

18 Bemerkungen zur Analyse und zum Design

Die Compilersprachen versuchen, möglichst viele Fehler während der Laufzeit zu finden. Das Mittel dazu ist eine mehr oder minder strenge Typprüfung. Typen modellieren Daten und erlauben bei einer falschen Verwendung Fehler zu finden. Das einführende Kapitel über private Datentypen hat die Aufgaben der Datentypen ausführlich geschildert.

Eine zweite Einflußrichtung für die Programmiersprachen bildeten die Arbeiten zur Programmstrukturierung, die eng mit den Namen von Nassi und Shneiderman verknüpft sind. In C wurden alle Grundelemente der strukturierten Programmierung vollständig implementiert. (Im Original-Pascal vermisse ich eine vollständige Fallunterscheidung.)

Prozedurale Sprachen haben ihren Sammelbegriff von der überwältigenden Rolle, die Unterprogramme spielen. Unterprogramme dienen der Wiederverwendung innerhalb eines Programmes. Sie bieten aber auch eine Möglichkeit der Kapselung und der Definition einer Schnittstelle.

Nebenbei bemerkt, waren die Entwickler der Unterprogramme auch über die Wiederverwendung von Speicherplatz am Stack sehr glücklich, da die wenigen Bytes an Speicher für lokale Variable immer wieder neu verwendet werden konnten.

Funktionen können aber nur einen Teil eines Modells liefern, da sie nur den Ablauf und notwendige lokale Variable kapseln.

18.1.1 Sackgasse Modul

Nach dem Unterprogramm war man bei der Suche nach der nächstgrößeren Strukturierungseinheit mehr oder minder ratlos. In C versucht man mit geringem Einsatz und auch geringem Erfolg der Übersetzungseinheit, also dem Modul, ein geringes Eigenleben dadurch zu geben, daß einzelne Namen für globale Variable und für Funktionen als modullokal definiert und deklariert werden konnten. Als eigenständiges Element spielen Module aus der Sicht der Programmiersprache keine Rolle. Nur der Linker und der Bibliotheksverwalter begreifen Module als kleinste Verwaltungseinheiten.

Mit Modula2 gab der Pascal-Erfinder Nikolaus Wirth Modulen eigenständige, getrennt übersetzbare Schnittstellen. Es blieb bei der flachen Struktur, die den Weg der Datentypen nicht weiter verfolgte. Module blieben technisch orientierte Bündel von Unterprogrammmen. Ebenso wie dem Original-Pascal war Modula2 nur ein bescheidener Erfolg beschieden.

Module können eine Schnittstelle bestimmen und die interne Realisierung verbergen. Nur sind sie nicht instanziierbar. Ein Modul und seine Daten gibt es in einem Gesamtsystem nur einmal. Die Darstellung der Daten privater Datentypen müssen wieder Strukturen übernehmen.

Module sind technisch orientierte Einheiten, die keinen Modellbeitrag liefern. So können beispielsweise die Methoden einer logischen Klasse auf mehrere physikalische Module aufgeteilt werden.

18.2 Bemerkungen zur Analyse

Verlassen wir die Welt der prozeduralen Sprachen mit ihrer Frage nach der Reihenfolge der Aktionen. Mit dem Klassenbegriff haben wir ein logisch weit höherstehendes Modell gefunden. Damit ändert sich auch die Fragestellung.

In der Welt der OOP stellt sich als zentrale Frage diejenige nach den intelligenten Subsystemen, den Objekten. War bisher die (natürlich nur so genannte) Intelligenz eines Programmes an die zentrale Steuerung der main()-Funktion gebunden, so stehen mit den Objekten nun eine Vielzahl von gekapselten Intelligenzinseln zur Verfügung. Im Gegensatz zu den Modulen können Objekte in einem Design beliebig oft vorkommen.

Wichtig ist, daß in der Analysephase eine weitestgehend sprachneutrale Beschreibung und Spezifikation erfolgt. Die Analyse beschreibt entweder die existierende Wirklichkeit, wenn ein System um eine datentechnische Steuerung ergänzt werden soll, oder sie beschreibt das Modell eines datentechnischen Systems.

Betrachten wir die Aussagen anhand eines oft benutzten Beispiels.

Ein Getränkeautomat wird aus verschiedenen Teilsystemen zusammengesetzt. Dazu gehören die Kühlung, die Ausgabe- und Bevorratungsmechanik, die Kassiereinheit und schließlich die zentrale Steuerung.

Die einzelnen Teilsysteme benutzen ihrerseits Subsysteme. Die Kassiereinheit besteht wiederum aus einem Münzprüfer, einem Wechsler und einer Notfallsteuerung. Damit haben wir bereits eine Vielzahl von Objektkandidaten gefunden.

Die Aufgabe der Analyse ist die Suche nach den tatsächlich vorhandenen Objekten und ihren Beziehungen. Häufig findet man die Frage nach den Hauptworten in der Systembeschreibung. Die Hauptworte wären die ersten Kandidaten für Objekte. Die Verben könnten untersucht werden, ob sie sich als Botschaften zwischen Objekten eignen.

18.3 Bemerkungen zum Design

Der Beginn der Analyse fängt (idealtypisch) an, wenn die Menge der Objekte festliegt.

Im nachfolgenden Design werden zwei Arten von Elementen berücksichtigt: die Klassen und ihre Beziehungen. Beziehungen sind dabei als eigenständige Elemente des Designs anzusehen.

18.3.1 Klassendesign

Der Designer wird nun darangehen, Gemeinsamkeiten und Abstraktionen zu finden. Aus der Vielzahl der Objekte werden die Klassen herausgefunden, die ein Modell für eine Gruppe von Objekten sind. Der Prozeß der Abstraktion wird solange wiederholt, bis eine oder mehrere Basisklassen festgelegt werden können.

Im Idealfall ergeben sich abstrakte Basisklassen, die nicht zu Objekten führen.

Die einzelnen Klassen werden sodann auf Grund ihrer Kommunikationsschnittstelle analysiert und in eine Menge von internen Zustandsvariablen, den Eigenschaften, und den Botschaften für statische und dynamische Beziehungen abgebildet.

In einfachen Fällen wie unserer *ratio*-Klasse wird die Aufgabe damit erfüllt sein. In komplexeren Fällen wird man auf Zustandsmaschinen innerhalb eines Objektes zurückgreifen.

An das Design einer Klasse stellt man die Forderungen, daß die Klasse nach außen vollständig und nach innen minimal aufgebaut wird. Vollständig bedeutet, daß die Klasse in einem anderen Programm wiederverwendbar wird, da sie das gesamte Modell darstellt, und minimal bedeutet, daß keine Teile enthalten sind, die nicht unmittelbar zur Klasse gehören.

In einem Objekt finden sich somit keine überflüssigen Hilfseigenschaften, sondern nur die Eigenschaften, die den Zustand beschreiben. Auch die Methoden beschränken sich allein auf die Klasse. In einer Ausgabefunktion einer *ratio*-Klasse werden ausschließlich der Zähler, der Trennstrich und der Nenner ausgegeben. Eine Verwendung der mathematischen Klasse *ratio* sollte z.B. in einem französischen Projekt problemlos möglich sein, da keinerlei sonstige Texte durch Methoden dieser Klasse ausgegeben werden.

18.3.2 Interner Aufbau von Klassen

Die beiden Komponenten der Klasse sind Eigenschaften und Methoden. Die Frage sei erlaubt, welche Rolle diese Komponenten innerhalb des Klassendesigns spielen.

Nehmen wir hier als Beispiel eine Klasse, die ein Modell einer seriellen Schnittstelle darstellt. Fragt man einen Anwender von Datenkommunikationsprogrammen, was er von einer seriellen Schnittstelle wissen sollte, dann wird er zumindest die Einstellungen kennen, die man in den Programmen angeben muß. Diese sind: Welche Schnittstelle meines Rechners verwende ich, was ist die Übertragungsgeschwindigkeit, wieviele Bits besitzt ein Datenwort, wie ist die Paritätsart, welche Anzahl von Stoppbits verwende ich und schließlich, welche Art der Übertragungssteuerung soll eingesetzt werden?

Kurz könnte die Beschreibung in der PC-Welt so lauten: COM1,9600,8,N,1 und Hardware-Handshake. Diese Daten bieten oft eine logische Beschreibung des Zustands eines Modells. Sie sind auch unabhängig von dem verwendeten Treiber (oder sogar in einfachen Systemen unabhängig von der Hardware).

Die eigentliche Abstraktionsleistung wird in unserem Fall in den Methoden liegen, die die Brücke zwischen einer datentechnischen Orientierung für den Anwender und einer intern gegebenen Umgebung bilden.

Die Menge an möglichen Operationen mit einem Objekt wird durch die Liste der Methoden innerhalb der Klasse beschrieben. Die Gesamtheit der Methoden bildet somit das mögliche Verhalten eines Objektes einer Klasse. Die Aufgabe eines Designers ist es nun, diese Verhaltensmenge so festzulegen, daß sie die Klasse vollständig benutzbar macht. Insbesondere müssen die notwendigen Operationen vollständig vorhanden sein. (Eine *ratio*-Klasse ohne Addition ist kaum verwendbar.)

18.3.3 Fette und magere Klassen

Je allgemeiner Klassen werden, desto weniger Eigenschaften haben sie. Klassen mit wenigen Eigenschaften bezeichnet man etwas salopp auch als magere Klassen, und umgekehrt sind Klassen mit vielen Eigenschaften fette Klassen.

Die richtige Dimensionierung und damit die Zuordnung von Eigenschaften in die passende Ableitungsstufe einer Klassenhierarchie erfordert viel Erfahrung und Kenntnis der Zusammenhänge. Besonders Bibliotheken sollten sehr sorgfältig designed werden. Eine allgemeine Basisklasse (z.B. window / Fenster) wird für sehr unterschiedliche Spezialisierungen verwendet. Ein Fenster kann ein großes Darstellungsfenster, ein Eingabefenster oder auch nur ein Rollbalken oder ein Schaltknopf sein.

Legt man zu viele Eigenschaften in eine fette Basisklasse, verschwendet man bei einfachen Spezialisierungen Speicherplatz und vermutlich auch Leistungsfähigkeit des Gesamtsystems. Ziel ist es daher, magere Basisklassen zu finden und die bei Ableitungen notwendigen Eigenschaften Schritt für Schritt hinzuzufügen.

Überprüfen kann man ein Design durch die Kontrolle aller Eigenschaften abgeleiteter Klassen. Falls in einer abgeleiteten Klasse Eigenschaften geerbt wurden, die nicht für die abgeleitete Klasse verwendet werden, sollte das Design überprüft werden.

18.3.4 Bezüge von Klassen

In der Designphase werden nebem dem internen Aufbau der Klassen auch die Bezüge zwischen Klassen festgelegt. Die bekannten Bezüge sind Aggregationen und Vererbungen.

Aggregationen realisieren dabei die Benutzungsbeziehung (has a relationship). Die Vererbungen dienen der Abstraktion (is a relationship).

Die Vorgehensweise der Analyse und des Designs, die zuerst nach Objekten und danach erst nach den möglicherweise gemeinsamen Klassen fragt, spiegelt sich auch in der graphischen Dokumentation von Klassenhierarchien wieder. Die Pfeile, die eine Vererbung anzeigen sollen, verweisen von der jeweiligen Basisklasse zur abgeleiteten Klasse.

Klassenbeziehungen werden nach ihren Verbindungen (1:1, 1:n, n:m) und nach ihrer Art (statisch, dynamisch, unidirektional, bidirektional) unterschieden.

18.3.5 Bezüge von Objekten

Neben den Bezügen zwischen den Datenmodellen, den Klassen, muß im Design auch der dynamische Aspekt beschrieben werden. Die Instanzen von Klassen, die Objekte, können zur Laufzeit durch dynamische Botschaften kommunizieren. Hier wird der Designer die Art und die Parameter dieser Kommunikation festlegen.

18.4 Bemerkungen zur Implementierung

Die Welt der Software-Erstellung war oft eine sehr uneinheitliche Welt, in der Organisatoren, Designer, Programmierer und Kunden oft vor erheblichen Sprachbarrieren standen und noch stehen.

Die Bereiche der Software wurden in vielen Fällen in kommerzielle oder technisch-wissenschaftliche Software unterteilt. Sehen wir uns einige der Merkmale dieser Welten an.

Der technisch-wissenschaftliche Bereich war oft geprägt von der enormen Bedeutung der Algorithmen und der Abläufe. In dieser Welt spielen Sprachen wie C, Ada oder Forth (um nur einige Vertreter zu nennen) die Hauptrollen. Das Denken der Programmierer war zumeist ablauforientiert oder ereignisgesteuert. Daten entstanden oft als Nebenprodukt des Algorithmus, sofern nicht feste Vorgaben, wie Datenbankanschlüsse oder Dateiformate, eine Regelung notwendig machten.

In der technisch-wissenschaftlichen Welt war die Beherrschung des Ablaufes das vorrangige Ziel.

Eine andere Denkwelt finden wir im Bereich der kommerziellen Programmierung. Hier stehen in vielen Fällen die Daten im Vordergrund. Bildschirmmasken, Finanzbuchhaltungs-Anschlüsse, Datenbanken und andere Vorgaben prägen die Szene. Eine Projektbeschreibung in der kommerziellen Welt bestand oft nur aus den Eingabefeldern und den Ausgabelisten.

Als dominante Sprache im kommerziellen Bereich fungiert Cobol in seinen unterschiedlichen Entwicklungsstufen.

Die beiden Welten standen sich oft ein wenig fremd gegenüber. In den EDV-Firmen hatte jede Sparte ihre eigene Abteilung oder ganze Firmen wurden dem einen oder anderen Lager zugerechnet.

Dieser konventionellen Denkwelt stellt die Objektorientierung den Begriff des Modells gegenüber, das die datentechnische und die algorithmische Sicht integriert.

Die beiden Denkweisen lassen sich anhand von Analogien gegenüberstellen. Ausgehend von main() hingen in der prozeduralen Welt von C alle Teile des Programmes an den Ablauffäden, die von der Startfunktion ausgehen. Nicht zu Unrecht wurde main() oft als Steuerfunktion des Programmes verstanden. Die Unterprogramme leisteten die Arbeit, wohingegen main() für den Ablauf sorgte. Der Vergleich mit einem Marionettenspieler scheint sich fast aufzudrängen. Das Spielkreuz kann mit der main()-Funktion verglichen werden. Jeder Faden steuert dann eines der Glieder der Puppe.

In der Objektorientierung betrachtet man nicht mehr main() als die alleinige Quelle von Intelligenz, sondern jedes Teil für sich bildet einen lokalen, in sich intelligenten Bereich, der durch Kommunikation mit anderen verbunden ist.

Dem Bild des Marionettenspielers könnte man in der Welt der OOP das Atomium in Brüssel gegenüberstellen. Die Atome sind dabei die Objekte und die Verbindungsröhren die Kommunikationskanäle.

Mit diesem Bild kann man sich auch die Weiterentwicklung der OOP auf verteilte Systeme vorstellen. Lokal wird eine Botschaft an ein Objekt durch einen Methodenaufruf nachgebildet. Vielleicht könnte die Botschaft auch als Datenpaket modelliert werden, das über ein Netz zu einem Objekt auf einem Rechner vermittelt wird, der auf der anderen Seite der Welt steht.

18.4.1 Klassen und Dokumentation

Wie so oft bietet die Dokumentation von Software Anlaß zu einigen Bemerkungen. Eine Klasse stellt andere Anforderungen an die Dokumentation als eine Sammlung von Funktionen einer Bibliothek.

Die Dokumentation der klassischen C-Bibliothek besteht aus den einzelnen Funktionen, ihren Parametern, den Rückgabewerten und möglichen Fehlerwerten.

Klassen fassen ein ganzes Bündel von Methoden und Eigenschaften zusammen. Die Eigenschaften bleiben gekapselt, sodaß nur der Quelltext eine Beschreibung der Wertebereiche der einzelnen Eigenschaften enthalten sollte. Bei komplexeren Klassen kann auch ein Zustandsdiagramm empfohlen werden.

Ein wesentliches Dokumentationsproblem zeigt sich bei der Verwendung abgeleiteter Klassen. Ich empfand es bei einigen Klassenbibliotheken als äußerst unangenehm, erst den Vererbungsbaum durchsuchen zu müssen, um eine passende Methode zu finden oder herauszufinden, ob die im Quelltext verwendete Methode richtig ist.

Klassen sollten daher möglichst vollständig beschrieben werden. In eine Klassendokumentation gehört auch die Liste der geerbten Methodenaufrufe.

18.5 Bemerkungen zur Validierung

Das Testen der Programme beruht letztlich darauf, möglichst viele Einflüsse auf ein Programm zu simulieren, um so gut wie möglich alle internen Ablaufpfade zu testen. Einmal durchgeführte Tests werden gespeichert und nach jeder Änderung erneut angewendet.

Neben den umfangreichen Tests mit allen möglichen Eingaben kann man auch beliebige Testpersonen in Beta-Tests mit einbeziehen. Aber selbst der Test von hunderttausenden Beta-Testern wird Software-Qualität nicht absolut garantieren können.

Neben dem Testen von außen durch verschiedene Eingaben und Benutzer kann man auch Testroutinen in den Programmcode aufnehmen. Die bekannteste Anwendung in C ist das assert()-Makro, das eine Bedingung testet und bei einem Fehlschlag das Programm abbricht.

Die assert()-Makros werden abhängig von einem definierten Namen im Präprozessor expandiert oder gänzlich unterdrückt. So kann man entweder eine Testversiion mit zusätzlichem Code oder eine Endversion ohne Testteile erstellen. Dazu wird der Name NDEBUG im Präprozessor definiert.

Die Möglichkeit des assert()-Makros gibt es in C++ nach wie vor (Bild 18.1).

```
01  // Arbeiten mit assert
02  // Datei: ass01.cpp
03
04  #include <iostream.h>
05  #include <assert.h>
06
07  int main ()
08  {
09    int var1 = 10;
10    //.. anderer Code
11    assert ( var1 > 20 );      // Führt zum Abbruch mit Meldung
12
13    cout << var1 << endl;
14    return 0;
15  }
16
```

Bild 18.1 Arbeiten mit dem assert-Makro

18.5.1 Vor- und Nachbedingunegn

Eine umfassendere Variante des assert()-Makros sind Vor- und Nachbedingungen (pre- / post-conditions). In der Sprache Eiffel können vor einem Methodenaufruf Vorbedingungen geprüft werden und danach Nachbedingungen. Darüber hinaus können invariante Bedingungen zusätzlich abgeprüft werden. Um Laufzeitverluste zu vermeiden, entscheidet ein Compilerschalter über die Einbindung der Bedingungen.

In C++ ist dieser automatische Mechanismus nicht vorhanden. Er kann aber relativ einfach nachgebildet werden. Dazu erhalten alle Klassen, die entsprechend getestet werden, sollen drei zusätzliche Methoden, die die Vorbedingung, die Nachbedingung und die Invarianz prüfen (Bild 18.2).

```
01 // Klasse mit Bedingungen
02 // Datei: invar.h
03 #include <iostream.h>
04
05 enum { teste = 1 };         // Schalter für Bedingungen
06
07 class ratio                 // nur als syntaktisches Beispiel
08 {
09 static char * classname;    // Klasseneigenschaften
10 static char * ident;
11 int z;
12 int n;                      // nur den Nenner testen
13 int invarianz(){return !n; } // Invarianztest
14 int vorbed()   {return !n; } // Vorbedingungstest
15 int nachbed()  {return !n; } // Statustest nachher
16 public:
17 ratio (int za = 0, int ne = 1) {z=za; n=ne;}
18 ratio operator+ (ratio & op);
19 friend ostream & operator<< (ostream & os, ratio & op);
20 // und alle anderen Methoden
21 };
22
```

Bild 18.2 Klasse mit Bedingungen

Der Aufruf der Methoden geschieht bedingt in einer *if*-Abfrage (Bild 18.3). C und C++-Compiler haben bei eingeschalteter Optimierung die Eigenschaft, Abfragen nicht zu übersetzen, die sicher nie wahr werden. Ist eine Konstante Teil der *if*-Abfrage, kann damit die Ausführung des Tests oder die vollständige Entfernung aus dem Code gesteuert werden.

```
01 // Implementierung der Bedingungen
02 // Datei: invar1.cpp
03 #include <stdlib.h>
04 #include "invar.h"
05
06 // Definition der Klassenvariablen
07 char * ratio::classname = "RATIO";
08 char * ratio::ident = "wjh/1.1/10.Feb.1996 ";
09 // Definition der Beispiel-Methoden
10 ratio ratio::operator+ (ratio & op)
11 {
12 int ez,en;
13 if (teste && vorbed() )     //wird bei Optimierung entfernt
14   {
15   cerr<<"Vorbedingung für "<<classname<<" ungültig\n";
16   exit (5);
17   }
18 if (teste && invarianz() )  //wird bei Optimierung entfernt
19   {
20   cerr<<"Invarianz für "<<classname<<" ungültig\n";
21   exit (6);
22   }
23 // Eigentliche Bearbeitung
24 en = n * op.n;
25 ez = z*op.n + n * op.z;
26 // Test bei Verlassen
27 if (teste && invarianz() )  //wird bei Optimierung entfernt
28   {
29   cerr<<"Invarianz für "<<classname<<" ungültig\n";
30   exit (7);
31   }
32 if (teste && nachbed() )    //wird bei Optimierung entfernt
33   {
34   cerr<<"Nachbedingung für "<<classname<<" ungültig\n";
35   exit (8);
36   }
37 return ratio(ez,en);        // Wert-Rückgabe mit Objekt
38 }
39 // Ausgabeoperator für ratio
40 ostream & operator<< (ostream & os, ratio & ra)
41 {
42 os << ra.z << '/' << ra.n;
43 return os;
44 }
45
```

Bild 18.3 Implementierung der Bedingungen

18 Bemerkungen zur Analyse und zum Design

```
01 // Testrahmen der Bedingungen
02 // Datei: minvar.cpp
03
04 #include <iostream.h>
05 #include "invar.h"
06
07 // Testrahmen
08 int main ()
09 {
10 ratio A (1,2), B (1,4), C;
11
12 C = A+B; // Addition mit Methode,Zuweisung durch Compiler
13 cout << "\nErgebnis: "<< C << "\n";
14 return 0;
15 }
16
```

Bild 18.4 Testrahmen für Bedingungen

18.6 Der Mythos der Planmäßigkeit

Bei der Durchsicht vieler Bücher, Artikel und Schulungsunterlagen fiel mir immer wieder auf, wie Autoren den Lauf der Entwicklung als etwas selbstverständliches oder geschichtlich zwingendes darstellten.

Viele Fragen der Analyse und des Designs sind Fragen nach den Erfahrungen und Wertvorstellungen der Designer. Kein Buch über die objektorientierte Sicht des Designs der Software kann daher an der Diskussion grundlegender Haltungen vorbeigehen.

Daß Softwaredesign und persönliche Grundhaltungen eine enge Verzahnung bilden, kann möglicherweise an einem Beispiel erläutert werden.

Der Autor hatte vor einigen Jahren als selbständiger Organisator einen Auftrag zur Einführung von kommerzieller EDV in einem mittelständischen Unternehmen angenommen. Für Standardbereiche wie die Finanzbuchhaltung und das Lohnwesen konnten übliche Standardprogramme verwendet werden.

Die Software für das Rechnungswesen war jedoch wegen einer Vielzahl branchenspezifischer Randbedingungen und einer Vielzahl von Sonderregelungen maßzuschneidern. Neben den sachlichen Randbedingungen gab es eine sehr menschliche Frage: Wie kann die Sorge der zuständigen Dame überwunden werden, die sich letzlich von einer eigenverantwortlichen Fachkraft zu einer Datenerfasserin degradiert sah?

Der Mythos der Planmäßigkeit

Die Frage nach dem sozialen Umfeld war nicht selbstverständlich. Da es mir hier gelang, die Betriebsleitung von der Notwendigkeit zu überzeugen, diese Frage mit in das EDV-Konzept aufzunehmen, wurde die Rechnungsschreibung so realisiert, daß der gesamte Benutzerdialog mit Masken stattfand, die zwar die Werte aus der internen Datenbank benutzten, aber der Sachbearbeiterin die Möglichkeit gaben, jederzeit jedes Feld zu ändern.

So lag nach wie vor die gesamte Verantwortung für eine korrekte Rechnung in den Händen der Sachbearbeiterin. Der Computer schlug nur vor und unterstützte die Arbeit. Wie oft allerdings die Möglichkeit zum Eingreifen genutzt wurde, ist ein anderes Thema. Wichtig ist aber, daß es Akzeptanzprobleme in dieser Firma nie gegeben hat.

Viele Autoren, auch Bjarne Stroustrup, weisen immer wieder drauf hin, daß EDV-Wissen allein nicht genügt. Die Entwicklung von C++ wäre nicht in der bekannten Weise in Gang gekommen, wenn nicht eine Vielzahl von Faktoren zusammengekommen wären.

Bjarne Strustrup machte im Laufe seiner Doktorarbeit die bittere Erfahrung, daß für sein Simulationsprogramm die vorhandene Sprache Simula67 zwar im Prinzip geeignet war, aber die vorhandenen Implementierungen unter der Last der Anforderungen zu Laufzeiten und Rechnerkapazitäten führten, die außerhalb jeder Anwendbarkeit lagen. Sein Programm mußte er daher noch einmal in einer sehr viel weniger geeigneten, aber schnellen Sprache schreiben.

In seiner Arbeit bei den Bell Laboratories nahm er sich dann vor, nie wieder eine Aufgabe ohne geeignete Werkzeuge anzugehen. Diese Entscheidung ist zwar eine alte Handwerkerweisheit, aber in der EDV ist sie sicher nicht allzu weit verbreitet.

So stand am Beginn der Entwicklung eine persönliche Entscheidung eines qualifizierten Entwicklers.

Den zweiten entscheidenden Faktor bildete die anspruchsvolle Umgebung. Stroustrup arbeitete in der selben Umgebung, die schon zu anderen bedeutenden Entwicklungen wie C und UNIX geführt haben. Wo einmal Qualität besteht, werden im allgemeinen alle Neuerungen an dieser Qualität gemessen. Der tägliche Prüfstein der C++-Entwicklung waren die Meßlatten der Arbeitsumgebung. Die Diskussionen und die immer wiederkehrende Frage nach der sinnvollen und performanten Anwendbarkeit bildeten den Filter, der nur praxistaugliche Elemente in die Sprache aufnahm.

Der dritte Faktor war die Kommunikation und Diskussion in einer offenen Kultur. Die gesamte Unterstützung der Sprache und die Diskussionen über eine Verbesserungen liefen über die eMail- und Newseinrichtungen des Internets. (Die bunten Bilder des WWW (world wide web) waren noch nicht erfunden.) Das Netz erreichte zwar tausende von qualifizierten Kollegen, aber entscheidend war deren Erfahrung und Bereitschaft, durch Diskussionen und Vorschläge für die Weiterentwicklung zu sorgen.

In welchem Ausmaß dies eine kulturelle Leistung ist, kann jeder beurteilen, der die Geduld miterlebt, mit der Spitzenleute auch sehr einfache Fragen von Neueinsteigern in den News-Gruppen geduldig beantworten.

Um den Umfang dieser Diskussion einmal zu quantifizieren, kann man die Anzahl der gesendeten Artikel betrachten. In den Jahren 1988 bis 1991 liefen durch den Münchener Universitätsrechner ca. 15000 Artikel in der News-Gruppe "comp.lang.c++".

Dieses Kommunikationssystem zusammen mit einer offenen Kommunikationskultur bildeten das Rückgrat der technischen Unterstützung und der Weiterentwicklung. Es braucht wohl nicht weiter erwähnt werden, daß der allergrößte Teil der Beiträge aus dem englischen Sprachraum kam.

In vielen anderen europäischen Ländern war es 1988 und später kaum möglich, sich in die Diskussion einzuklinken, da Zugänge fehlten und die Kommunikation durch rechtliche Regelungen massiv behindert war.

Zusammenfassend läßt sich die stürmische Entwicklung von C++ als Erfolg einer offenen technischen und sozialen Kultur sehen. Sie ist der Nährboden und die Voraussetzung für Spitzenleistungen und Weiterentwicklungen. Ohne das kulturelle Umfeld sind solche Leistungen nicht möglich.

18.7 Auf dem Weg zur graphischen Programmierung

Mit den Klassen hat die Programmierung einen großen logischen Schritt vollzogen. Die Sprache und das Design haben einen gemeinsamen Focus gefunden.

Mit der logischen Weiterentwicklung von C zu C++ wurde auch der Abstand zwischen der Sprache und Generatoren verringert.

Wir werden daher in den nächsten Jahren vermehrt graphische Programmieroberflächen finden, die es erlauben, aus einem Vorrat an Klassen geeignete auszuwählen und mit anderen zusammenzusetzen. Nur fehlende Klassen oder Klassen, die abgeändert werden müssen, wird der Programmierer in C++ schreiben.

19 Glossar

19.1 Liste der Schlüsselworte

Sie entsprechen dem Standardisierungs-Vorschlag vom 28. April 1995.

asm	Steht vor einer Zeile oder einem Block mit Assemblerbefehlen
auto	automatische, lokale Variable, selten benutzt
bool	Datentyp, kann Werte true oder false annehmen
break	Abbruch einer Programmsteuerung (Schleifen, Fallunterscheidung)
case	Einleitung einer Marke der Fallunterscheidung (switch)
catch	Fehlerbehandlung für ausgeworfene Fehlervariable
char	Datentyp, ein Byte
class	Privater Datentyp für Objekte
const	Attribut einer Variablen
const_cast	Entfernen von volatile- oder const-Attributen
continue	Schleifenabbruch, weiter mit Test
default	allgemeiner Fall der Fallunterscheidung
delete	Rückgabe eines dynamischen Speicherplatzes vom Heap
do	Einleitung einer Schleife mit Test am Ende
double	Datentyp, "doppelte Genauigkeit", meist 8 Byte
dynamic_cast	Typwandlung auch zur Laufzeit, insb. für abgeleitete Klassen
else	Zweig der Ja/Nein-Entscheidung
enum	privater Datentyp für Aufzählungen
explicit	sperrt Konstruktor für interne Typwandlungen
extern	Deklaration

19 Glossar

false	Wahrheitswert für Variable des Datentyps bool
float	Datentyp, "einfache Genauigkeit", meist 4 Byte
for	Schleife, für den Aufbau einer Zählschleife
friend	Zugriffserlaubnis in einer Klasse für Funktionen, andere Klassen oder fremde Methoden
goto	unbedingter Sprung innerhalb einer Funktion
if	Ja/Nein-Abfrage
inline	Makrodefinition
int	Datentyp, zumeist Maschinenwort (16/32 Bits)
long	Datentyp, zumeist 32 Bits
mutable	einzeln veränderbares Element eines ansonsten konstanten Objektes
namespace	spezieller, globaler Namensbereich für Bibliotheken
new	Reservieren von Speicherplatz am Heap
operator	Funktions- oder Methodenname zum Überlagern von Symbolen
private	geschützter Bereich einer Klasse
protected	teilgeschützter Bereich, abgeleiteten Klassen zugänglich
public	öffentliche Schnittstelle einer Klasse für Anwender
register	Vorschlag, eine lokale Variable im Register zu halten
reinterpret_cast	allgemeinste Form der Typwandlung
return	Beendigung eines Unterprogrammes und evtl. Ergebnisrückgabe
short	Datentyp, meist 16 Bit
signed	vorzeichenbehaftet, zusätzliches Attribut
sizeof	Größenangabe einer Variablen oder eines Typs in char-Einheiten
static	Attribut, ändert Lebensdauer für lokale, Sichtbarkeit für globale Variable, ordnet Eigenschaften oder Methoden einer Klasse zu
static_cast	Typkonvertierung zur Übersetzungszeit
struct	privater Datentyp, entspricht einer Klasse nur mit public-Bereich

switch	Fallunterscheidung
template	Codeschablone zur Generierung von Code
this	Zeiger auf das gebundene Objekt, nur in Methoden
throw	Auswurf einer Fehlervariablen
true	Wahrheitswert für Variable des Datentyps bool
try	Beginn eines fehlergeschützten Bereiches
typedef	Typdefinition, Abkürzungen
typeid	Rückgabe einer Typinformation
typename	Erklärt nachfolgendes Wort als Typangabe innerhalb von templates
union	variante Struktur, meist zur Typkonvertierung
unsigned	Attribut, ohne Vorzeichen
using	Angabe des Namensbereiches
virtual	polymorphe Methode, Einfacheinschluß von Klassen bei Mehrfachvererbung
void	ungültig, keine Rückgabe, kein Parameter
wchar_t	weites Zeichen, für spezielle Zeichensätze
while	Schleife

19.2 Allgemeine Begriffe

Aggregation   Eine Aggregation ist eine spezielle Form der Benutzungsbeziehung. Ein Objekt ist dabei eine Eigenschaft eines anderen Objektes.

Beziehung   Eine Beziehung stellt das Verhältnis zwischen zwei Klassen dar. Es gibt hierarchische und Benutzungsbeziehungen.

Botschaft   Eine Botschaft ist die Aufforderung an ein Objekt, eine bestimmte Funktion auszuführen. In C++ ist dies der Aufruf einer an ein Objekt gebundenen Methode.

Funktion   In C: Bezeichnung für alle Unterprogramme mit und ohne Rückgabe; in C++ umfaßt dieser Oberbegriff auch Methoden.

19 Glossar

Instanz	Eine Instanz eines Objektes ist bei interpretativen Sprachen ein Duplikat der Objektvorlage, die in die Speicherverwaltung des Systems eingehängt wird. Gelegentlich auch bei compilierten Sprachen als Synonym für Objekt gebraucht.
Klasse	Die Klasse ist eine Typ-Information für den Compiler. Sie beschreibt, wie ein anzulegendes Objekt im Speicher aussieht und welche Operationen damit möglich sind.
Methode	Funktion mit Bindung an ein Objekt (mit this)
Objekt	In interpretativen Sprachen ist ein Objekt eine Vorlage, die eine mögliche Menge von Objekten beschreibt. Die Entsprechung in C++ ist die Klasse. In compilierten Sprachen ist ein Objekt eine Variable, die mit Hilfe der Klasse angelegt wird.
OOP	Objektorientierte Programmierung: Programmierung mit Datenmodellen (Klassen), Klassenbeziehungen (Vererbung) und Bindung von Methoden an Objekte zur Laufzeit (Polymorphie).
Persistenz	Lebensdauer über die Programmlaufzeit hinaus durch Speicherung auf einem Datenträger.
Polymorphie	Auswahl einer bestimmten Botschaft (Methode) durch das Objekt, an das die Botschaft geschickt wird.
Überlagerung	Funktionen und Operatorsymbole gleichen Namens können mehrfach redefiniert werden, wenn sie sich durch ihren Gültigkeitsbereich oder Parametersatz unterscheiden.
Vererbung	Statische Klassenbeziehung, Bildung einer spezialisierten Klasse aufbauend auf eine allgemeinere Klasse

20 Literaturverzeichnis

20.1 Literatur zur Sprache und ihrer Anwendungen

Bjarne Stroustrup
Die C++ Programmiersprache
2. Auflage
Addison Wesley 1992

Margaret A. Ellis / Bjarne Stroustrup
The annotated C++ Reference Manual (ARM)
ANSI-Base Document
Addison Wesley 1990

Bjarne Stroustrup
Design und Entwicklung von C++
Addison-Wesley 1994

Bruce Eckel
Using C++
McGraw-Hill 1989

Stanley B. Lippman
C++ Primer
Addison Wesley 1989

Bertrand Meyer
Objektorientierte Softwareentwicklung
Hanser / Prentice Hall 1988 /1990

Walter Herglotz
Einsteigerseminar C++
bhv-Verlag 1991

Gorlen,Orlow,Plexico
Data Abstraction and Object-Oriented Programming in C++
John Wiley & Sons 1990

Borland
Compiler 4.5 Dokumentation

Scott Robert Ladd
C++ Templates and Tools
M&T Books 1995

20.2 Bücher zum Thema OOA & OOD (Analyse und Design)

Ivar Jacobsen
Object-Oriented Software Engineering
Addison Wesley 1993

Grady Booch
Object-Oriented Analysis and Design
Benjamin/Cumming 1994

James Rumbaugh
Object-Oriented Modelling and Design
Prentice Hall 1991

Yourdon
Systems Method
Prentice Hall 1993

20.3 Zeitschriften mit OOP-Artikeln

UNIX open
AWi-Verlag

Objekt spektrum
SIGS Conference GmbH

Dr. Dobb's Journal
Miller Freeman Publication

Stichwortverzeichnis

!
__cplusplus 304

A
Aliasvariable 68
Anwender 22
Argumente
   Siehe auch aktuelle Parameter
asm 306
Assembler 305-306
Attribut 33

B
bad_alloc 283, 290
bad_typeid 298
Basisdatentyp 18
bedingte Übersetzung 304
Benutzung 183
Bereichsoperator 42
Binden
   typsicheres 40
Bindung 40
   frühe 215
   späte 223
bool 297
Botschaft 33

C
C-Anbindung 304
catch 284-285
class 32
Codeschablone (template) .. 258
const 123
const_cast 123, 248
Container 263
cv-Attribute 123

D
data member 33
Datentyp
   . Basis- 19
   . privater 20
delete 82
Destruktor 52-53, 55, 57
dynamic_cast 251, 296, 299

E
Eigenschaft 33
enum 137
explicit 107, 245

F
false 297
friend 109, 166
function member 33

H
has a relation 184
header file 31

I
Informationsdatei 20, 31
Interner Name 40
ios 153, 138
is a relation 184

K
Klasse
   . Deklaration 43
Klasseneigenschaft 133, 135
Klassenmethode 133, 135
Konstruktor 44-45
   . Kopier- 73
   . Standard- 49
   . Wert- 49

M
Makros 37
Methode 33
mutable 130

N
Namensbereich 307-314
namespace 309
new 82
. Fehlerbehandlung .. 90-91, 93

O
Objekt 37
. Verhalten 33
. Zustand 33
OOP 214
operator 97

P
Parameter
. aktueller 59
. formaler 60
Parameterübergabe . 59-68, 70-78
Persistenz 178
Polymorphie 215
private 32
protected 205, 207
public 32

R
Referenz 67, 69
reinterpret_cast 253
Rückgabebereich 75

S
Signatur 40
Speicherverwaltung 76
Spezialist 22
static 308
static_cast 249
std (Namensbereich) 309
struct 39
Struktur 39, 41

T
Template 258
Funktions- 258-259, 261
Klassen- ... 263, 265, 267, 269
this 36, 40
this (const) 128
throw 284-285
true 297
try 284-285
type safe linkage 40
type_info 296
typedef 260
typeid 298
typename 260
Typkonvertierung
funkionale Schreibweise.. 243
Klassenmethode 246

U
Überlagerung 49, 51
Konstruktor 49, 51
using 312-313

V
Vererbung 183
einfach 195
geschlossen 195
geschlossene 195
Mehrfach 196
offene 194
virtual 197
virtual 226
volatile 123-124

W
Wertübergabe 60-61, 63, 65